令和**4**年度

よくわかる
税制改正と
実務の
徹底対策

編著 税理士 成田 一正

共著
税理士 中島 孝一
税理士 飯塚 美幸
税理士 市川 康明
税理士 西野道之助

日本法令

まえがき

　令和３年は新型コロナウイルスの影響が大きく、社会活動も翻弄された１年でした。その中で秋には衆議院議員選挙が行われ、選挙結果によっては年末の税制改正のスケジュールがどのように行われるのか、懸念されましたが、現在の与党が安定多数を保有したため、税制改正スケジュールは例年のように進められています。税制改正は政治と大きな関連がありますので、常に社会全体のことを念頭に置いて俯瞰していかなければなりません。

　与党の令和４年度税制改正大綱は、令和３年12月10日に公表され、同月21日には令和４年度税制改正の大綱が閣議決定されました。政権は与党のままですが、岸田総理は「成長と分配の好循環の実現」を第一の課題として挙げています。賃上げが進まないままの我が国の現状に対して、税制がどこまで対応することができるのか、むずかしい問題でありますが、政府としてはなんとしても「積極的な賃上げ等を促すための措置」を施策として進めようとしています。

　令和３年度の税制改正において変更された、いわゆる賃上げ促進税制については、たった１年で再度の改正が行われました。このような短期間に再度の改正が行われることは異例のことで、政府の意気込みも感じられます。政府は経済団体等にも働きかけて積極的な賃上げを目指していますが、今年度の税制改正がどの程度良い結果に結びつくか、期待とともに不安なところもあります。

　一方、このコロナに苦しむ世界各国ですが、SDGs（エス・ディー・ジーズ）（持続可能な開発目標）に対する認識は大きく広がりつつあります。その中でも我が国では遅れていると指摘されている温室効果ガスの削減目標、いわゆるカーボンニュートラルへの社会全体の方向性について、税制でも対応を進めるような住宅ローン控除の手当ても進められました。

　資産課税に関しては、以前より将来の相続税負担の軽減を図ろうとす

る動きが広がってきていることに対しての手当てが必要であるという認識が続いています。相続税と贈与税の一体化は、令和4年度の税制改正で導入されるのではないかという税務専門家の認識が広く伝わっていました。しかし、今回も「資産移転時期の選択に中立的な税制の構築に向けて、本格的な検討を進める」として、先送りとなりました。このテーマは近い将来には実行されることが予想されますので、引き続き注視していかなければなりません。

　個人金融資産が2,000兆円に迫るという時代背景において、政府は高齢者の保有する資産を早いタイミングで若年世代に移転することを目指しているのですが、バランスのとれた税制改正がなされることを期待しています。

　本書は、税制改正大綱を基に税制改正のポイントを早期に明らかにするために、平成10年に初版を発刊し、それ以来毎年改訂を積み重ねています。今年も税理士法人平川会計パートナーズ、松木飯塚税理士法人、税理士法人おおたか3社の現メンバー及びOBが結集して、最新情報を収集・分析してまとめております。相互に検討・分析した内容を株式会社日本法令の編集により、読者の方々に提供させていただきます。本書を有効にご活用いただき、新税制への理解を深め、経済・経営環境のさらなる発展の一助になれば、一同幸甚に存じます。

　　令和4年2月

　　　　　　　　　　　　成田　一正　＆　執筆者一同

CONTENTS

第1編　令和4年度税制改正のあらまし

第1章　令和4年度税制改正の基本的考え方 ········ 10

- ❶ 成長と分配の好循環の実現／10
- ❷ 地方活性化／11
- ❸ 国際課税制度／11

第2章　各主要課題の令和4年度税制改正での取組み ·· 13

- ❶ 成長と分配の好循環の実現／13
- ❷ 経済社会の構造変化を踏まえた税制の見直し／17
- ❸ 国際課税制度の見直し／18
- ❹ 円滑・適正な納税のための環境整備／18
- ■令和4年度税制改正のポイント一覧 ····························· 20

第2編　令和4年度税制改正の具体的内容

第1章　個人所得課税 ················· 40

1　住宅ローン控除の延長及び見直し ···················· 40
2　認定住宅新築等特別税額控除の延長及び見直し ··········· 52
3　既存住宅の改修に係る特別控除の延長及び見直し ·········· 56
4　居住用財産の買換え等の場合の譲渡損失の繰越控除
　等の延長 ················· 62
5　特定の居住用財産の買換え等の場合の課税の特例の
　延長 ················· 66
6　エンジェル税制の延長及び見直し ···················· 70
7　NISA制度の見直し ···················· 76

CONTENTS　3

8　上場株式等の配当所得等に係る課税方式の見直し　………… 84

9　大口株主等の要件の見直し　……………………………… 89

10　証拠書類のない簿外経費への対応策　……………………… 96

11　所得税等の納税地の異動・変更手続の見直し　…………… 102

12　社会保険料控除等に係る年末調整及び確定申告手続
の電子化　……………………………………………………… 106

13　財産債務調書制度等の見直し　…………………………… 112

14　個人住民税における合計所得金額に係る規定の整備　……… 118

第2章　資産課税　……………………………………………… 122

1　住宅取得等資金に係る贈与税の非課税措置の延長
及び見直し　…………………………………………………… 122

2　法人版事業承継税制の見直し　…………………………… 129

3　相続税に係る死亡届の情報等の通知の見直し　…………… 135

4　信託に関する受益者別（委託者別）調書の記載方法
の見直し　……………………………………………………… 138

5　土地に係る固定資産税等の負担調整措置の見直し　……… 142

6　住宅用家屋の登録免許税の軽減措置等の延長　…………… 147

7　印紙税の特例措置等の延長　……………………………… 150

8　相続税・贈与税のあり方の検討　………………………… 152

第3章　法人課税　……………………………………………… 157

1　大企業向け賃上げ税制の改組　…………………………… 157

2　法人事業税付加価値割における人材確保等促進税制
の見直し　……………………………………………………… 163

3　中小企業向け賃上げ税制の延長及び見直し　……………… 166

4　特定税額控除規定の不適用措置　………………………… 171

5　オープンイノベーション促進税制の拡充　………………… 174

6　地方拠点強化税制の見直し　……………………………… 182

7　認定特定高度情報通信技術活用設備を取得した場合
の特別償却又は税額控除の見直し　………………………… 188

Contents

8　農林水産物・食品の輸出拡大に向けた税制上の措置
の創設　……………………………………………………… 193

9　交際費等の損金不算入制度等の延長　…………………… 196

10　経済と環境の好循環の実現　……………………………… 199

11　証拠資料のない簿外経費への対応策　…………………… 205

12　資本の払戻しに係るみなし配当の額の計算方法の
見直し　……………………………………………………… 207

13　固定資産の取得後に補助金等の交付を受けた場合
の圧縮記帳制度の適用の明確化　………………………… 210

14　中小企業者等の少額減価償却資産の取得価額の
損金算入制度の見直し　…………………………………… 212

15　少額減価償却資産・一括償却資産の損金算入制度
の見直し　…………………………………………………… 215

16　グループ通算制度の見直し　……………………………… 217

　　1　投資簿価修正制度の見直し／217

　　2　離脱時の時価評価制度の見直し／223

　　3　通算税効果額の範囲の見直し／226

　　4　支配関係5年継続要件の見直し／229

　　5　欠損金の損金算入の特例計算／233

17　完全子会社等の配当に係る源泉徴収の見直し　………… 236

第4章　消費課税　……………………………………………… 240

1　適格請求書等保存方式に係る登録手続の見直し　……… 240

2　仕入明細書等による仕入税額控除の適用要件の
見直し　……………………………………………………… 246

3　電子区分記載請求書による仕入税額控除の経過措置
適用　………………………………………………………… 249

4　インボイス経過措置期間における棚卸資産に係る
消費税額の調整規定の見直し　…………………………… 252

5　公売等において適格請求書を交付する場合の特例　…… 254

6　特定収入を課税仕入れに充てた場合の仕入税額控除
の調整規定の整備 ･･･ 257
7　輸出物品販売場制度の見直し ･･････････････････････････ 263

第5章　国際課税 ･･ 266

1　過大支払利子税制における外国法人に係る適用の
見直し ･･･ 266
2　外国子会社合算税制の見直し ････････････････････････ 270
3　子会社株式簿価減額特例の見直し ･･･････････････････ 276
4　グループ通算制度における外国税額控除の見直し ･･･････ 280
5　外国税務当局との情報交換における情報の受領に
関する規定の整備 ･･ 284

第6章　納税環境整備 ･･････････････････････････････････････ 287

1　税理士制度の見直し ･････････････････････････････････ 287
2　帳簿の提出がない場合等の過少申告加算税等の
加重措置 ･･･ 296
3　修正申告書等の記載事項の整備 ･･････････････････････ 300
4　個人番号カードを利用したe-Taxの利便性の向上 ･･････ 304
5　添付書面等記載事項の提出方法の見直し ･････････････ 308
6　特定納付手続専用IDのe-Tax用ID・パスワード
への統合 ･･･ 312
7　公売における入札手続の電子化 ･･････････････････････ 316
8　タイムスタンプの国による認定制度の創設に伴う
スキャナ保存制度等の整備 ･･････････････････････････････････ 319
9　電子取引の取引情報に係る電磁的記録の保存への
円滑な移行のための宥恕措置の整備 ････････････････････････ 324
10　地方税務手続のデジタル化 ･･････････････････････････ 337
11　固定資産税に係る登記所から市町村への通知事項
の拡大等 ･･･ 344

6 CONTENTS

CONTENTS

12 不動産取得税に係る登記所から都道府県への通知等 ……… 348

13 二輪車等に係る軽自動車税の申告手続の簡素化 ………… 351

第3編　検討事項

❶　年金課税／356

❷　デリバティブ取引に係る金融所得課税の一体化／357

❸　小規模企業等に係る税制／359

❹　カーボンニュートラルの実現／360

❺　自動車関係諸税のあり方／361

❻　原料用石油製品等に係る免税・還付措置の本則化／361

❼　帳簿等の税務関係書類の電子化／362

❽　事業税における社会保険診療報酬に係る実質的
　非課税措置等／363

❾　電気供給業及びガス供給業に係る外形標準課税のあり方／364

第1編

令和4年度
税制改正の
あらまし

第1章

令和4年度税制改正の基本的考え方

◆はじめに

今年度の税制改正では、「成長と分配の好循環」をうたい、賃上げを促すための措置を最大の目玉としています。

岸田首相は当初、富裕層への課税強化として金融所得課税の見直しを政策の一つに打ち出していましたが、金融市場で懸念や批判が拡大し、早々に先送りを表明しました。

同じく富裕層への課税強化として、昨年度の税制改正大綱で触れられ話題となった相続税・贈与税の一体化や、カーボンニュートラルを実現するための炭素税の導入についても、先送りとなっています。

> 岸田内閣は、新型コロナウイルス感染症（以下、「感染症」という。）への対応に万全を期しつつ、未来を見据え、「成長と分配の好循環」と「コロナ後の新しい社会の開拓」をコンセプトに、新しい資本主義の実現に取り組むこととしている。

（以下、囲み内は与党税制改正大綱）

❶ 成長と分配の好循環の実現

企業が研究開発や人的資本などへの投資を強化し、中長期的に稼ぐ力

を高めるとともに、その収益をさらなる未来への投資や、株主だけでなく従業員や下請企業を含む多様なステークホルダーへの還元へと循環させていくことを通じ、企業として持続的な成長を達成するという本来の使命をよりいっそう果たしていくことが必要不可欠です。

こうした観点に立ち、賃上げを積極的に行うとともに、マルチステークホルダーに配慮した経営に取り組む企業に対し、税制上の措置を抜本的に強化します。

また、スタートアップと既存企業の協働によるオープンイノベーションをさらに促進するための税制措置を講ずることで、新たなビジネス、産業の創出を進めるとともに、既存企業の事業革新を促し、付加価値の向上につなげます。

❷　地方活性化

地方を活性化し、世界とつながる「デジタル田園都市国家構想」の実現に向け、地方でのネットワーク整備を加速する等の観点から、５Ｇ導入促進税制を見直します。

過疎化や高齢化といった地方の課題の解決及び地方活性化に向けた基盤づくりとして、地方税の充実確保を図るとともに、税源の偏在性が小さく税収が安定的な地方税体系を構築することが必要です。

❸　国際課税制度

令和３年10月に国際課税制度の見直しに係る歴史的な合意が実現しました。これは、デジタル化を含む経済実態の変化に対応するとともに、過度な法人税の引下げ競争に歯止めをかけ、企業間の公平な競争環境の整備に資するものです。

本合意の国際的な実施に向けて引き続き主導的役割を果たすとともに、国内において、国際合意に則った法制度の整備を進めます。

経済あっての財政との考えの下、足元及び中長期的な成長に向けた課題に対応しつつ、財政健全化に向けて引き続き改革を続ける。税制については、経済社会のあり方に密接に関連するものであることから、今後ともその構造変化や国際的動向等を踏まえ、再分配機

第１章　令和４年度税制改正の基本的考え方　**11**

能の向上を図りつつ経済成長を阻害しない安定的な税収基盤を構築する観点や、働き方への中立性の確保、格差の固定化防止、簡素な制度の構築、デジタル化の活用等納税者の利便性の向上といった観点から、検討を進める。

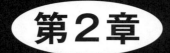

各主要課題の令和4年度税制改正での取組み

❶ 成長と分配の好循環の実現

(1) 積極的な賃上げ等を促すための措置

「成長と分配の好循環」の実現に向けて、長期的な視点に立って一人ひとりへの積極的な賃上げを促すとともに、株主だけでなく従業員、取引先などの多様なステークホルダーへの還元を後押しする観点から、賃上げに係る税制措置を抜本的に強化します。

具体的には、継続雇用者の給与等支給額及び教育訓練費を増加させた企業に対し、給与等支給額の増加額の最大30％を控除する措置を設けます。

中小企業については、賃上げを高い水準で行うとともに、教育訓練費を増加させた場合に、給与等支給額の増加額の最大40％を控除する措置を設けます。

あわせて、収益が拡大しているにもかかわらず賃上げも投資も特に消極的な企業に対し、租税特別措置の適用を停止する措置を強化します。

(2) オープンイノベーション促進税制の拡充

スタートアップを徹底支援するとともに、既存企業の事業革新を促すことにより、企業が生み出す付加価値の向上につなげることも、「成長と分配の好循環」の実現に向けて必要不可欠です。

スタートアップと既存企業の協働によるオープンイノベーションをさらに促進する観点から、資金の払込みによる出資の一定額の所得控除を認めるという極めて異例の措置であるオープンイノベーション税制について、対象に設立10年以上15年未満の研究開発型スタートアップを追加

する等の拡充を行った上で2年間延長します。

(3) 未来への投資等に向けた経済界への期待

令和4年度税制改正においては、賃上げに係る税制措置を抜本的に強化するとともに、オープンイノベーション税制も拡充するなど、「成長と分配の好循環」を早期に起動させるために、思い切った税制措置を講じています。歳出面においても、科学技術の振興等を目的として、大胆な措置が講じられているところです。こうした取組みの趣旨を踏まえ、経済界に対しては、「成長と分配の好循環」の実現と、ひいては「コロナ後の新しい社会の開拓」に向けて、より積極的に役割を果たすよう求めます。

(4) 地方活性化、災害への対応

① 地方拠点強化税制の拡充

東京一極集中を是正する観点から、地方拠点強化税制について、雇用者増加要件の撤廃や情報サービス事業部門の対象への追加など、地方に移転する企業の実態を踏まえた見直しを行った上で2年間延長します。

② 5G導入促進税制の見直し

デジタル田園都市国家構想実現に向けては、5G全国ネットワークについて、特に条件不利地域における整備を加速することが重要です。また、企業等が自らシステムを構築するローカル5Gについても、社会課題解決や事業革新等に向け、導入の後押しが求められます。こうした観点から、5G導入促進税制について、対象となる設備やインセンティブ等の見直しを行った上で、3年間に期間を限定した上で延長します。

③ 農林水産物・食品の輸出拡大に向けた税制上の措置

農林水産物・食品の輸出を拡大していくため、農林水産物及び食品の輸出の促進に関する法律の輸出事業計画に基づき導入される製造設備や物流施設等に対し、税制上の措置を創設します。

(5) 住宅ローン控除等の見直し

本格的な人口減少・少子高齢化社会が到来する中、2050年カーボンニュートラルの実現に向けた対策が急務となっています。こういった社会環境の変化等に対応するため、次の見直しをします。

① 住宅ローン控除

適用期限を4年間延長します。

消費税率引上げに伴う反動減対策としての借入限度額の上乗せ措置は終了し、住宅性能などに応じた上乗せ措置を講じます。

これまで新築住宅に限定していた上乗せ措置について、既存住宅においても講じます。

令和6年以降に建築確認を受ける新築住宅については省エネ基準の要件化を行うなど所要の措置を講じ、住宅分野の脱炭素化を推進します。

また、新築の認定住宅等について13年間とする上乗せ措置を講じます。

床面積要件については、令和5年以前に建築確認を受けた新築住宅において、合計所得金額1,000万円以下の者に限り、40㎡に緩和します。

さらに、毎年の住宅ローン控除額が住宅ローン支払利息額を上回る状況が生じていることに対する平成30年度決算検査報告に対応する観点から、制度の簡素性も踏まえ、控除率を0.7％とするとともに、住宅ローン控除の適用対象者の所得要件は2,000万円に引き下げることとします。

加えて、所得税額から控除しきれない額を、所得税の課税総所得金額等の5％（最高9.75万円）の範囲内で個人住民税から控除します。

② 住宅取得等資金に係る贈与税の非課税措置

住宅取得等資金に係る贈与税の非課税措置について、格差の固定化防止等の観点から、非課税限度額を見直した上で、適用期限を2年間延長します。

⑹ 固定資産税等

景気回復に万全を期すため、土地に係る固定資産税及び都市計画税の負担調整措置について、令和4年度に限り、商業地に係る課税標準額の上昇幅を、評価額の2.5％（現行：5％）とします。

⑺ 中小・小規模事業者の支援

地域経済の中核を担う中小企業を取り巻く状況は、ますます厳しさを増しており、コロナ後を見据えて、生産性の向上や経営基盤の強化を支援していく必要があります。

このため、所得拡大促進税制を拡充し、賃上げを高い水準で行うとともに、教育訓練費を増加させた場合に、給与等支給額の増加額の最大40％を控除することとした上で令和6年3月末まで1年間延長します。

また、地方活性化の中心的役割を担う中小企業の経済活動を支援する観点から、中小企業における交際費課税の特例については、見直しを行

うことなく２年間延長します。

　法人版事業承継税制については、平成30年１月から10年間の特例措置として、令和５年３月末までに特例承継計画の提出がなされた事業承継について抜本的拡充を行ったものです。今般の感染症の影響により計画策定に時間を要する場合もあるため、特例承継計画の提出期限を令和６年３月末まで１年間延長します。この特例措置は、日本経済の基盤である中小企業の円滑な世代交代が待ったなしの課題であるために設けられた時限措置であることを踏まえ、令和９年12月末までの適用期限については今後とも延長を行いません。

⑻　経済と環境の好循環の実現

　カーボンニュートラルへの取組みは経済社会の変革を伴うものであるところ、国内外の資金を最大限活用し、社会全体の適切な移行を支援しつつ、新しい投資や技術革新を促すことを通じて、産業の競争力と日本経済の成長力につなげます。

　車体課税の見直しに当たっては、令和３年度税制改正大綱で示した方針に基づき引き続き検討を進めます。

　農林水産業の持続可能性を確保する観点から、環境負荷の原因となる生産資材の使用量を減少させる設備等及び化学農薬・化学肥料に代替する生産資材を製造する設備に対し、税制上の措置を創設します。

⑼　その他考慮すべき課題

　租税特別措置については、毎年度、期限が到来するものを中心に、各措置の利用状況等を踏まえつつ、必要性や政策効果をよく見極めた上で、廃止を含めてゼロベースで見直しを行います。租税特別措置の創設・拡充を行う場合は、財源を確保することやいたずらに全体の項目数を増加させないことに配意します。

　令和３年度税制改正において講じた繰越欠損金の控除上限の特例については、事業適応計画の認定期限が令和４年８月１日に到来することから、今後の経済状況の変化も見極めた上で、令和５年度税制改正において、所要の経過措置を講じた上で廃止することを検討します。

　完全子法人株式等及び関連法人株式等の配当に係る源泉徴収の見直しにより、令和５年度の税収が減少すると見込まれること等を踏まえ、その影響を緩和するための必要な対応等について、令和５年度税制改正に

おいて検討します。

❷　経済社会の構造変化を踏まえた税制の見直し

⑴　個人所得課税のあり方

① 　諸控除の見直し

　個人所得課税については、我が国の経済社会の構造変化を踏まえ、配偶者控除等の見直し、給与所得控除・公的年金等控除・基礎控除の一体的な見直しなどの取組みを進めてきています。

② 　私的年金等に関する公平な税制のあり方

　私的年金や退職給付のあり方は、個人の生活設計にも密接に関係することなどを十分に踏まえながら、拠出・運用・給付の各段階を通じた適正かつ公平な税負担を確保できる包括的な見直しに向けて、具体的な案の検討を進めていきます。

　なお、高所得者層において、所得に占める金融所得等の割合が高いことにより、所得税負担率が低下する状況がみられるため、金融所得に対する課税のあり方について検討する必要があります。その際、一般投資家が投資しやすい環境を損なわないよう十分に配慮しつつ、諸外国の制度や市場への影響も踏まえ、総合的な検討を行います。

③ 　記帳水準の向上等

　近年、普及しつつある会計ソフトを活用することにより、小規模事業者であっても大きな手間や費用をかけずに正規の簿記を行うことが可能な環境が整ってきていることも踏まえ、複式簿記による記帳をさらに普及・一般化させる方向で、納税者側での対応可能性も十分踏まえつつ、所得税の青色申告制度の見直しを含めた個人事業者の記帳水準向上等に向けた検討を行います。

⑵　相続税・贈与税のあり方

　我が国では、相続税と贈与税が別個の税体系として存在しており、贈与税は、相続税の累進回避を防止する観点から高い税率が設定されています。このため、将来の相続財産が比較的少ない層にとっては、生前贈与に対し抑制的に働いている面がある一方で、相当に高額な相続財産を有する層にとっては、財産の分割贈与を通じて相続税の累進負担を回避しながら多額の財産を移転することが可能となっています。

今後、諸外国の制度も参考にしつつ、相続税と贈与税をより一体的に捉えて課税する観点から、現行の相続時精算課税制度と暦年課税制度のあり方を見直すなど、格差の固定化防止等の観点も踏まえながら、資産移転時期の選択に中立的な税制の構築に向けて、本格的な検討を進めます。

あわせて、経済対策として現在講じられている贈与税の非課税措置は、限度額の範囲内では家族内における資産の移転に対して何らの税負担も求めない制度となっていることから、そのあり方について、不断の見直しを行っていきます。

(3) 外形標準課税のあり方

外形標準課税の適用対象法人のあり方について、地域経済・企業経営への影響も踏まえながら引き続き慎重に検討を行います。

また、外形標準課税の適用対象法人の法人事業税所得割について、年800万円以下の所得に係る軽減税率を見直します。

❸ 国際課税制度の見直し

令和３年10月、OECD／G20「BEPS包摂的枠組み」において、国際的な合意がまとめられました。本国際合意は、税制の不確実性をもたらす一国主義的な課税措置の拡散を防止する観点から、100年来続いてきた国際課税原則を見直し、市場国に新たな課税権を配分するものです。加えて、グローバル・ミニマム課税の導入は、法人税の引下げ競争に歯止めをかけるとともに、我が国企業の国際競争力の維持及び向上にもつながるものです。

今後、本国際合意の実施に向け、多国間条約の策定・批准や、国内法の改正が必要となるため、国際合意に則った法制度の整備を進めます。

また、コロナ後において見込まれる国境を越えたビジネスや人の往来の再拡大を踏まえ、非居住者の給与課税のあり方について、今後検討を行っていきます。

❹ 円滑・適正な納税のための環境整備

(1) 適格請求書等保存方式への円滑な移行

消費税の複数税率制度の下において適正な課税を確保する観点から、

令和5年10月に施行される消費税の適格請求書等保存方式（インボイス制度）について、円滑な制度移行に向けて政府・与党は一体となって万全の対応を進めます。

また、IT導入補助金等により制度移行もきっかけとした中小事業者の取引やバックオフィスのデジタル化を支援することで、中小企業の生産性向上を後押ししていきます。

さらに、制度移行に伴って免税事業者である小規模事業者が不当な取扱いを受けないよう、免税事業者等との取引に関する独占禁止法、下請法、建設業法における取扱い等を明確化して周知する等適切に対処します。

(2) 税理士制度の見直し

税理士がその業務のICT化等を進める努力義務の創設や、税理士試験の会計学科目における受験資格の不要化、税理士法人が行うことのできる業務範囲の拡充等の措置を講じます。

(3) 記帳義務の不履行及び特に悪質な納税者への対応

記帳義務及び申告義務を適正に履行する納税者との公平性の観点に鑑み、帳簿の不保存・不提示や記帳不備に対し、その記帳義務の不履行の程度に応じて過少申告加算税等を加重する仕組みを設けます。

また、納税者が事実の仮装・隠蔽がある年分又は無申告の年分において主張する簿外経費の存在が帳簿書類等から明らかでなく、税務当局による反面調査によってもその取引が行われたと認められない場合には、当該簿外経費は必要経費・損金に不算入とする措置を講じます。

(4) 財産債務調書制度の見直し

現行の提出義務者に加えて、特に高額な資産保有者については所得基準によらずに本調書の提出義務者とする措置を講じます。

(5) 税務手続のデジタル化・キャッシュレス化による利便性の向上

デジタル技術を活用し、住宅ローン控除の適用にあたり必要となる住宅ローン年末残高証明書の納税者による提出を不要とするなど、e-Taxの利便性を向上させる取組みを進めるとともに、登録免許税や自動車重量税におけるキャッシュレス納付制度の創設等を行います。

令和４年度税制

税目	対象	項目		改正前
所得税	個人	住宅ローン控除		
			適用期限	令和３年12月31日までに居住
			借入限度額	消費税率に伴う上乗せ措置
			控除率	1%
			所得要件	3,000万円以下
			年末残高証明書等の添付	要
		認定住宅新築等特別税額控除		
			適用期限	令和３年12月31日までに取得
			対象住宅	認定住宅
		既存住宅の改修に係る特別控除の延長及び見直し		
			適用期限	令和３年12月31日までに改修完了
			上乗せ措置	新設
		居住用財産の買換え・特定居住用財産の譲渡損失の繰越控除等		令和３年12月31日まで
		特定の居住用財産の買換え等の場合の課税の特例		
			適用期限	令和３年12月31日まで
			買換資産の要件	追加

20 第1編 令和4年度税制改正のあらまし

改正のポイント一覧

改正後	施行日	増減税	関連頁
令和7年12月31日までに居住	令和4年1月1日から令和7年12月31日まで	―	40
住宅の環境性能等に応じた上乗せ措置		―	40
0.7%		↑	40
2,000万円以下		↓	40
不要（居住年が令和5年以後）		―	40
令和5年12月31日までに取得	令和4年1月1日から令和5年12月31日まで	―	52
ZEH水準省エネ住宅を追加		↓	52
令和5年12月31日までに改修完了	令和4年1月1日から令和5年12月31日まで	―	56
控除対象限度額を超える部分等×5％（上限あり）		↓	56
令和5年12月31日まで	―	―	62
令和5年12月31日まで	令和4年1月1日から令和5年12月31日まで	―	66
令和6年1月1日以後に建築確認を受ける住宅の場合、一定の省エネ基準を満たすこと		↑	66

第2章　各主要課題の令和4年度税制改正での取組み　21

税目	対象	項目		改正前
所得税	個人	エンジェル税制		
			沖縄振興特別措置法による指定会社の指定期限	令和4年3月31日まで
			国家戦略特別区域法又は地域再生法に基づき事業を行う会社の株式の発行期限	令和4年3月31日まで
		新NISAにおける非課税投資の適用要件		毎年、積立投資をしてからでないと、非課税投資ができない
		個人の配当所得課税における大口株主の判定		個人のみで3%以上保有
		証拠資料のない簿外経費への対応		納税者の主張に応じて課税当局で確認
		財産債務調書制度等		
			提出義務者	所得基準2,000万円超、かつ、総資産3億円以上又は有価証券等1億円以上
			提出期限	翌年3月15日まで
所得税消費税		社会保険料控除及び小規模企業共済等掛金控除に係る確定申告手続等		控除証明書を書面により交付を受け、確定申告及び年末調整手続を行う
		納税地の異動・変更があった際の届出		変更前の納税地の所轄税務署長に届出が必要
住民税		上場株式等の特定配当等・特定株式譲渡所得に係る課税方式		所得税と異なる課税方式を選択可能
		個人住民税における合計所得金額		公的年金等控除における合計所得金額に退職所得を含めて計算

22　第1編　令和4年度税制改正のあらまし

改正後	施行日	増減税	関連頁
令和7年3月31日まで	—	—	70
令和6年3月31日まで	—	—	70
一定の時期に積立投資をしている場合、翌年も非課税投資の継続が可能	令和6年1月1日以後	—	76
個人と同族法人で3％以上保有	令和5年10月1日以後	↑	89
帳簿書類や反面調査を通じて明らかにされるものを除き、必要経費不算入	令和5年分以後	↑	96
所得がなくても総資産10億円以上の人も対象に追加	令和5年分以後の調書	—	112
翌年6月30日まで		—	112
電子データによる控除証明書の交付を受け、電子データのまま確定申告及び年末調整手続が可能	年末調整は令和4年10月以後、確定申告は令和4年分以後	—	106
不要	令和5年1月1日以後	—	102
所得税と一致させる	令和6年度分以後	↑	84
公的年金等控除における合計所得金額に退職所得を含めずに計算	令和4年度分以後	—	118

第2章　各主要課題の令和4年度税制改正での取組み　**23**

税目	対象	項目		改正前
相続税 贈与税	個人	直系尊属からの住宅取得等資金贈与の贈与税非課税措置		
			適用期限	令和3年12月31日まで
			非課税限度額	良質住宅（消費税10% 1,500万円、上記以外 1,000万円）、良質住宅以外（消費税10% 1,000万円、上記以外500万円）
		非上場株式の相続税・贈与税納税猶予の特例承継計画提出期限		令和5年3月31日まで
法人税 所得税	法・個	信託調書における受益権の評価額		相続税評価額の算定が困難な場合は空欄でよい
		賃上げ税制（大企業）		
			適用要件	新規雇用者給与等支給額が前年度比2%以上増加
			税額控除計算	控除対象新規雇用者給与等支給額×控除率
			控除率上乗せ	教育訓練費の額が前年度比20%以上の場合5%加算
		賃上げ税制（中小企業）		①雇用者給与等支給額が前年度比2.5%以上増加、かつ②教育訓練費額又は経営力向上計画認定要件を満たす場合、税額控除率10%加算

改正後	施行日	増減税	関連頁
令和5年12月31日まで	令和4年1月1日から令和5年12月31日まで	―	122
契約時期にかかわらず良質住宅1,000万円、上記以外500万円		↑	122
令和6年3月31日まで	―	―	129
算定が困難な場合、見積価額（直近の固定資産税評価額、直近の簿価、純資産価額など）の記載が必要	―	―	138
① 継続雇用者給与等支給額が前年度比3％以上増加 ② 一定の大規模法人にてマルチステークホルダーへの配慮要件追加	令和4年4月1日以後		157
雇用者給与等支給増加額×控除率		↓	157
継続雇用者給与等支給額が前年度比4％以上増加の場合10％加算。教育訓練費の額が前年度比20％以上増加の場合5％加算			157
① 雇用者給与等支給額が前年度比2.5％以上増加の場合、税額控除率15％加算 ② 教育訓練費の額が前年度比10％以上増加の場合、税額控除率10％加算	令和4年4月1日以後	↓	166

第2章　各主要課題の令和4年度税制改正での取組み　**25**

税目	対象	項目		改正前
法人税 所得税	法・個	地方活力向上地域等における特定建物取得時の特別償却又は税額控除		
			特定業務施設整備計画認定期間	令和4年3月31日まで
			事業供用開始期間	認定を受けた日から2年経過日まで
			取得価額要件（中小企業者以外の法人）	2,000万円以上
		地方活力向上地域等における雇用者増加時の税額控除		基準雇用者数のうち有期雇用又はパートタイム以外が2人以上いること
		5G設備取得時の特別償却又は税額控除		
			事業供用開始時期	令和4年3月31日まで
			基地局に関する要件	開設計画に係る特定基地局の開設年度より前に開設された特定基地局であること等
		農林水産物等の認定輸出事業者における輸出事業用資産取得時の割増償却		新設
		資本の払戻しに係るみなし配当の額の計算方法		資本の払戻しに係るみなし配当と払戻等対応資本金等をプロラタ計算
		固定資産取得後に補助金等の交付を受けた場合の圧縮記帳		通達により規定
		中小企業の少額減価償却資産取得価額の損金算入		① 令和4年3月31日までに取得した資産 ② 対象資産に制限なし

改正後	施行日	増減税	関連頁
令和6年3月31日まで			182
認定を受けた日から3年経過日まで	令和6年3月31日まで	↓	182
2,500万円以上			182
基準雇用者数に特定業務施設に勤務する新規のフルタイム無期雇用者を加え、有期雇用又はパートタイムの転勤者は除外する	令和6年3月31日まで	―	182
令和7年3月31日まで	―	―	188
基地局開設時期要件廃止、5G高度特定基地局であることを追加	令和4年4月1日から令和7年3月31日まで	―	188
①　農林水産物及び食品の輸出の促進に関する法律改正施行日から令和6年3月31日まで ②　5年間30％(建物及びその附属設備並びに構築物については35％)の割増償却が可能	令和6年3月31日まで	↓	193
減少した資本剰余金の額を限度とする	―	↑	207
法令化	―	―	210
①　令和6年3月31日までに取得した資産 ②　貸付用は対象除外	―	↑	212

第2章　各主要課題の令和4年度税制改正での取組み　27

税目	対象	項目		改正前
法人税 所得税	法・個	少額減価償却資産・一括償却資産の損金算入		対象資産に制限なし
		環境負荷低減事業活動用資産・基盤確立事業用資産を取得した際の特別償却		新設
法人税	法人	大企業における特定税額控除規定の適用要件		継続雇用者給与等支給額＞継続雇用者比較給与等支給額
		オープンイノベーション促進税制適用法人		
			設立期間要件	10年未満
			株式保有見込期間要件	5年以上
		交際費等の損金不算入制度		令和4年3月31日までに開始する事業年度
		証拠資料のない簿外経費への対応		追加
		グループ通算制度		
			グループ離脱時における通算子法人の株式投資簿価修正	取得価額にかかわらず、子法人の税務上簿価純資産価額を基準に譲渡損益を計算
			離脱時の時価評価	1,000万円未満のものは除く
			通算税効果額への利子税相当額の取扱い	新設
			支配関係5年継続要件	通算親法人の設立日と他の通算法人の設立日のうち最も早い日と比較して、いずれか遅い日から継続して支配関係がある場合は要件を満たす

28　第1編　令和4年度税制改正のあらまし

改正後	施行日	増減税	関連頁
貸付用は対象除外	—	↑	215
建物及び建物附属設備、構築物：取得価額×16％、その他：取得価額×32％	—	↓	199
継続雇用者給与等支給額の継続雇用者比較給与等支給額に対する増加割合が1％以上（令和4年4月1日〜令和5年3月31日開始事業年度は0.5％以上）	—	↑	171
一定の赤字会社は設立期間15年未満まで可	—	↓	174
3年以上	—	↓	174
令和6年3月31日までに開始する事業年度	—	—	196
帳簿書類や反面調査を通じて明らかにされるものを除き、必要経費不算入	令和5年1月1日以後に開始する事業年度	↑	205
離脱時の子法人の簿価純資産価額に、資産調整勘定等対応金額を加算することが可能		↓	217
1,000万円未満の営業権は対象に追加	令和4年4月1日以後開始する事業年度から適用すると思われる	↑	223
通算税効果額から除外		—	226
通算親法人の設立日と他の通算法人のうち最後に支配関係を有することとなった日と比較して、いずれか遅い日から継続して支配関係がある場合は要件を満たす		↓	229

第2章　各主要課題の令和4年度税制改正での取組み　29

税目	対象	項目		改正前
法人税	法人	グループ通算制度		
		欠損金損金算入の特例計算における非特定超過控除対象額の各通算法人への配賦計算		非特定超過控除対象額×①／② ① 当該通算法人の非特定欠損控除前所得金額 ② 通算グループの非特定欠損控除前所得金額の合計額
法人事業税		大企業向け賃上げ税制に係る法人事業税付加価値割		
			適用要件	新規雇用者給与等支給額が前年度比2%以上増加
			控除額	控除対象新規雇用者給与等支給額
源泉所得税		完全子会社等の配当等に係る源泉徴収		新設
消費税	法・個	特定収入を課税仕入れに充てた場合の仕入税額控除の調整		新設
		適格請求書等保存方式に係る登録手続		
			免税事業者の登録経過措置	令和5年10月1日の属する課税期間のみ
			納税管理人を定めていない国外事業者	登録可能
		仕入明細書等による仕入税額控除の適用要件		仕入明細書等の保存により仕入税額控除の適用あり

30 第1編　令和4年度税制改正のあらまし

改正後	施行日	増減税	関連頁
非特定超過控除対象額×①／② ① 当該通算法人の非特定欠損控除前所得金額−本特例を適用しないものとした場合に損金算入されることとなる非特定欠損金相当額 ② 通算グループの非特定欠損控除前所得金額の合計額−本特例を適用しないものとした場合に損金算入されることとなる非特定欠損金相当額	令和4年4月1日以後開始する事業年度から適用すると思われる	—	233
継続雇用者給与等支給額が前年度比3%以上増加	令和4年4月1日以後	↓	163
控除対象雇用者給与等支給増加額		↓	163
所得税の源泉徴収不適用	令和5年10月1日以後	↓	236
制限された仕入税額分を仕入控除税額へ加算	令和5年10月1日以後	↓	257
令和5年10月1日から令和11年9月30日の属する課税期間まで	—	—	240
登録不可		—	240
売り手にとって課税資産の譲渡等に該当する場合のみ適用	令和5年10月1日以後	↑	246

第2章 各主要課題の令和4年度税制改正での取組み **31**

税目	対象	項目	改正前
消費税	法・個	電子区分記載請求書による仕入税額控除の経過措置	紙の区分記載請求書のみ控除可
		インボイス経過措置期間における棚卸資産に係る消費税額の調整	仕入税額相当額の80％又は50％
		公売等において執行機関が適格請求書を交付する場合の特例	滞納者から適格請求書発行事業者の登録を受けている通知が必要
		輸出物品販売場制度における免税購入可能な非居住者の範囲	外為法に規定する非居住者
国際課税	法人	過大支払利子税制	国内に恒久的施設（PE）を有しない外国法人等に係る国内源泉所得については適用なし
		外国子会社合算課税における特定外国関係会社等の判定要件	追加
		子会社株式簿価減額特例の見直し	追加
		グループ通算制度における外国税額控除の見直し	外国税額控除に関する非違については、進行事業年度の法人税に控除又は加算
		外国税務当局との情報交換における情報の受領に関する規定の整備	追加
固定資産税	法・個	商業地の課税標準上昇幅調整	評価額の5％

改正後	施行日	増減税	関連頁
電子データの区分記載請求書でも控除可	令和5年10月1日以後	↓	249
仕入税額相当額の全額	令和5年10月1日以後	↓	252
滞納者からの通知を不要とする。	令和5年10月1日以後	—	254
①短期滞在・外交・公用で在留資格を持つ外国人、又は②海外在住2年以上の日本人の要件追加	令和5年4月1日以後	↑	263
国内に恒久的施設（PE）を有しない外国法人等に係る国内源泉所得についても適用される	令和4年4月1日以後開始事業年度	↑	266
保険委託者特例に関する「一の保険会社等」及び「その一の保険会社等との間に特定資本関係のある保険会社等」の判定要件を追加	令和4年4月1日以後開始事業年度	—	270
租税回避の意図がないケースに対応するため、適用除外要件の判定、適用回避防止規定を見直し	令和2年4月1日以後開始事業年度	↓	276
税務当局における進行事業年度措置適用のための説明、説明と異なる申告が行われた場合の更正処分を可能とする	令和4年4月1日以後開始事業年度から適用と思われる	—	280
収集された個人番号を受領することができること、その手続を法令上明確化	令和4年4月1日以後	—	284
評価額の2.5%	令和4年度から	↓	142

R4
あらまし

第2章　各主要課題の令和4年度税制改正での取組み　**33**

税目	対象	項目		改正前
固定資産税	法・個	登記所から市町村への通知事項		登記名義人の氏名・住所、所在地、地番、地目、地積、構造、床面積等
登録免許税		住宅用家屋の所有権保存登記等の減額措置		
			適用期限	令和4年3月31日まで
			適用要件	耐火建築物25年まで、上記以外20年まで
		特定認定長期優良住宅等の保存登記等の減額措置		令和4年3月31日まで
	個人	相続登記の免税措置		令和4年3月31日まで
不動産取得税		住宅等に係る特例措置の申告要件		申告要件あり
	法・個	登記所から都道府県への通知		登記所から都道府県へは通知されず、市町村へ登記情報を要求し入手
		不動産取得後の取得事実の申告		都道府県への申告が必要
印紙税		印紙税の軽減措置		令和4年3月31日まで
軽自動車税		二輪車等に係る転居時の申告手続		所有者が他の市町村に引っ越した際、新旧の両市町村に対して申告が必要
納税環境整備		税理士事務所の該当性の判定基準		設備の状況、使用人の有無等の客観的事実による
		税理士試験受験資格		会計科目も税法科目と同じ受験資格を要し、受験資格となる大学の科目履修は法律学又は経済学科目
		税理士法人の業務範囲		追加

改正後	施行日	増減税	関連頁
登記名義人の死亡の符号、外国居住者の国内連絡先、会社法人等番号、DV被害者等の住所に代わる事項等を追加	改正不動産登記法の施行日以後	—	135
令和6年3月31日まで	—	—	147
築年数要件廃止、新耐震基準適合要件を追加	令和4年4月1日から令和6年3月31日まで	—	147
令和6年3月31日まで	—	↓	147
令和7年3月31日まで	—	↓	
申告要件なし	令和4年4月1日以後	—	
登記所から都道府県に対しても登記情報を通知	令和5年4月1日以後	—	348
不要。ただし、都道府県は不動産取得税の賦課徴収に必要な場合、申告させることが可能	令和5年4月1日以後		
令和6年3月31日まで	—	↓	150
新市町村への申告に基づき、新市町村から旧市町村にその旨を電子的に通知	—	—	351
設備の状況、使用人の有無等の物理的な事実によらない	令和5年4月1日以後	—	289
会計科目は資格不要、受験資格となる大学の科目履修に社会科学科目を追加	令和5年4月1日以後	—	291
後見人として他人の法律行為について代理を行う業務	—	—	292

第2章　各主要課題の令和4年度税制改正での取組み　**35**

税目	対象	項目		改正前
納税環境整備	法・個	帳簿の提出がない場合等の過少申告加算税等の加重措置		新設
		修正申告書・更正の請求書の記載事項		修正申告及び更正の請求前後の課税標準及び税額を記載する
	個人	個人番号カードを利用したe-Taxの利便性の向上		e-Taxにより申請等を行う場合には、電子署名等の送信必要
	法・個	電子申告時の添付書面等記載事項の提出方法		
			相続税申告	イメージデータ（PDF）の送信により提出
			法人税及び地方法人税申告等	磁気テープによる提出が可能
		特定納付手続専用IDのe-Tax用ID・パスワードへの統合		特定納付手続専用IDとe-Tax用パスワードの別途取得が必要
		公売における入札手続の電子化		入札書を書面により提出
		スキャナ保存制度・電子取引情報記録の保存制度のタイムスタンプ要件		一般財団法人日本データ通信協会が認定する業務タイムスタンプ
		電子取引の取引情報に係る電磁的記録の保存の宥恕措置		令和4年1月1日以後、電子取引データの出力書面保存は不可
		eLTAX機能拡充		
			電子申告・申請対応手続	法人事業税、個人住民税等一部の税目
			電子納付対応税目	法人事業税、個人住民税等一部の税目
			電子納付手段	金融機関経由の納付のみ

改正後	施行日	増減税	関連頁
帳簿の不提示・記載不備に係る過少申告加算税・無申告加算税を本税の10%又は5%加重	令和6年1月1日以後申告期限分	↑	296
課税当局が既に保有する修正申告・更正の請求前の課税標準及び税額については記載不要	令和4年12月31日以後申告期限分	—	300
電子署名等を事前登録することで送信不要	令和5年1月1日以後	—	304
光ディスク等による提出を追加	令和4年4月1日以後	—	308
磁気テープによる提出を廃止		—	308
特定納付手続専用IDの発行手続を廃止し、e-Tax用ID・パスワードに統一	令和5年1月1日以後	—	312
電子的な提出を追加	令和5年4月1日以後	—	316
国が認定する時刻認証業務タイムスタンプ	令和4年4月1日以後	—	319
やむを得ない事情があると認められ、かつ、電子データを出力書面で提示できる場合は出力書面保存可	令和4年1月1日から令和5年12月31日まで	—	324
全ての申告・申請について利用可	令和4年4月1日以後	—	337
全ての税目について利用可	令和5年4月1日以後	—	337
スマートフォン決済アプリ、クレジットカード等による納付を追加	令和5年4月1日以後	—	337

第2章　各主要課題の令和4年度税制改正での取組み　**37**

第2編

令和4年度
税制改正の
具体的内容

第1章

個人所得課税

1 住宅ローン控除の延長及び見直し

Question

　令和4年度税制改正では、住宅ローン控除について見直しがされるとのことですが、どのように変わるのでしょうか。また、確定申告手続等の見直しについても教えてください。

　A　住宅ローン控除について、適用期限が令和7年入居分まで4年間延長され、借入限度額や控除率・控除期間等について見直しがされます。また、適用を受けるために必要だった年末残高証明書等が不要となります。

ここが変わる

(1)　住宅ローン控除の延長及び見直し

　適用期限が令和7年入居分まで4年間延長され、次の見直しがされます。

①　借入限度額について、消費税率引上げに伴う反動減対策としての上乗せ措置は終了し、住宅の環境性能などに応じた上乗せ措置が講じられます。

40　第2編　令和4年度税制改正の具体的内容

② 控除率が0.7％に引き下げられます。

③ 控除期間が新築住宅及び買取再販住宅については13年（令和6年・7年入居の「その他の住宅」については10年）、既存住宅については10年とされます。

④ 所得要件が合計所得金額2,000万円以下に引き下げられます。

⑤ 床面積要件が、令和5年以前に建築確認を受けた新築住宅については、合計所得金額1,000万円以下の者に限り、40㎡に緩和されます。

⑥ 令和6年以降に建築確認を受ける新築住宅のうち、省エネ基準に適合しない住宅は住宅ローン控除の対象外とされます。

(2) **東日本大震災の被災者向けの措置**

適用期限が令和7年入居分まで4年間延長されます。また、令和7年以降の対象地域の絞り込みを行いつつ、控除率及び借入限度額の上乗せ措置が講じられます。

(3) **個人住民税の取扱い**

住宅ローン控除可能額のうち所得税から控除しきれなかった額を、所得税の課税総所得金額等の5％（最高9.75万円）の控除限度額の範囲内で翌年度分の個人住民税から控除することとされました。

また、この措置による令和5年度以降の個人住民税の減収額は、全額国費で補填されます。

(4) **確定申告手続等の見直し**

令和5年入居分以降に住宅ローン控除の適用を受ける場合に、年末残高証明書及び新築工事の請負契約書の写し等について確定申告書への添付が不要となります。

また、年末調整においても、住宅ローン控除申告書へ年末残高証明書の添付が不要となります。

適用時期

(1) **住宅ローン控除の延長及び見直し**

住宅の取得等をして、令和4年1月1日から令和7年12月31日までの間に居住の用に供した場合に適用があります。

また、上記(1)②の改正は、住宅の取得等をして令和4年1月1日以後

に居住の用に供した場合に適用されます。

⑵ **東日本大震災の被災者向けの措置**

　再建住宅の取得等をして、令和4年1月1日から令和7年12月31日までの間に居住の用に供した場合に適用があります。

　また、対象地域の絞り込みついては、令和7年1月1日以後に居住の用に供する再建住宅について適用されます。

⑶ **確定申告手続等の見直し**

　居住年が令和5年以後である者が、令和6年1月1日以後に行う確定申告及び年末調整について適用されます。

解　　説

❶　改正の背景

　本格的な人口減少・少子高齢化社会が到来する中、2050年カーボンニュートラルの実現に向けた対策が急務となっています。こういった社会環境の変化等に対応した豊かな住生活を実現するためには、住宅の省エネ性能の向上及び長期優良住宅の取得の促進とともに、既存の住宅ストックの有効活用及び優良化を図ることが重要となっています。

　住宅ローン控除などの税制措置の見直しに当たっては、こうした考え方や現下の経済状況も踏まえつつ、所要の見直しを行うこととされました。

　また、住宅ローン控除の控除率は、毎年の住宅ローン控除額が住宅ローン支払利息額を上回る状況が生じていることについて、会計検査院の平成30年度決算検査報告で指摘されており、それに対応する観点から、制度の簡素性も踏まえて見直しがされることになりました。

❷　改正前の制度

　現行の住宅ローン控除は、元々は消費税率が8％に引き上げられる際に経済対策として措置され、平成26年4月1日から令和3年12月末までの入居者を対象として、控除率1％（借入限度額4,000万円）、控除期間10年とする制度（以下「本則」という）となっていました（措法41①）。

42　第2編　令和4年度税制改正の具体的内容

その後、消費税率が10％に引き上げられる際の反動減対策として、消費税率10％が適用される住宅の取得等をした場合には、令和２年12月末までの入居を要件に、控除期間を13年間にする本則の上乗せ措置が講じられました（措法41⑬）。

また、新型コロナウイルス感染症等の影響で入居が遅れる事態が想定されたことから、新築の場合は令和２年９月末までの契約、分譲住宅・既存住宅の取得等の場合には令和２年11月末までの契約を要件に、上乗せ措置の入居要件が令和３年12月末までに延長されていました（新型コロナ税特法６④）。

さらに、令和３年度税制改正において、令和３年１月１日から令和４年12月31日までの入居を要件に、一定期間内に契約が締結されたものについては、控除期間を13年間にする上乗せ措置が講じられました。

この特例措置は、その13年間の控除期間のうち、合計所得金額1,000万円以下の者については、床面積40㎡から50㎡の住宅も対象となっています。

[改正前の住宅ローン控除]

居住の用に供した年	控除期間	各年の控除額の計算（控除限度額）
令和3年1月1日から令和3年12月31日まで	10年間	1 ～ 10年目 年末残高等×1％（40万円） （注）住宅の取得等が特定取得以外の場合は20万円
令和3年1月1日から令和4年12月31日まで	13年間	［住宅の取得等が特別特例取得又は特例特別特例取得に該当する場合］ 【1 ～ 10年目】 年末残高等×1％（40万円） 【11 ～ 13年目】 次のいずれか少ない額が控除限度額 ①年末残高等〔上限4,000万円〕×1％ ②（住宅取得等対価の額－消費税額）〔上限4,000万円〕×2％÷3 （注）この場合の「住宅取得等対価の額」は、補助金及び住宅取得等資金の贈与の額を控除しないで計算した金額をいう。

（注１）「住宅の取得等が特別特定取得に該当する場合」においては、通常10年である控除期間が13年に延長される特例が措置されていますが、新型コロナウイルス感染

第1章　個人所得課税　43

症等の影響により、控除の対象となる住宅の取得等をした後、その住宅への入居が入居の期限（令和2年12月31日）までにできなかった場合でも、次の要件を満たすときには、その特例の適用を受けることができる。

① 新築については令和2年9月末、分譲住宅、中古住宅の取得、増改築等については令和2年11月末までに、住宅の取得等に係る契約を締結していること

② 令和3年12月31日までに住宅に入居していること

（注2）「特別特定取得」とは、住宅の取得等の対価の額又は費用の額に含まれる消費税額等が、10％の税率により課されるべき消費税額等である場合におけるその住宅の取得等をいう。また、住宅の取得等の対価の額又は費用の額に含まれる消費税額等が、8％又は10％の税率により課されるべき消費税額等である場合におけるその住宅の取得等を「特定取得」という。

（注3）「特例特別特例取得」とは、特別特例取得に該当する場合で、床面積が40㎡以上50㎡未満の住宅の取得等をいう。

❸ 改正の内容

⑴ 住宅ローン控除の延長及び見直し

住宅ローン控除について適用期限（令和3年12月31日）を令和7年12月31日まで4年延長するとともに、次の措置が講じられます。

① 住宅の取得等をして令和4年から令和7年までの間に居住の用に供した場合の住宅借入金等の年末残高の限度額（借入限度額）、控除率及び控除期間について見直しが行われます。

まず、新築住宅及びリフォームにより良質化した上で販売する買取再販住宅においては、認定住宅・ZEH水準省エネ住宅・省エネ基準適合住宅について借入限度額の上乗せ措置が講じられます。

これまで新築住宅に限定していた上乗せ措置について、既存住宅においても講ずることとされました。また、令和6年以降に建築確認を受ける新築住宅については省エネ基準の要件化を行うなど所要の措置が講じられ、住宅分野の脱炭素化が推進されます。

さらに、住宅ローン控除額が住宅ローン支払利息額を上回る状況に対応する観点から、控除率が現行の1％から0.7％に引き下げられることになりました。

② 適用対象者の所得要件が2,000万円以下（現行：3,000万円以下）に引き下げられます。

③ 個人が取得等をした床面積が40㎡以上50㎡未満である住宅の用に供する家屋で、令和5年12月31日以前に建築確認を受けたものの新築又

はその家屋で建築後使用されたことのないものの取得についても、本特例の適用ができることとされます。

ただし、その者の控除期間のうち、その年分の所得税に係る合計所得金額が1,000万円を超える年については適用されません。

④ 令和6年1月1日以後に建築確認を受ける住宅の用に供する家屋（登記簿上の建築日付が同年6月30日以前のものを除く）又は建築確認を受けない住宅の用に供する家屋で登記簿上の建築日付が同年7月1日以降のもののうち、一定の省エネ基準を満たさないものの新築又はその家屋で建築後使用されたことのないものの取得については、適用ができないこととされます。

⑤ 適用対象となる既存住宅の要件について、築年数要件を廃止するとともに、新耐震基準に適合している住宅の用に供する家屋（登記簿上の建築日付が昭和57年1月1日以降の家屋については、新耐震基準に適合している住宅の用に供する家屋とみなす）であることが加わります。

⑥ 住宅ローン控除その他の措置について、所要の措置が講じられます。

（注1） ＺＥＨ（ゼッチ）（ネット・ゼロ・エネルギー・ハウス）とは、「外皮の断熱性能等を大幅に向上させるとともに高効率な設備システムの導入により、室内環境の質を維持しつつ大幅な省エネルギーを実現した上で、再生可能エネルギーを導入することにより、年間の一次エネルギー消費量の収支がゼロとすることを目指した住宅」をいいます。

（注2） 買取再販住宅とは、個人・法人から中古物件を廉価で買い取り、設備の充実化・省エネ化・バリアフリー化・耐震補強工事などといったリノベーションを行って、新たに購入を考えている個人に斡旋するための住宅をいいます。

［改正後の住宅ローン控除］

				入居年			
				R4年	R5年	R6年	R7年
借入限度額	認定住宅等	新築・買取再販※1	認定住宅※2	5,000万円		4,500万円	
			ZEH水準省エネ住宅	4,500万円		3,500万円	
			省エネ基準適合住宅	4,000万円		3,000万円	
		既存住宅		3,000万円			
	その他の住宅	新築・買取再販※1		3,000万円		2,000万円 ※R6以降建築確認（新築）：対象外	
		既存住宅※3		2,000万円			
控除率				0.7%			
控除期間	新築・買取再販			13年 ※R6・R7入居の「その他の住宅」については10年			
	既存住宅			10年			
所得要件				2,000万円			
床面積要件				50㎡ ※R5年以前建築確認（新築）：40㎡（所得要件1,000万円）			
築年数要件				「昭和57年以降に建築された住宅」に緩和			

※1　住宅の取得等が新築又は建築後使用されたことのないもの若しくは宅地建物取引業者により一定の増改築が行われたものの取得である場合
※2　認定長期優良住宅及び認定低炭素住宅
※3　住宅の増改築等を含む

（自由民主党税制調査会資料を一部加工）

［令和４年度税制改正における住宅ローン減税の延長 Q&A］ （令和3年12月24日）

	質問	回答
1	本特例措置は令和４年からの実施が確定したのでしょうか。	本日閣議決定された「令和４年度税制改正の大綱」において政府としての実施の方針が決定されておりますが、その実施は関係税制法が国会で成立することが前提となっております。
2	借入限度額4,000万円の対象となる「省エネ基準適合住宅」とは、どのような住宅でしょうか。	現行の省エネ性能を満たす基準、すなわち、日本住宅性能表示基準における、断熱等性能等級（断熱等級）４以上かつ一次エネルギー消費量等級（一次エネ等級）４以上の性能を有する住宅が該当します。
3	「省エネ基準適合住宅」として認められるためには、どうすれば良いのでしょうか。	入居する住宅が断熱等性能等級（断熱等級）４以上かつ一次エネルギー消費量等級（一次エネ等級）４以上であることを住宅ローン減税申請手続きにおいて証明する必要があります。必要な証明書類等、制度の詳細については現時点では未定ですが、住宅性能評価書等が証明書類となることが考えられます。
4	借入限度額4,500万円の対象となる「ZEH水準省エネ住宅」とは、どのような住宅でしょうか。	いわゆるZEH基準、すなわち、日本住宅性能表示基準における、断熱等性能等級（断熱等級）５かつ一次エネルギー消費量等級（一次エネ等級）６の性能を有する住宅が該当します。
5	「ZEH水準省エネ住宅」として認められるためには、どうすれば良いのでしょうか。	入居する住宅が断熱等性能等級（断熱等級）５かつ一次エネルギー消費量等級（一次エネ等級）６であることを住宅ローン減税申請手続きにおいて証明する必要があります。必要な証明書類等、制度の詳細については現時点では未定ですが、住宅性能評価書等が証明書類となることが考えられます。
6	「ZEH水準省エネ住宅」に該当するためには、太陽光パネルを設置する必要があるのでしょうか。	省エネ性能がZEH水準（断熱等性能等級（断熱等級）５かつ一次エネルギー消費量等級（一次エネ等級）６）であることのみが求められており、太陽光パネルを設置する必要はありません。
7	「買取再販」には、全ての買取再販物件が該当するのでしょうか。	買取再販で扱われる住宅の取得に係る登録免許税の特例措置の対象となる買取再販物件のみが該当します。具体的には、新築後10年以上経過している、リフォーム工事費が建物価格の20％又は300万円の小さい方以上である、等の要件を満たす必要があります。詳しくは国土交通省ホームページをご覧ください。https://www.mlit.go.jp/jutakukentiku/house/jutakukentiku_house_tk2_000024.html
8	借入限度額5,000万円の対象となる「認定住宅」とは、どのような住宅でしょうか。	認定長期優良住宅（いわゆる長期優良住宅）と認定低炭素住宅（いわゆる低炭素住宅）が該当します。
9	令和３年までに入居し、既に住宅ローン減税の適用を受けております。令和４年以降は控除率が0.7%に引き下がってしまうのでしょうか。	令和３年までに入居し、既に住宅ローン減税を受けている方については、従前の控除率等がそのまま適用されます。
10	2020年10月〜2021年９月末の間に注文住宅の請負契約を締結し、令和４年中に入居予定です。令和３年度税制改正において措置された、控除率１％・控除期間13年間の措置は適用されるのでしょうか。	適用されます。なお、この場合、今般延長された住宅ローン減税の措置は適用されず、令和３年度税制改正において決定された、控除率１％・控除期間13年の措置が適用されることになります。
11	2020年12月〜2021年11月末の間に分譲住宅の売買契約を締結し、令和４年中に入居予定です。令和３年度税制改正において措置された、控除率１％・控除期間13年間の措置は適用されるのでしょうか。	適用されます。なお、この場合、今般延長された住宅ローン減税の措置は適用されず、令和3年度税制改正において決定された、控除率1％・控除期間13年の措置が適用されることになります。
12	2020年９月末までに注文住宅の請負契約を締結しましたが、入居が令和５年以降となる予定です。令和３年度税制改正において措置された、控除率１％・控除期間13年間の措置は適用されるのでしょうか。	適用されません。なお、この場合、今般延長された住宅ローン減税の措置が、その入居年に応じて適用されます。
13	2020年11月末までに分譲住宅の売買契約を締結しましたが、入居が令和５年以降となる予定です。令和３年度税制改正において措置された、控除率１％・控除期間13年間の措置は適用されるのでしょうか。	適用されません。なお、この場合、今般延長された住宅ローン減税の措置が、その入居年に応じて適用されます。

（国土交通省資料）

(2)　東日本大震災の被災者向けの措置

　東日本大震災の被災者等に係る住宅ローン控除の特例について、適用期限（令和３年12月31日）を令和７年12月31日まで４年延長するとともに、次の措置が講じられます。

①　再建住宅の取得等をして令和４年から令和７年までの間に居住の用に供した場合の再建住宅借入金等の年末残高の限度額（借入限度額）、控除率及び控除期間が次のとおりとなります。

②　令和７年１月１日以後に居住の用に供する再建住宅のうち、警戒区域設定指示等の対象区域外に従前住宅が所在していた場合については、本特例の適用ができないこととされます。

③　上記(1)②から⑤までと同様の措置が講じられます。

［被災者向けの住宅ローン控除の特例］

		入居年			
		R4年	R5年	R6年	R7年
借入限度額	新築・買取再販	5,000万円		4,500万円	
	既存住宅	3,000万円			
控除率		0.9%			
対象地域		制限なし			警戒区域設定指示等の対象区域内

※所得要件・控除期間・床面積要件等は(1)の改正案と同様

（自由民主党税制調査会資料を一部加工）

(3)　個人住民税の取扱い

　個人住民税における住宅ローン控除について、次の措置が講じられます。

①　令和４年分以後の所得税において住宅ローン控除の適用がある者（住宅の取得等をして令和４年から令和７年までの間に居住の用に供した者に限る）のうち、その年分の住宅ローン控除額からその年分の所得税額（住宅ローン控除の適用がないものとした場合の所得税額とする）を控除した残額があるものについては、翌年度分の個人住民税において、その残額に相当する額をその年分の所得税の課税総所得金

額等５％（最高9.75万円）の控除限度額の範囲内で減額がされること
となりました。

　また、この措置による令和５年度以降の個人住民税の減収額は、全
額国費で補填されます。

②　その他所要の措置が講じられます。

［住民税における住宅ローン控除］

居住年	現行制度 （平成26年4月～令和3年12月）	改正後 （令和4年～令和7年）
控除 限度額	所得税の課税総所得金額等の7％ （最高13.65万円）※	所得税の課税総所得金額等の5％ （最高9.75万円）

※住宅に係る消費税等の税率が8％又は10％である場合の金額

（自由民主党税制調査会資料を一部加工）

(4)　確定申告手続等の見直し

　住宅ローン控除に係る確定申告手続等について、次の措置を講じられ
ます。

①　令和５年１月１日以後に居住の用に供する家屋について、住宅ロー
ン控除の適用を受けようとする個人は、住宅借入金等に係る一定の債
権者に対して、その個人の氏名及び住所、個人番号その他の一定の事
項（以下「申請事項」という）を記載した申請書（以下「住宅ローン
控除申請書」という）の提出をしなければならないこととされます。

②　住宅ローン控除申請書の提出を受けた債権者は、その住宅ローン控
除申請書の提出を受けた日の属する年の翌年以後の控除期間の各年の
10月31日（その提出を受けた日の属する年の翌年にあっては、1月31
日）までに、その住宅ローン控除申請書に記載された事項及びその住
宅ローン控除申請書の提出をした個人のその年の12月31日（その者が
死亡した日の属する年にあっては、同日）における住宅借入金等の金
額等を記載した調書を作成し、その債権者の本店又は主たる事務所の
所在地の所轄税務署長に提出しなければならないとされます。この場
合において、その債権者は、その住宅ローン控除申請書につき帳簿を
備え、その住宅ローン控除申請書の提出をした個人の各人別に、申請

事項を記載し、又は記録しなければならないこととされます。

③　住宅ローン控除証明書の記載事項に、住宅借入金等の年末残高が加えられます。

④　令和5年1月1日以後に居住の用に供する家屋に係る住宅ローン控除の適用を受けようとする個人は、住宅取得資金に係る借入金の年末残高証明書及び新築の工事の請負契約書の写し等については、確定申告書への添付を不要とされます。

　　この場合において、税務署長は、確定申告期限等から5年間、その適用に係る新築の工事の請負契約書の写し等の提示又は提出を求めることができることとし、その求めがあったときは、その適用を受ける個人は、その書類の提示又は提出をしなければならないこととされます。

⑤　給与等の支払を受ける個人で年末調整の際に、令和5年1月1日以後に居住の用に供する家屋に係る住宅ローン控除の適用を受けようとする者は、住宅取得資金に係る借入金の年末残高証明書については、給与所得者の住宅ローン控除申告書への添付が不要とされます。

⑥　その他所要の措置を講じられます。

❹　実務のポイント

①　令和5年1月1日以後に居住の用に供する床面積が40㎡以上50㎡未満の住宅については、令和5年12月31日以前に建築確認を受けた新築又は新古住宅が対象となり、既存住宅は対象となりません。

②　本改正で、控除率が1％から0.7％に引き下げられることになりました。この点については、会計検査院の平成30年度決算検査報告によって、「住宅ローン控除特例の控除率である1％を下回る借入金利で住宅ローンを借り入れている者の割合が78.1％となっているなどの状況が見受けられた」旨報告されており、「住宅ローンを組む必要がないのに住宅ローンを組む動機付けになったり、住宅ローン控除特例の適用期間が終了するまで住宅ローンの繰上返済をしない動機付けになったりすることがある」と指摘されていました。

　　一方で、わが国の経済状況が、新型コロナウイルス感染症の影響によって依然として厳しい状況にあることも踏まえ、当面の措置として控除期

50　第2編　令和4年度税制改正の具体的内容

[改正後の確定申告手続等]

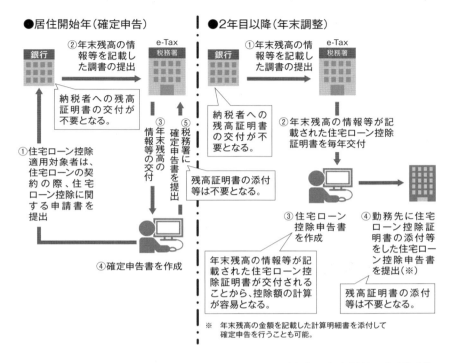

（自由民主党税制調査会資料）

間の上乗せ措置が行われるなど、住宅市場の回復を後押ししつつ、必要最小限の税収減に留まるような仕組みが検討されています。

　また、今までは、消費税率引上げに伴う反動減対策の観点から上乗せ措置等が検討されてきましたが、今後は、カーボンニュートラルの実現やコロナ禍を契機とした住環境の変化等の観点から、状況を踏まえて必要な見直しが行われていくことが考えられます。

2 認定住宅新築等特別税額控除の延長及び見直し

Question

　令和４年度税制改正では、住宅ローンを利用しない場合にも適用できる認定住宅等新築等特別税額控除、いわゆる投資型減税制度について見直しが行われると聞きましたが、その内容を教えてください。

　A　対象住宅にZEH水準省エネ住宅を追加した上で、適用期限が令和５年12月31日まで２年延長されます。

ここが変わる

　改正前は、認定住宅（認定長期優良住宅及び認定低炭素住宅）が対象となりましたが、改正後は、対象住宅にZEH水準省エネ住宅が追加されます。

適用時期

　令和４年１月１日から令和５年12月31日までに居住の用に供した場合に適用があります。

解　　説

❶　改正の背景

　本格的な人口減少・少子高齢化社会が到来する中、2050年カーボンニュートラルの実現に向けた対策が急務となっています。こういった社会環境の変化等に対応した豊かな住生活を実現するためには、住宅の省

エネ性能の向上及び長期優良住宅の取得の促進を図ることが重要となっています。こうした考え方や現下の経済状況も踏まえつつ、所要の見直しを行うこととされました。

❷ 改正前の制度

個人が、国内において、一定の認定住宅の新築・購入（新築等）をし、その新築等をした認定住宅を自己の居住の用に供した場合に、その年分の所得税額から、認定住宅の面積に応じた金額を控除することができる制度です。

(1) 控除期間

原則として居住年のみとなりますが、この控除を受ける年分において控除しきれない金額がある場合で一定の要件を満たすときは、その控除しきれない金額を翌年分の所得税額から控除することができます。

(2) 控除額の計算

認定住宅等特別税額控除の控除額は、認定住宅の認定基準に適合するために必要となる標準的かかり増し費用の10%となります。標準的なかかり増し費用とは、認定住宅の構造の区分にかかわらず、1㎡当たり定められた金額（45,300円）に、その認定住宅の床面積を乗じて計算した金額をいいます。

［控除額の計算方法］

計算式（控除額は、100円未満端数切捨て）

認定住宅の構造及び設備に係る標準的な費用の額（45,300円×認定住宅の床面積（㎡））	×10%＝	その年分の所得税額から差し引くことができる控除額

標準的な費用の額が、「認定住宅限度額」を超える場合には、この限度額までの金額となります。
また、店舗併用住宅など、認定住宅のうちに居住の用に供する部分がある場合は、「認定住宅の構造及び設備に係る標準的な費用の額」に居住の用に供する部分の占める割合を乗じて計算した金額となります。

第1章 個人所得課税　53

居住日		認定住宅限度額	控除率	税額控除限度額
令和2年中		650万円	10%	65万円
	※	500万円	10%	50万円

※　認定住宅の新築や購入の費用の額に含まれる消費税額等（消費税額及び地方消費税額の合計額をいう）のうちに、8%又は10%の消費税及び地方消費税の税率による消費税額等が含まれていない場合を示しています。

⑶　対象となる認定住宅

対象となる「認定住宅」とは、次のいずれかに該当する住宅をいいます。

①　長期優良住宅の普及の促進に関する法律に規定する認定長期優良住宅

②　都市の低炭素化の促進に関する法律に規定する低炭素建築物又は低炭素建築物とみなされる特定建築物

❸　改正の内容

認定住宅新築等特別税額控除について、適用期限（令和3年12月31日）が令和5年12月31日まで2年延長されます。

また、対象住宅の新築等をして令和4年及び令和5年に居住の用に供した場合の対象住宅、標準的な性能強化費用に係る控除対象限度額及び控除率が次表のとおりとなります。

［控除対象限度額と控除率］

居住年	現行制度 （令和3年まで）	改正後 （令和4年・令和5年）
対象住宅	認定住宅	認定住宅 ZEH水準省エネ住宅
控除対象限度額	650万円	
控除率	10%	

（自由民主党税制調査会資料を一部修正）

❹ 実務のポイント

　認定住宅等の新築等をして、住宅ローン控除を適用する場合には、その認定住宅の新築等について認定住宅新築等特別税額控除の適用はできません。

　また、認定住宅新築等特別税額控除を適用して確定申告書を提出した場合には、その後更正の請求をし、又は修正申告書を提出するときにおいても、認定住宅新築等特別税額控除を適用することになり、住宅ローン控除との選択替えはできません。

　さらに、認定住宅新築等特別税額控除を適用しなかった場合も同様となります。

第1章　個人所得課税　**55**

3　既存住宅の改修に係る特別控除の延長及び見直し

Question

　令和４年度税制改正では、既存住宅の改修に係る特別控除について見直しが行われると聞きました。「住宅耐震改修特別控除」と「住宅特定改修特別税額控除」の見直しの内容を教えてください。

　A　いずれの特別控除制度も、適用期限が令和５年12月31日まで２年延長され、一定の要件の下、特別控除額の上乗せ措置が講じられます。

　　また、住宅特定改修特別税額控除の適用対象となる省エネ改修工事について見直しが行われます。

ここが変わる

　いずれの特別控除制度も、適用期限が令和５年12月31日まで２年延長され、一定の要件の下、対象工事に係る標準的な工事費用相当額（控除対象限度額を超える部分に限る）と対象工事と併せて行うその他の一定の工事に要した費用の金額の合計額の５％に相当する金額を控除することとされました（上乗せ措置）。

　また、住宅特定改修特別控除の適用対象となる省エネ改修工事が窓の断熱改修工事等とされ、全ての居室の全ての窓の断熱改修工事等である必要がなくなりました。

適用時期

　令和４年１月１日から令和５年12月31日までの間に、既存住宅の改修工事が完了した場合に適用があります。

56　第２編　令和４年度税制改正の具体的内容

解　　説

❶　改正の背景

　本格的な人口減少・少子高齢化社会が到来する中、2050年カーボンニュートラルの実現に向けた対策が急務となっています。こういった社会環境の変化等に対応した豊かな住生活を実現するためには、住宅の省エネ性能の向上及び既存の住宅ストックの有効活用及び優良化を図ることが重要となっています。こうした考え方や現下の経済状況も踏まえつつ、所要の見直しを行うこととされました。

❷　改正前の制度

(1)　住宅耐震改修特別控除（耐震改修工事をした場合）

　個人が、自己の居住の用に供する家屋（昭和56年5月31日以前に建築されたものに限る）について住宅耐震改修をした場合に、一定の金額をその年分の所得税額から控除することができる制度です（措法41の19の2）。

　控除額は、住宅耐震改修に係る耐震工事の標準的な費用の額（補助金等の交付を受ける場合には、その補助金等の額を控除した金額）の10％となります。限度額は、住宅耐震改修に要した費用の額に含まれる消費税額等のうちに、8％又は10％の消費税額等が含まれている場合は最高25万円、それ以外の場合は最高20万円となります。

［改正前の耐震改修特別控除］

工事完了年	控除対象限度額		控除率
	8％又は10％の消費税額等が含まれている場合	左記以外	
平成26年4月1日から令和3年12月31日	250万円	200万円	10％

第1章　個人所得課税　**57**

⑵　住宅特定改修特別税額控除

　個人が、自己が所有している居住用家屋について一定の工事をし、その者の居住用に供したときに、一定の要件の下で、一定の金額をその年分の所得税額から控除することができる制度です。ただし、その年分の合計所得金額が、3,000万円を超える年については適用されません（措法41の19の３）。

　控除額は、対象工事の標準的な費用の額の10％となり、控除対象限度額及び控除率は次表のとおりとなります。

［改正前の特定改修特別税額控除］

居住年	対象工事	控除対象限度額		控除率
		8％又は10％の消費税額等が含まれている場合	左記以外	
H26.4.1 ～ R3.12.31	①　バリアフリー改修工事	200万円	150万円	10％
H26.4.1 ～ R3.12.31	②　省エネ改修工事	250万円 （350万円）	200万円 （300万円）	
H28.4.1 ～ R3.12.31	③　多世帯同居改修工事	250万円		
H29.4.1 ～ R3.12.31	④　耐震改修工事又は省エネ改修工事と併せて行う耐久性向上改修工事	250万円 （350万円）		
	⑤　耐震改修工事及び省エネ改修工事と併せて行う耐久性向上改修工事	500万円 （600万円）		

※カッコ内の金額は、省エネ改修工事と併せて太陽光発電装置を設置する場合の控除対象限度額

❸　改正の内容

⑴　住宅耐震改修特別控除

　適用期限（令和３年12月31日）を令和５年12月31日まで２年延長する

とともに、次の措置が講じられます。

① 令和４年及び令和５年に耐震改修工事をした場合の標準的な工事費用の額に係る控除対象限度額及び控除率が次表のとおりとされます。

工事完了年	控除対象限度額	控除率
令和４年・令和５年	250万円	10%

② 標準的な工事費用の額について工事の実績を踏まえて見直しが行われます。

(2) **住宅特定改修特別税額控除**

適用期限（令和３年12月31日）を令和５年12月31日まで２年延長するとともに、次の措置が講じられます。

① 特定の改修工事をして令和４年及び令和５年に居住の用に供した場合の標準的な工事費用の額に係る控除対象限度額及び控除率が次のとおりとされます。

［改正後の特定改修特別税額控除］

居住年	対象工事		控除対象限度額	控除率
令和４年・令和５年	① バリアフリー改修工事		200万円	10%
	② 省エネ改修工事		250万円 （350万円）	
	③ 多世帯同居改修工事		250万円	
	④ 耐震改修工事又は省エネ改修工事と併せて行う耐久性向上改修工事		250万円 （350万円）	
	⑤ 耐震改修工事及び省エネ改修工事と併せて行う耐久性向上改修工事		500万円 （600万円）	

※カッコ内の金額は、省エネ改修工事と併せて太陽光発電装置を設置する場合の控除対象限度額

② 個人が、所有する居住用の家屋について上記(1)の耐震改修工事又は上記(2)①の対象工事をして、その家屋を令和４年１月１日から令和５

年12月31日までの間にその者の居住の用に供した場合（その工事の日から6月以内にその者の居住の用に供した場合に限る）には、一定の要件の下で、その個人の居住の用に供した日の属する年分の所得税の額から次に掲げる金額の合計額（その耐震改修工事又は対象工事に係る標準的な工事費用相当額の合計額と1,000万円からその金額（その金額が控除対象限度額を超える場合には、その控除対象限度額）を控除した金額のいずれか低い金額を限度）の5％に相当する金額を控除することとされます。

(イ) その耐震改修工事又は対象工事に係る標準的な工事費用相当額（控除対象限度額を超える部分に限る）の合計額

(ロ) その耐震改修工事又は対象工事と併せて行うその他の一定の工事に要した費用の金額（補助金等の交付がある場合にその補助金等の額を控除した後の金額）の合計額

　なお、上記の「標準的な工事費用相当額」とは、耐震改修工事又は対象工事の種類等ごとに標準的な工事費用の額として定められた金額にその耐震改修工事又は対象工事を行った床面積等を乗じて計算した金額（補助金等の交付がある場合にはその補助金等の額を控除した後の金額）をいいます。

③ 適用対象となる省エネ改修工事が次表のとおりとなります。

現　行	改正後
全ての居室の全ての窓の断熱改修工事又は全ての居室の全ての窓の断熱改修工事と併せて行う天井、壁若しくは床の断熱改修工事	窓の断熱改修工事又は窓の断熱改修工事と併せて行う天井、壁若しくは床の断熱改修工事

④ 標準的な工事費用の額について、工事の実績を踏まえて見直しが行われます。

⑤ その他所要の措置が講じられます。

❹　実務のポイント

　住宅耐震改修特別控除については、住宅ローン控除との併用が認められています。

　しかし、住宅耐震改修について、住宅耐震改修特別控除（上記❸(1)）

と耐久性向上改修工事に係る住宅特定改修特別控除（上記❸(2)④、⑤）又は要耐震改修住宅を取得した場合の住宅ローン控除のいずれの適用要件を満たしている場合は、これらの控除のいずれか一つの選択適用となります。

　住宅特定改修特別税額控除については、住宅ローン控除との併用は認められていません。また、適用を受けようとする前年以前2年分もしくは3年分（対象工事により異なる）に、適用を受けようとする種類の対象工事について、この税額控除を適用している場合には、原則として、その年分においては適用することができません。

4 居住用財産の買換え等の場合の譲渡損失の繰越控除等の延長

Question

令和4年度税制改正により、居住用財産の買換え等の場合の譲渡損失の繰越控除等の特例及び特定居住用財産の譲渡損失の繰越控除等の特例は適用期限が延長されるのでしょうか。また、延長されるだけでなく見直しも行われるのでしょうか。

A いずれの特例も、適用期限が延長されることになりましたが、特に見直しはありません。

ここが変わる

いずれの特例も、適用期限が2年延長されます。

適用時期

いずれの特例も見直しされることなく、適用期限が令和3年12月31日から令和5年12月31日まで2年延長されます。

解　説

❶ 改正の背景

(1) 居住用財産の買換え等の場合の譲渡損失の繰越控除等の特例

居住用財産の譲渡のうち約5割において譲渡損が発生し、買換えに当たっては、含み損を抱える世帯は譲渡損失が発生することがその障害となっています。

特に、地価高騰期に住宅を取得した者においては、多額の含み損を抱

えていることが多くなっています。

　ライフステージ等に応じた住まいを選択できる環境を整備し、円滑な住替えを促進する観点から、譲渡損の発生という買換えに伴う障害を可能な限り最小化することが要望されていました。

(2)　特定居住用財産の譲渡損失の繰越控除等の特例

　住宅ローンが残る居住用財産を売却し、譲渡の対価をローンの返済に充てた上で、住替えを余儀なくされる者（リストラや事業の失敗により所得が減った者等）も存在し、その住替えを支援することは、その者の生活再建の観点からも重要であることから、本特例の延長が求められていました。

❷　改正前の制度

(1)　居住用財産の買換え等の場合の譲渡損失の繰越控除等の特例

　個人が、土地又は建物を譲渡して譲渡損失の金額が生じた場合には、その損失の金額を他の土地又は建物の譲渡所得の金額から控除できますが、その控除をしてもなお控除しきれない損失の金額は給与所得や事業所得など他の所得と損益通算することはできません。

　しかし、長期譲渡所得（所有期間5年超）に該当する居住用財産（旧居宅）を令和3年12月31日までに譲渡して、新たに居住用財産（新居宅）を取得した場合に、旧居宅の譲渡による損失（譲渡損失）が生じたときは、一定の要件を満たすものに限り、その譲渡損失をその年の給与所得や事業所得など他の所得から控除（損益通算）することができます。

　さらに、損益通算を行っても控除しきれなかった譲渡損失は、譲渡の年の翌年以後3年内に繰り越して控除（繰越控除）することができます（措法41の5）。

(2)　特定居住用財産の譲渡損失の繰越控除等の特例

　令和3年12月31日までに、住宅ローンのある長期譲渡所得に該当する居住用財産を住宅ローンの残高を下回る価額で譲渡して損失（譲渡損失）が生じたときは、一定の要件を満たすものに限り、その譲渡損失をその年の給与所得や事業所得など他の所得から控除（損益通算）することができます（措法41の5の2）。

　さらに、損益通算を行っても控除しきれなかった譲渡損失は、譲渡の

年の翌年以後３年内に繰り越して控除（繰越控除）することができます（措法41の５の２）。

［居住用財産の買換え等の場合の譲渡損失の繰越控除等の特例］

【制度の概要】
　個人が所有期間5年超の居住用財産の譲渡をし、一定期間内に居住用財産の取得をして自己の居住の用に供した場合（その取得した居住用財産に係る住宅借入金等の残高を有する場合に限る。）において、その譲渡した資産に係る譲渡損失については、一定の要件の下で、他の所得との損益通算及び繰越控除ができる。

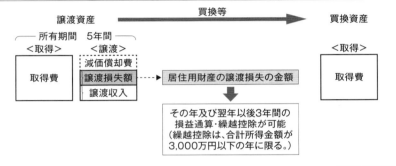

（財務省資料）

［特定居住用財産の譲渡損失の繰越控除等の特例］

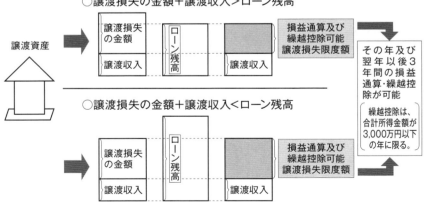

（財務省資料）

64　第２編　令和４年度税制改正の具体的内容

❸ 改正の内容

居住用財産の買換え等の場合の譲渡損失の繰越控除等の特例の適用期限（令和3年12月31日）が、令和5年12月31日まで2年延長されます。

また、特定居住用財産の譲渡損失の繰越控除等の特例の適用期限（令和3年12月31日）も、令和5年12月31日まで2年延長されます。

❹ 実務のポイント

いずれの特例も、居住用財産を譲渡して譲渡損失が発生した場合において、その譲渡損失は原則として他の所得と損益通算・繰越控除が認められないにもかかわらず、例外的に他の所得と損益通算・繰越控除が認められている制度であることは共通しています。

相違する部分は、居住用財産（旧居宅）を譲渡後に次の居住用財産（新居宅）を買い換えるか否かという点です。

両特例の過去の適用実績を確認すると、「居住用財産の買換え等の場合の譲渡損失の繰越控除等の特例」は「特定居住用財産の譲渡損失の繰越控除等の特例」と比較して圧倒的に多く適用されていることから、実務では適用実績が多い「居住用財産の買換え等の場合の譲渡損失の繰越控除等の特例」の仕組みを改めて確認しておく必要があります。

［両特例の適用実績］

適用年	居住用財産の買換え等の場合の譲渡損失の繰越控除等の特例の適用実績	特定居住用財産の譲渡損失の繰越控除等の特例の適用実績
平成29年	6,367件	538件
平成30年	5,522件	428件
令和元年	4,971件	375件

第1章 個人所得課税 **65**

5 特定の居住用財産の買換え等の場合の課税の特例の延長

Question

令和4年度税制改正により、特定の居住用財産の買換え等の場合の課税の特例は延長されるのでしょうか。また、延長されるだけでなく見直しも行われるのでしょうか。

A 適用期限が延長されるとともに、買換資産に追加の要件が加えられます。

ここが変わる

適用期限が2年延長されるとともに、買換資産が令和6年1月1日以後に建築確認を受ける住宅などの場合には、一定の省エネ基準を満たすものであることが要件として追加されます。

適用時期

令和4年1月1日以後に行う譲渡資産の譲渡に係る買換資産について適用されます。

解　説

❶ 改正の背景

従前住宅の所有期間の長い高齢者層は、譲渡益及びその課税負担が発生したとしても、新しいローンを組みにくい現実があります。

従前住宅の譲渡対価等により新たな住宅を購入せざるを得ないこれらの層にとっては、譲渡時の課税負担が買換えの障害となるため、こうし

た障害を減少させることにより、ライフステージの変化に応じた円滑な住替えを支援することが望まれていました。

❷ 改正前の制度

 所有期間10年超の居住用財産を、令和3年12月31日までに譲渡して、代わりの居住用財産に買い換えたときは、一定の要件の下、譲渡益に対する課税を将来に繰り延べることができます（譲渡益が非課税となるわけではない）（措法36の2）。

 例えば、1,000万円で購入した居住用財産を5,000万円で譲渡し、7,000万円の居住用財産に買い換えた場合には、通常の場合、4,000万円の譲渡益が課税対象となりますが、特例の適用を受けた場合、譲渡した年分で譲渡益への課税は行われず、買い換えた居住用財産を将来譲渡したときまで譲渡益に対する課税が繰り延べられます。

 この制度を図で説明すると次のとおりです。

［特定の居住用財産の買換え等の場合の課税の特例］

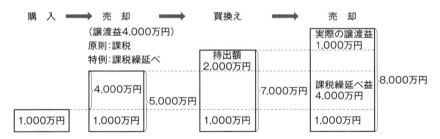

（注）説明を簡潔にするため、減価償却などは考慮していない。

（国税庁資料）

 上記の例により説明すれば、課税が将来に繰り延べられるとは、例えば、買い換えた居住用財産を将来8,000万円で譲渡した場合に、譲渡価額8,000万円と購入価額7,000万円との差額である1,000万円の譲渡益（実際の譲渡益）に対して課税されるのではなく、実際の譲渡益1,000万円に特例の適用を受けて課税が繰り延べられていた4,000万円の譲渡益（課税繰延べ益）を加えた5,000万円が、譲渡益として課税されることにな

ります。

❸ 改正の内容

特定の居住用財産の買換え等の場合の課税の特例について、買換資産が令和6年1月1日以後に建築確認を受ける住宅（登記簿上の建築日付が同年6月30日以前のものを除く）又は建築確認を受けない住宅で登記簿上の建築日付が同年7月1日以降のものである場合の要件にその住宅が一定の省エネ基準を満たすものであることを加えた上、その適用期限（令和3年12月31日）が令和5年12月31日まで2年延長されます。

❹ 実務のポイント

令和6年以後に取得する買換資産の範囲に、「一定の省エネ基準を満たすもの」が追加されましたが、その追加された背景として、住宅ローン控除の見直しと同様に、カーボンニュートラルの実現に向けた措置と思われます。

買換資産に追加される「一定の省エネ基準を満たすもの」の詳細は、今後の公表される法令等により確認する必要があります。

また、本特例の適用要件の一つである譲渡対価の上限は、現行では1億円以下に限定されているため、適用を受ける者がそれほど多くないことが直近5年間の適用実績から分かります。譲渡対価が1億円の範囲で、譲渡益が3,000万円を超える事例が少ないことが原因と想定され、本特例がそれほど機能していないことが伺えます。

適用年	適用実績
平成27年	351件
平成28年	324件
平成29年	323件
平成30年	351件
令和元年	308件

本特例は、住宅の住替えによる居住水準の向上を支援するという住宅政策上の観点から、昭和57年に創設された後、制度の廃止・復活、譲渡

対価上限の設定・廃止・復活・拡充・縮小を繰り返し、次のように現在
に至っています。

［特例の経緯］

創設等の年度	譲渡対価の設定等	譲渡対価の上限
昭和57年度	本特例の創設	
昭和63年度	本特例の廃止	
平成5年度	本特例の復活	1億円以下
平成6年度	本特例の上限の拡充	2億円以下の引上げ
平成10年度	本特例の上限の拡充	上限廃止
平成22年度	本特例の上限の縮減	2億円以下の復活
平成24年度	本特例の上限の縮減	1億5,000万円に引下げ
平成26年度	本特例の上限の縮減	1億円以下に引下げ

　本特例の適用実績を増やすことを前提で延長するのであれば、譲渡対
価の上限を引き上げる措置を講じるべきと思われます。

6　エンジェル税制の延長及び見直し

Question

令和４年度税制改正でエンジェル税制の見直しが行われるようですが、どのような内容の見直しとなるのでしょうか。

A　沖縄振興特別措置法の改正を前提とした見直しと、特定新規中小企業者が発行した株式を取得した場合の課税の特例について、対象企業の指定期限の延長等の見直しが行われ、基本的には、現行制度が維持されることになります。

ここが変わる

令和４年３月31日が期限とされている対象会社の指定期限、又は、株式の発行期限が延長されます。

適用時期

令和４年４月１日以後に指定を受ける、若しくは、株式を発行する一定の会社への投資が本改正の対象となります。

解　説

❶　改正の背景

エンジェル税制は、ベンチャー企業への民間投資の資金循環の促進を図ることなどを目的に創設され、直近では、令和２年度税制改正において、クラウドファンディングを活用した事業資金の調達を図るベンチャー企業を制度対象とするなど、利便性の向上に向けた拡充が行われ

70　第２編　令和４年度税制改正の具体的内容

ています。

　令和４年度税制改正では、エンジェル税制の対象となる会社の指定期限、又は、株式の発行期限の延長が行われる予定です。

❷　改正前の制度

⑴　制度の概要

　エンジェル税制とは、ベンチャー企業に対する投資の促進を図る観点から、特定中小会社及び特定新規中小会社（以下、特定中小会社と併せて「特定中小会社等」という）への投資を行った個人投資家について講じられている税制上の特例措置です。

　具体的には、対象となる会社への投資に対して、次の３種類の特例措置が設けられています。

①　特定中小会社等へ投資した年に受けられる特例措置

②　特定株式に係る譲渡損失の金額の損益通算及び繰越控除の特例措置

③　特定株式が株式としての価値を失った場合の特例措置

　なお、上記３種類の特例措置のうち、特定新規中小会社については、①のみが適用されます。

⑵　特例措置の具体的内容

①　特定中小会社等へ投資した年に受けられる特例措置

　㈄　優遇措置Ａ

　　特定中小会社が発行した株式（以下「特定株式」という）の払込み[注1]による取得[注2]に要した金額の合計額のうち一定の金額を一般株式等に係る譲渡所得等の金額又は上場株式等に係る譲渡所得等の金額の計算上控除することができます。

　　（注１）　株式の発行に際してするものに限ります。

　　（注２）　いわゆるストック・オプション税制の適用を受けるものを除きます。

　㈹　優遇措置Ｂ

　　特定新規中小会社が発行した株式（以下「特定新規株式」という）の払込みによる取得に要した金額のうち一定の金額（800万円（令和２年分以前は1,000万円）を限度[注]）については、寄附金控除の適用を受けることができます。

第１章　個人所得課税　**71**

なお、特定新規中小会社のうち、次の(4)①から③のいずれかに該当する株式会社が発行した株式については、上記(イ)又は(ロ)のいずれかを選択することができます。

　また、上記(イ)又は(ロ)の特例を適用した場合には、特定株式又は特定新規株式の取得価額の調整が必要となります。

　(注)　令和３年３月31日までに指定を受けた指定会社が発行する株式で一定の要件を満たす場合には、寄附金控除の適用を受けることができる金額の限度額は1,000万円です（令和２年改正法附則74③）。

② 　特定株式の売却により損失が生じた場合に受けられる措置

　(イ)　払込みにより取得した特定株式の売却により生じた損失の金額のうち、一般株式等に係る譲渡所得等の金額の計算上控除してもなお控除しきれない部分の金額がある場合には、上場株式等に係る譲渡所得等の金額を限度として、上場株式等に係る譲渡所得等の金額の計算上控除することができます。

　(ロ)　払込みにより取得した特定株式の売却により生じた損失の金額のうち、上記(イ)の特例を適用してもなお控除しきれない部分の金額がある場合には、翌年以後３年間にわたり、一般株式等に係る譲渡所得等の金額及び上場株式等に係る譲渡所得等の金額から繰越控除することができます。

③ 　特定株式が株式としての価値を失った場合の特例措置

　特定中小会社が解散し清算結了したことや、破産手続開始の決定を受けたことにより、特定株式が株式としての価値を失ったことによる損失が生じた場合には、その特定株式を譲渡したことと、その損失の金額はその特定株式を譲渡したことにより生じた損失の金額とそれぞれみなして、一般株式等に係る譲渡所得等の金額を計算するとともに、上記①の特例を適用することができます。

(3)　**特定中小会社の範囲**

　「特定中小会社」とは、次に掲げる法人などをいいます。

① 　中小企業等経営強化法６条に規定する特定新規中小企業者に該当する株式会社

② 　内国法人のうちその設立の日以後10年を経過していない株式会社（中小企業法２①各号に掲げる中小企業者に該当する会社であること

その他の一定の要件を満たすものに限る）

③　内国法人のうち、沖縄振興特別措置法57条の２第１項に規定する指定会社で平成26年４月１日から令和４年３月31日までの間に同項の規定による指定を受けたもの

(4)　**特定新規中小会社の範囲**

　　「特定新規中小会社」とは、次に掲げる法人をいいます。

①　中小企業等経営強化法６条に規定する特定新規中小企業者に該当する株式会社（その設立の日以後の期間が１年未満のものその他の一定のものに限る）

②　内国法人のうちその設立の日以後５年を経過していない株式会社（中小企業法２①各号に掲げる中小企業者に該当する会社であることその他の要件を満たすものに限る）

③　内国法人のうち、沖縄振興特別措置法57条の２第１項に規定する指定会社で平成26年４月１日から令和４年３月31日までの間に同項の規定による指定を受けたもの

④　国家戦略特別区域法27条の５に規定する株式会社

⑤　内国法人のうち地域再生法16条に規定する事業を行う同条に規定する株式会社

❸　改正の内容

(1)　**沖縄振興特別措置法の改正を前提とした対象会社の指定期限の延長**

　　沖縄振興特別措置法の改正を前提に、エンジェル税制の適用対象となる同法の指定会社について、次の見直しを行った上、その指定会社に係る同法の規定に基づく指定期限（上記❷(3)③、(4)③）が３年延長されます。

①　指定会社は、毎年、その認定を受けた特定経済金融活性化事業の実施の状況を沖縄県知事に報告することとされます。

②　指定会社の指定の申請手続において、次に掲げる書類については、沖縄県知事へ提出する申請書への添付を要しないこととされます。

　(イ)　定款

　(ロ)　事業報告書

　(ハ)　法人税の確定申告書に添付された別表二の写し

第１章　個人所得課税　**73**

㈡　組織図

(2)　**対象となる特定新規中小会社の要件の加重と株式の発行期限の延長**

　　特定新規中小会社が発行した株式を取得した場合の課税の特例（上記
❷(2)①㈡）について、次の措置が講じられます。

①　適用対象となる国家戦略特別区域法に規定する特定事業を行う株式
　会社のうち創業及び雇用の促進に係る事業を行う小規模企業者の要件
　に、国家戦略特別区域外に有する事業所において業務に従事する従業
　員の数の合計が常時雇用する従業員の数の10分の２に相当する数以下
　であることが加えられます。

②　適用対象となる国家戦略特別区域法に規定する特定事業を行う株式
　会社（上記❷(4)④）により発行される株式の発行期限（現行：令和４
　年３月31日）が２年延長されます。

③　適用対象となる地域再生法に規定する特定地域再生事業を行う株式
　会社（上記❷(4)⑤）により発行される株式の発行期限（現行：令和４
　年３月31日）が２年延長されます。

❹　実務のポイント

　　ベンチャー企業投資を促すために創設されたエンジェル税制ですが、
経済産業省の資料(注)では、平成９年度の制度創設以降、同制度を利用
した企業数は低調な利用状況が続き、平成20年度には、投資額に対する
所得控除制度（優遇措置Ａ）が導入されたことにより、利用件数は大幅
に伸び、平成27年度では、年間90件弱の企業が利用していることが窺え
ます。

　　今回の改正では、若干の要件の加重はありますが、それぞれの期限の
延長が行われ、基本的には、現行制度が維持されることになり、今後、
さらなる利用促進が図られることが期待されます。

　　(注)　「経済産業省におけるベンチャー政策について（2016年12月12日）」

[エンジェル税制の実績（投資額・ベンチャー企業数）]

- 平成20年度に優遇措置Aを導入し現行制度。
- 平成25年度には、申請様式の簡略化（省令改正）、パンフレットのわかりやすさ向上等による運用改善、ベンチャー企業や個人投資家・税理士などの専門家等に対する説明会の実施（全国10ヶ所）。
- 足元では利用件数・投資額が増加傾向。
- 平成28年度より対象企業の確認事務を経済産業局から都道府県に移管し、手続きの利便性の向上を図ることで、更なる利用が期待される。

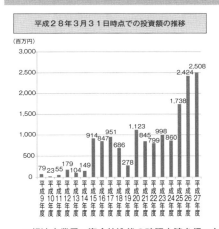

平成28年3月31日時点での投資額の推移

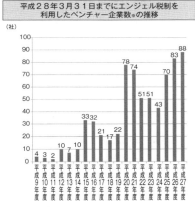

平成28年3月31日までにエンジェル税制を利用したベンチャー企業数※の推移

※経済産業局へ資金払込後の確認申請を行った企業の数
※過年度申請が行われた場合、上記数値は変動する可能性がある。

（経済産業省資料）

7 NISA制度の見直し

Question

　令和4年度税制改正では、令和6年1月1日以後に開始する「新NISA」の利便性を図るための要件緩和が行われるようですが、具体的にどのような内容なのでしょうか。その他のNISA制度との改正も併せて教えてください。

　A 　令和6年1月1日以後にスタートする「新NISA」は、つみたてNISAの仕組みを1階部分とする2階建ての制度として設計されていますが、原則として、毎年、1階部分の積立を行わなければ、新たな上場株式の買付けができないこととなっていたことから、その要件緩和が行われます。
　その他、税務処理手続のデジタル化に向けた改正も行われます。

ここが変わる

① 　新NISA制度について、次に掲げる場合には、1階部分の積立投資をせずに、2階部分での投資をすることができます。
　(イ)　2階部分での投資をする日以前の6月以内に1階部分の積立投資を行っていること
　(ロ)　(イ)の1階部分での積立投資が、2階部分での投資をする日の属する年の前年であること
② 　NISAの重複口座確認のためのマイナンバー利用について、運用上の対応が図られる予定です。
③ 　税務処理手続のデジタル化推進のため、NISA関連の申告書をe-Taxで送信する場合のファイル形式がXBL形式又はCSV形式とされます。

76 第2編　令和4年度税制改正の具体的内容

適用時期

上記③の改正は令和6年1月1日以後に提出する書類について適用されます。

解　説

❶　改正の背景

⑴　新NISAの要件緩和

現行のNISAは、令和5年12月31日を期限とし、令和6年1月1日からは、新たな制度（新NISA）として改組されます。

令和6年（2024年）以降に開始する新NISAは、より多くの国民に積立・分散投資による安定的な資産形成を促す観点から、原則として、過去6か月以内に1階部分で積立投資を行っている場合に、2階部分での買付けを行うことができるという要件が設けられています。

この1階部分での積立の有無については、金融機関における実務負担等を考慮して、年毎に新たに判定することとされていますが、同じ金融機関で継続して積立を行っている顧客であっても、年をまたぐと、その年最初に積立を行うまでは2階部分での買付けができないこととなっており、継続的な買付けを阻害する要因となり得るため、要件緩和が要望されていました。

⑵　重複口座確認のためのマイナンバー利用要望

NISA口座については、2019年以降、開設申込みから取引開始までの期間が短縮され、最短当日に取引を行うことが可能となっていますが、開設申込者が他の金融機関でNISA口座を開設しているか不明と申し出た場合には、金融機関においてNISA口座の有無を即時に確認できる仕組みがないため、税務署での審査完了（1〜2週間程度）を待って取引開始とするといった運用が行われています。

NISA口座は、一人一口座とされていることから、事後的に重複口座があることが判明した場合、その重複口座で購入済みの商品について

は、当初からなかったものとして、遡及して課税されることになります。

こうした背景から、投資者が自身のNISA口座の有無等を、マイナンバーカードを活用して即時に確認できるよう投資者の利便性向上に向けた整備を図ることが要望されていました。

❷ 改正前の制度

新NISAは、令和２年度税制改正で創設され、令和６年１月１日以後に開設する口座からスタートします。新NISAは、「つみたてNISA」の仕組みを１階部分として組み込んだ２階建ての制度として改組され、分散投資を支援する制度として設計されています。

新NISAで２階部分での投資を行うためには、原則として、１階部分の積立投資を先行する必要がありますが、毎年、１階部分の積立投資をしなければ、２階部分での投資をすることができない設計となっています。

[NISA改正のイメージ]

いずれかを選択

	新・NISA（仮称） （2024年から5年間）	つみたてNISA（5年間延長）
年間の 投資上限額	2階 102万円 1階 20万円 ※より多くの国民に積立・分散投資を経験してもらうため、原則として、2階の非課税枠を利用するためには1階での積立投資を行う必要。 ※例外として、成長資金の供給拡大（特に長期保有の株主育成）の観点から、NISA口座を開設していた者又は投資経験者が2階で上場株式のみに投資する場合は、1階での積立投資は不要。	40万円
非課税期間	2階 5年間 1階 5年間（終了後は「つみたてNISA」への移行可能）	20年間

78 第２編 令和４年度税制改正の具体的内容

口座開設可能期間	令和5年（2023年）まで ➡ 令和10年（2028年）まで（5年間措置）	令和19年（2037年）まで ➡ 令和24年（2042年）まで（5年間延長）
投資対象商品	2階　上場株式・公募株式投資信託等（注） 1階　つみたてNISAと同様（積立・分散投資に適した一定の公募株式投資信託等）	積立・分散投資に適した一定の公募株式投資信託等

（備考）「ジュニアNISA」は延長せずに、現行法の規定どおり2023年末で終了。
（注）レバレッジを効かせている投資信託、及び上場株式のうち整理銘柄・監理銘柄を投資対象から除外。

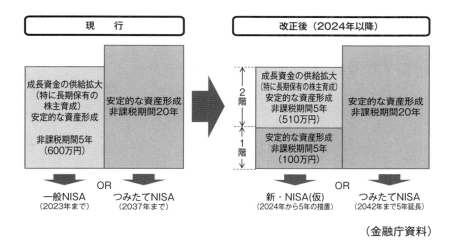

（金融庁資料）

❸ 改正の内容

(1) 新NISAの要件緩和

　非課税口座内の少額上場株式等に係る配当所得及び譲渡所得等の非課税措置（NISA）における特定累積投資勘定（１階部分）に特定累積投資上場株式等を受け入れている場合の特定非課税管理勘定（２階部分）への上場株式等の受入れに係る要件について、特定累積投資勘定（１階部分）への特定累積投資上場株式等の受入れが、その上場株式等を受け入れようとする日以前６月以内で、かつ、同日が属する年の前年である場合には、その要件を満たすこととされます。

［新NISA制度の要件緩和イメージ］

口座開設期間 令和６年（2024年）１月１日 ～令和10年（2028年）12月31日
［２階部分］　特定非課税管理勘定 （原則、**毎年１階部分の口座開設が必要**） 投資上限：年102万円（５年間最大510万円） 投資対象：一定の上場株式等 ※一般NISAから高レバレッジ投資信託等を除外
［１階部分］　特定累積投資勘定 　　　　　　（定期的かつ継続的な買付契約） 投資上限：年20万円（５年間最大100万円） 投資対象：公募等株式投資信託 　※つみたてNISAと同様

【要件緩和】
特定累積投資勘定（１階部分）への特定累積投資上場株式等の受入れが、特定非課税管理勘定（２階部分）への上場株式等を受け入れようとする日の６月以内であり、同日が属する年の前年であること。

(2)　重複口座確認のためのマイナンバー利用要望

　NISAの重複口座確認のためのマイナンバーの利用要望については、居住者等が自らその非課税口座の開設の有無等を確認できるようにするための運用上の対応が行われることになる見込みです。

[NISA口座開設時におけるマイナンバーカード等の活用]

【現状及び問題点】
○ NISA口座については、2019年以降、開設申込みから取引開始までの期間が短縮され、最短当日に取引を行うことが可能となっている。
○ 一方で、開設申込者が他の金融機関でNISA口座を開設しているか不明と申し出た場合には、金融機関においてNISA口座の有無を即時に確認できる仕組みがないため、税務署での審査完了（1～2週間程度）を待って取引開始とするといった運用が行われているところ。
※NISA口座は、一人一口座とされている。このため、事後的に重複口座であることが判明した場合、当該口座で購入済みの商品については、当初からなかったものとして、遡及して課税されることとなる。

【大綱の概要】
投資者がそのNISA口座の開設の有無等を自ら確認できるようにするための対応を運用上行う。

【NISA口座開設申込のフロー】

（金融庁資料）

(3) 税務処理手続のデジタル化に向けた改正

電子情報処理組織を使用する方法（e-Tax）により税務署長等に対して提出する次に掲げる書類のファイル形式が、XML形式又はCSV形式となります。
① （特別）非課税貯蓄申告書
② （特別）非課税貯蓄限度額変更申告書
③ （特別）非課税貯蓄に関する異動申告書
④ 金融機関等において事業譲渡等があった場合の申告書
⑤ （特別）非課税貯蓄廃止申告書
⑥ （特別）非課税貯蓄みなし廃止通知書・（特別）非課税貯蓄者死亡通

知書

⑦　金融機関等の営業所等の届出書

⑧　金融機関が支払を受ける収益の分配に対する源泉徴収不適用に係る
明細書

⑨　公募株式等証券投資信託の受益権を買い取った金融商品取引業者等
が支払を受ける収益の分配に係る源泉徴収不適用申告書

❹　実務のポイント

今回の改正では、新NISAの利便性向上に向けた制度設計の見直しが
行われる予定です。特に、令和6年1月1日以降、新たに新NISAによ
る非課税口座を開設し、継続的に投資をしようとする人にとっては、利
便性が高まることが期待されます。

なお、既にNISA口座を開設し投資している人であれば、新NISAに移
行後も、1階部分の積立投資をせずに、2階部分の投資を行うことが可
能です。

また、重複口座の確認方法については、運用上の見直しによる対応が
検討されています。個人投資家のマイナンバーを利用するかどうかも含
め、今後何らかの方針が出されるものと思われます。

[税務手続の更なるデジタル化の推進]

【現状及び問題点】
○ 令和3(2021)年度税制改正では、e-Taxを通じた税務手続の対象範囲が拡大され、税務手続のデジタル化が進められているところ。
※令和3年度税制改正では、障害者マル優や財形、クロスボーダー取引等に係る顧客と金融機関の間の手続が電子化された。

○ 一方、金融機関と税務当局との手続については、未だPDF形式又は書面にとどまっているため、税務当局におけるデータの利活用が限定的であるほか、金融機関においても顧客から受けた電子データを一旦書類(PDF)化する作業が必要となるなど、デジタル化による効率化に課題が残っている状況。

【大綱の概要】
電子情報処理組織を使用する方法(e-Tax)により(金融機関等が)税務署長等に対して提出する一定の書類※のファイル形式を、XML形式又はCSV形式とする。
(注)上記の改正は、令和6(2024)年1月1日以後に提出する書類について適用する。

【金融機関と税務当局との手続】

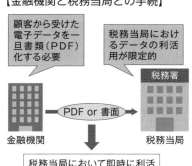

※デジタル化の対象書類
(特別) 非課税貯蓄申告書
(特別) 非課税貯蓄限度額変更申告書
(特別) 非課税貯蓄に関する異動申告書
金融機関等において事業譲渡等があった場合の申告書
(特別) 非課税貯蓄廃止申告書
(特別) 非課税貯蓄みなし廃止通知書
(特別) 非課税貯蓄者死亡通知書
金融機関等の営業所等の届出書
金融機関が支払を受ける収益の分配に対する源泉徴収不適用に係る明細書
公募株式等証券投資信託の受益権を買い取った金融商品取引業者等が支払を受ける収益の分配に係る源泉徴収不適用申告書

(金融庁資料)

8　上場株式等の配当所得等に係る課税方式の見直し

> **Question**
>
> 　令和4年度税制改正では、上場株式等の配当所得等に係る課税方式に対し、個人住民税の見直しが行われるのでしょうか。

Ａ　個人住民税について、下記のような見直しが行われます。

ここが変わる

　個人住民税において、特定配当等及び特定株式等譲渡所得金額に係る所得の課税方式を所得税と一致させる見直しが行われます。

適用時期

　令和6年度分以後の個人住民税について適用されます。

解　説

❶　改正の背景

　金融所得課税は、所得税と個人住民税が一体として設計されてきたことなどを踏まえ、公平性の観点から、所得税と個人住民税の課税方式を一致されるべきという意見がありました。

❷　改正前の制度

(1)　上場株式等に係る配当所得等の課税方式

　上場株式等に係る配当所得等については、次のように①申告不要方式、②総合課税方式、③申告分離課税方式の3つの課税方式があります。

84　第2編　令和4年度税制改正の具体的内容

[上場株式等の配当所得等]

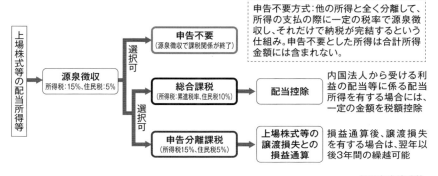

（総務省資料）

(2) 所得税と個人住民税で異なる課税方式の選択が可能

　個人投資家は、上場株式等の配当所得等について、所得税と個人住民税において異なる課税方式を選択することができます。

　具体的には、下図のように、所得税で総合課税を選択した確定申告書を提出した後に、個人住民税で総合課税を選択した申告書を提出しない場合には、個人住民税で総合課税を選択した申告書の提出がされたものとみなされます。

　また、個人住民税で申告不要を選択した申告書を提出した後に、所得税の確定申告書を提出し、所得税では総合課税を選択することもできます。

(3) 平成29年度改正

　現行法においても、所得税と個人住民税とで異なる課税方式を選択することが許容されると考えられていましたが、市町村が判断に迷うケースがあったことから、異なる課税方式を選択できることを明確化するため、所得税の確定申告書を提出した後、個人住民税の申告書を提出した場合における課税方式の決定等についての規定が整備されました。

[所得税・個人住民税の課税方式]

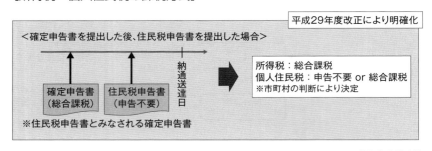

(総務省資料)

(4) 令和3年度改正

　個人住民税において、特定配当等及び特定株式等譲渡所得金額に係る所得の全部について源泉分離課税（申告不要）とする場合に、原則として、所得税の確定申告書の提出のみで申告手続が完結できるように、所得税の確定申告書における個人住民税に係る附記事項が追加され、令和3年分以後の所得税の確定申告書を令和4年1月1日以後に提出する場合について適用されることになりました。

　下図は、令和3年分・所得税の確定申告書の第二表のうち「住民税に関する事項」欄を抜粋したものですが、令和3年分・所得税の確定申告書には、「特定配当等の全部の申告不要」欄が新設されていて、この欄に「○」を付せば、個人住民税の申告をしなくても、申告不要の申告をしたものとみなされることになりました。

[所得税の確定申告書]

<令和3年分・所得税の確定申告書から抜粋>

○住民税に関する事項

住民税	非上場株式の少額配当等	非居住者の特例	配当割額控除額	特定配当等の全部の申告不要	給与、公的年金等以外の所得に係る住民税の徴収方法		都道府県、市区町村への寄附（特例控除対象）	共同募金、日赤その他の寄附	都道府県条例指定寄附	市区町村条例指定寄附
					特別徴収	自分で納付				
	円	円	円	○	○	○	円	円	円	円

（令和3年分から追加されている）

86　第2編　令和4年度税制改正の具体的内容

❸ 改正の内容

　上場株式等の配当所得等に係る課税方式について、個人住民税において、特定配当等及び特定株式等譲渡所得金額に係る所得の課税方式を所得税と一致させる見直しが行われ、その見直しに伴い、次の措置が講じられることになりました（次頁の図表参照）。

①　上場株式等に係る譲渡損失の損益通算及び繰越控除の適用要件が所得税と一致するよう規定の整備が行われます。

②　その他所要の措置が講じられます。

❹ 実務のポイント

　毎年３月の所得税の確定申告の時期において、税理士への申告依頼者のうち大半の個人投資家は、上場株式等の譲渡損が発生しており、その譲渡損を配当等と損益通算し、損益通算しきれない譲渡損を翌年以降に繰り越す申告が相当数あります。

　税理士は、この上場株式等の配当等と譲渡損との通算・翌年以降への繰越しの手続に追われ、個人住民税の申告手続を失念することがあり得ました。

　社会保険に加入していない個人投資家にとっては、所得税・個人住民税だけでなく、個人住民税と連動して負担額が決まる国民健康保険料の金額も関心の高いものであることから、個人住民税の課税方式の選択は重要な申告手続といえました。

　改正後は、所得税と個人住民税とで異なる課税方式を選択することはできず、一致させる方式のみになることから、税負担の節税メリットは消滅しますが、個人住民税の申告書の提出失念による国民健康保険料に関するトラブルは解消することになります。

[改正の概要]

現　行

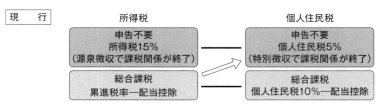

※　上場株式等の配当所得等については、上記の申告不要及び総合課税に加え、申告分離課税が選択可能。
※　上場株式等の譲渡所得等については、申告不要と申告分離課税の選択が可能。

【具体例（現行）】10万円の配当所得がある国民健康保険加入者の事例
※課税総所得金額195万円超330万円以下の場合

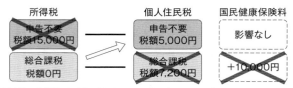

※　国民健康保険料等の負担額は個人住民税における総所得金額をもとに計算される。
　　国民健康保険料率は10％と仮定。
※　課税総所得金額195万円超330万円以下の場合の所得税の税率は10％
　　（復興特別所得税は勘案していない）。
※　配当控除は、所得税においては10％、個人住民税においては2.8％
　　（課税総所得金額1,000万円以下の場合）。

見直し案

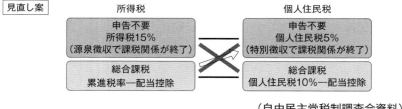

（自由民主党税制調査会資料）

9 大口株主等の要件の見直し

Question

　令和４年度税制改正では、大口株主等が受ける上場株式等の配当所得等の課税の見直しが行われるようですが、どのような見直しとなるのでしょうか。改正の背景も含めて教えてください。

A 　会計検査院の指摘を踏まえ、大口株主等の判定要件となる発行済株式等の３％以上保有しているかどうかの判定を、その配当等の支払を受ける者の同族会社の保有する株式等も含めて判定することになります。

ここが変わる

(1) 大口株主等の判定要件の見直し

　上場株式等の配当等について、総合課税の対象となる大口株主等の判定要件が、その配当等の支払を受ける個人の同族会社が所有する持株割合を含めたところで３％以上とする見直しが行われます。

(2) 報告書提出義務の創設

　上場株式等の配当等の支払をする内国法人は、その配当等の支払に係る基準日においてその株式等保有割合が１％以上となる対象者の氏名、個人番号及び株式等保有割合その他の事項を記載した報告書を、その支払の確定した日から１月以内に、その内国法人の本店又は主たる事務所の所在地の所轄税務署長に提出しなければならないこととなります。

適用時期

　令和５年10月1日以後に支払われるべき上場株式等の配当等について

適用されます。

解　説

❶　改正の背景

　大口株主等以外の個人が受け取る上場株式等の配当等に係る課税関係は、所得税及び復興特別所得税が15.315％の税率で源泉徴収され、「総合課税」・「申告分離課税」・「申告不要」のいずれかを選択できることとされています。

　「申告不要」は平成15年度税制改正で、持株割合を５％未満の個人が受け取る上場株式等に係る配当について、１回の支払金額の上限（10万円未満）が撤廃されました。

　また、「申告分離課税」は、平成20年度税制改正で、上場株式等の譲渡損失との損益通算できる仕組みとして創設されました。

　平成23年度税制改正では、大口株主等の判定要件である持株割合が５％から現在の３％に引き下げられています。

　会計検査院の令和２年度決算報告では、平成30年１月１日から令和元年12月31日までの間に配当の支払を受けた個人株主を対象として、申告不要配当特例等の適用状況について、議決権の過半数を保有して支配している法人を通じるなどして、持株割合が実質的に３％以上となっている個人株主（特殊関係個人株主）と大口株主等との間で課税の公平性が確保されているかの着眼点から検査した結果、課税の公平性が保たれていない状況になっていることが指摘されていました。

　4　本院の所見

　　持株割合の区分別にみると、持株割合３％未満の配当であっても、配当の平均額が持株割合３％以上の配当を超える区分も見受けられ、また、持株割合３％未満の配当の多くに申告不要配当特例等が適用されていた。このうち、特殊関係個人株主の持株割合は３％未満であるが、特殊関係法人株主を通じるなどして持株割合が実質的に大口の個人株主と同等の３％以上となっている特殊関係個人株主が支払を受けた配当に対

して申告不要配当特例等が適用されており、大口の個人株主が支払を受けた配当よりも所得税等の負担割合が低くなっていた。そして、これらの特殊関係個人株主が支払を受けた配当に申告不要配当特例等を適用せずに、総合課税方式を適用して申告すると仮定した場合の所得税等の額を推計すると、開差が生ずることになる。このような状況は、持株割合が実質的に大口の個人株主と同等３％以上となっている特殊関係個人株主と大口の個人株主との間での課税の公平性が保たれていない状況となっていると思料される。

　ついては、本院の検査によって明らかになった状況を踏まえて、今後、財務省において、申告不要配当特例等の適用範囲について、様々な視点からより適切なものとなるよう検討を行っていくことが肝要である。

　本院としては、今後とも申告不要配当特例等の適用範囲について、引き続き注視していくこととする。

（会計検査院「令和２年度決算報告」291頁）

❷　改正前の制度

⑴　大口株主等に該当する個人が受け取る上場株式等の配当等に係る課税関係

　大口株主等とは、発行済株式の総数等の３％以上に相当する数又は金額の株式等を有する個人をいいます（措法9の3①一）。

　大口株主等が受ける上場株式等の配当等は、総合課税の対象となり、配当等の支払時には、その支払者において、所得税及び復興特別所得税を合わせて20.42％の源泉徴収が行われることになっています。

⑵　大口株主等以外の個人が受け取る上場株式等の配当等に係る課税関係

　大口株主等以外が受け取る上場株式等の配当等の課税関係は、「申告不要」・「申告分離課税」・「総合課税」の各制度から選択することができ、配当等の支払時には、その支払者において、所得税及び復興特別所得税を合わせて15.315％の源泉徴収が行われることになっています。

第１章　個人所得課税　**91**

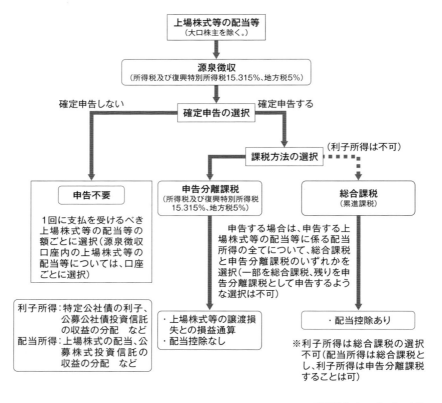

［大口株主等と大口株主等以外の上場株式等の配当等に係る課税関係の相違］

	大口株主等	大口株主等以外		
	総合課税	確定申告をする		確定申告をしない（申告不要適用）
		総合課税の選択	申告分離課税の選択	
借入金利子の控除	あり	あり	あり	なし
所得税率	累進税率所得税：5％〜45％住民税：5％	所得税：15.315％住民税：5％		
源泉徴収税率	所得税：20.42％	所得税：15.315％住民税：5％		
配当控除	あり	あり	なし	なし
上場株式等の譲渡損失との損益通算	なし	なし	あり	なし
合計所得金額への加算	あり	あり	あり	なし

（国税庁ホームページを参考に筆者作成）

❸ 改正の内容

(1) 大口株主等の判定要件の見直し

　内国法人から支払を受ける上場株式等の配当等で、その支払を受ける個人等（以下「対象者」という）及びその対象者を判定の基礎となる株主として選定した場合に同族会社に該当する法人が保有する株式等の発行済株式等の総数等に占める割合（以下「株式等保有割合」という）が3％以上となるときにおけるその対象者が支払を受けるものが、総合課税の対象とされます。

(2) 報告書提出義務の創設

　上場株式等の配当等の支払をする内国法人は、その配当等の支払に係る基準日においてその株式等保有割合が1％以上となる対象者の氏名、

個人番号及び株式等保有割合その他の事項を記載した報告書を、その支払の確定した日から1月以内に、その内国法人の本店又は主たる事務所の所在地の所轄税務署長に提出しなければならないこととなります。

[「大口株主等」の要件の見直し]

【現行制度】
○ 大口株主等が保有する株式については、会社の経営に参画する持分としての事業参加的な性格が強いことから、その支払を受ける上場株式等の配当等は、金融所得として分離課税とすることは必ずしも適当ではなく、事業所得とのバランスを踏まえ、総合課税の対象とされている。

【見直し案】
① 内国法人から支払を受ける上場株式等の配当等で、その支払を受ける個人（以下「対象者」という。）及びその対象者を判定の基礎となる株主として選定した場合に同族会社に該当する法人が保有する株式等の発行済株式等の総数等に占める割合（持株割合）が3％以上となるときにおけるその対象者が支払を受けるものを、総合課税の対象とする。
② あわせて、上記の措置を適正に執行するため、上場株式等の配当等の支払をする内国法人は、その配当等の支払に係る基準日においてその持株割合が1％以上となる対象者の氏名、個人番号等を記載した報告書を、その配当等の支払の確定した日から1月以内に、税務署長に提出しなければならないこととする。
（注）令和5年10月1日以後に支払われる上場株式等の配当等について適用。

≪見直し案のイメージ≫

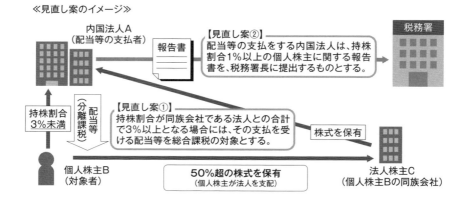

（自由民主党税制調査会資料）

❹ 実務のポイント

　本改正の契機となった会計検査院の令和２年度決算報告では、同族会社を通じて、実質的に持株割合が３％以上となっている特殊関係個人株主として抽出されたのは323人であり、このうち、122人の個人株主が支払を受け、申告不要制度等を適用していた金額の合計額は、平成30年分が32億4,590万円、令和元年分が34億2,383万円となっていました。仮に、これらの配当に総合課税を適用した場合の所得税等の推計では、平成30年分で11億4,172万円（申告納税額との開差６億4,461万円）、令和元年分で12億2,854万円（申告納税額との開差７億418万円）が生じていると計算されています（会計検査院「令和２年度決算報告」291頁参照）。

　上記は、会計検査院の抽出により確認された金額ですので、実際には、もっと多くの個人株主がこうした恩恵を受けていることが想定され、実務的な影響も大きな改正であることが窺えます。

10 証拠書類のない簿外経費への対応策

Question

　簿外経費の取扱いについて、令和４年度税制改正で対応策が講じられるようですが、どのような内容なのでしょうか。

　A 令和４年度税制改正により、証拠書類のない簿外経費は認められないことになります。

ここが変わる

　税務調査等の際に簿外経費を主張する場合には、その簿外経費が帳簿書類その他の物件により明確に主張できる場合又は保存する帳簿書類等により、その簿外経費の相手方や取引の事実が確認できる場合を除き、必要経費に算入することはできなくなります。

適用時期

　令和５年分以後の所得税について適用されます。

解　説

❶ 改正の背景

　政府税制調査会の納税環境整備に関する専門家会合では、記帳水準の向上・適正化に関する検討が行われてきました。その中で、国税庁からは、証拠書類のない簿外経費への対応策を講じることが求められていました。この要望は、税務調査において、簿外経費を主張する納税者の対応や、その簿外経費の真偽の立証に関して、当局内で膨大な事務量が生

96　第２編　令和４年度税制改正の具体的内容

じていたことによります。

❷ 改正前の制度

専門家会合で取り上げられた事例として、次のようなものがあります。

|事例①| 簿外経費の主張として、事後的に大量の領収書を提出した事例

後出し的な簿外経費の主張であっても、当局側が多大な事務量を投下してその真偽を確認する必要があった。

【事案の概要】
- 調査対象者は翻訳業務を行う個人事業者。調査の過程で、多額の家事関連費（自宅や親族宅の家賃、飲食代、衣料品代等が数億円）が費用計上されていることを把握。
- 上記問題点を指摘したところ、計上漏れ経費がある旨の申立てがあった。後日、家事関連費とほぼ同額の外注費として1,000枚超の領収書（支払先数百名分）が提出され、全て現金手渡しでの支払いであったと主張。領収書記載の外注先は、大半が海外居住者であり、国内居住者の大部分についても居住実態が確認できない者だった。
- 調査官は、上記領収書の解明及び居住等調査に加え、反面調査等により事実関係を確認した結果、領収書記載の取引が虚偽であると認定。必要経費として認容しないこととして更正処分を行ったが、上記の調査に当たっては約1,000人日の事務量を投下。

【問題点】
- 後出し的な簿外経費の主張であっても、当局側が多大な事務量を投下してその真偽を確認しなければならない。特に現金払いの簿外経費については、銀行取引明細等による確認ができないため、支払の事実を確認する負担が大幅に増加する。

調査対象者

税務職員

外注先？

関係書類の提出を求めるも、提出の遅延や曖昧な回答に終始。

①指摘事項の提示
②簿外経費の主張

③領収書の内容確認
居住確認・反面調査

指摘事項に対応する金額とほぼ同額の1,000枚を超える領収書の提出。

提出された領収書について精査し、反面調査やその実態確認を行った上で、虚偽であると認定。調査全体に要した事務量は1,000人日超。

（税制調査会資料）

[事例②] 簿外経費の主張によって、刑事告発を断念した事例

　犯則事件として着手したが、簿外経費がないことの立証が困難として、法人税法違反での告発を断念。

【事案の概要】
- 調査対象法人は、不動産投資の仲介業務を行う法人。多額の所得を得ていながらも無申告。
- 仲介手数料として得た20億円に対応する不明出金について、15億円分は売上原価・経費であることを裏付ける契約書等が存在したが、残り5億円については契約書等は存在せず、調査対象法人は、業務委託手数料などの簿外経費であると主張。
- 犯則事案として着手したが、簿外経費がないことに合理的な疑いを差し挟む余地がないとまではいえず、裁判の過程で更なる簿外経費が主張されれば簿外経費がないことを立証できないことから、法人税での告発は断念した（消費税法違反については法令の規定に基づいて簿外経費の仕入税額控除を否認して告発）。

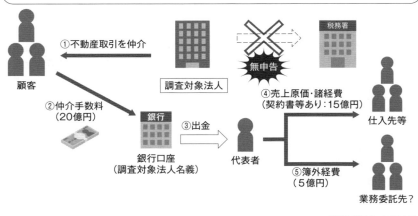

（税制調査会資料）

❸　改正の内容

(1)　証拠書類のない簿外経費の必要経費不算入

　その年において不動産所得、事業所得若しくは山林所得を生ずべき業務を行う者、又はその年において雑所得を生ずべき業務を行う者でその

年の前々年分のその雑所得を生ずべき業務に係る収入金額が300万円を超えるものが、隠蔽仮装行為に基づき確定申告書[注1]を提出しており、又は確定申告書を提出していなかった場合には、売上原価の額[注2]及びその年の販売費、一般管理費その他これらの所得を生ずべき業務について生じた費用の額は、次に掲げる場合に該当するその売上原価の額又は費用の額を除き、その者の各年分のこれらの所得の金額の計算上、必要経費の額に算入しないこととされます。

① 次に掲げるものによりその売上原価の額又は費用の額の基因となる取引が行われたこと及びこれらの額が明らかである場合（災害その他やむを得ない事情により、その取引に係る(イ)に掲げる帳簿書類の保存をすることができなかったことをその者において証明した場合を含む）

(イ) その者が所得税法の規定により保存する帳簿書類

(ロ) 上記(イ)に掲げるもののほか、その者がその住所地その他の一定の場所に保存する帳簿書類その他の物件

② 上記①(イ)又は(ロ)に掲げるものにより、その売上原価の額又は費用の額の基因となる取引の相手方が明らかである場合その他その取引が行われたことが明らかであり、又は推測される場合（上記①に掲げる場合を除く）であって、その相手方に対する調査その他の方法により税務署長が、その取引が行われ、これらの額が生じたと認める場合

 （注1） その申告に係る所得税についての調査があったことによりその所得税について決定があるべきことを予知して提出された期限後申告書を除きます。

 （注2）これらの確定申告書に係る年分のこれらの所得の総収入金額に係る売上原価その他その総収入金額を得るために直接に要した費用の額（資産の販売又は譲渡におけるその資産の取得に直接に要した額及び資産の引渡しを要する役務の提供におけるその資産の取得に直接に要した額として一定の額を除く）をいいます。

(2) 本改正の除外

その者がその年分の確定申告書を提出していた場合には、売上原価の額及び費用の額のうち、その提出したその年分の確定申告書等に記載した課税標準等の計算の基礎とされていた金額は、本改正の対象から除外

第1章 個人所得課税 **99**

されます。

[証拠書類のない簿外経費への対応策]

○　税務調査の現場において、証拠書類を提示せずに簿外経費を主張する納税者や、証拠書類を仮装して簿外経費を主張する納税者への対応策として、以下の必要経費不算入・損金不算入の措置を講ずる。

【見直し案】
○　納税者【対象範囲：所得税法及び法人税法の納税者】が、事実の仮装・隠蔽がある年分（事業年度）又は無申告の年分（事業年度）において、確定申告（更正を予知する前の修正申告を含む。）における所得金額の計算の基礎とされなかった間接経費の額（原価の額（資産の販売・譲渡に直接要するものを除く。）、費用の額及び損失の額）は、次の場合を除き、必要経費（損金の額）に算入しない。
①　間接経費の額が生じたことを明らかにする帳簿書類等を保存する場合（災害その他やむを得ない事情により所得税法又は法人税法上保存義務のある一定の帳簿書類の保存をすることができなかったことを納税者が証明した場合を含む。）
②　その保存する帳簿書類等により間接経費の額に係る取引の相手先が明らかである場合その他その取引が行われたことが推測される場合であって、反面調査等により税務署長がその取引が行われたと認める場合
（注１）　納税者が個人の場合には、事業所得、不動産所得、山林所得又は雑所得を生ずべき業務を行う者の、その業務に係る事業所得の金額、不動産所得の金額、山林所得の金額又は雑所得の金額が対象（雑所得の金額にあっては、小規模な業務に係るものを除く。）。
（注２）　推計課税の場合においても適用される。
（注３）　上記の改正は、納税者が個人の場合については令和5年分以後の所得税について適用し、納税者が法人の場合については令和5年1月1日以後に開始する事業年度の所得に対する法人税について適用する。

【必要経費不算入・損金不算入の場合のイメージ】

①帳簿書類等から明らかにされない場合及び②相手先が明らかである・取引が行われたことが推測されるが反面調査等においても明らかにされない場合は、必要経費不算入・損金不算入とする。

税務署　　税務調査　→　①帳簿書類等　②反面調査等　　簿外経費を主張　納税者

（財務省資料）

100　第2編　令和4年度税制改正の具体的内容

❹ 実務のポイント

本改正により、税務調査の場面において納税者が簿外経費の存在を主張する場合には、納税者において証拠書類に基づいた適正な立証をする必要があることが法律上明確にされることになります。

記帳水準の向上に向けては、課題も多いのが実態ですが、適正な帳簿書類の作成に向けた税制対応は今後も続くものと考えられます。多様な働き方が広まる中、記帳水準の向上に向けマイナンバー等を活用した税務行政のデジタルトランスフォーメーションの推進や、プラットフォーム事業者による報告のためのモデルルールの策定も併せて進められており、実務的な対応も必要になってくるでしょう。

なお、本改正と同様の内容の法人税改正を本書第3章の法人課税「11 証拠資料のない簿外経費への対応策」で解説しています。また、本書第6章の納税環境整備「2 帳簿の提出がない場合等の過少申告加算税等の加重措置の整備」では、同じく専門会合で議論された帳簿の不記帳・不存在の場合の過少申告加算税等の加重に関する改正を取り上げていますので、併せて参照してください。

11 所得税等の納税地の異動・変更手続の見直し

Question

　所得税等の納税地の異動手続が改正になるようですが、どのような手続になるのでしょうか。

　　A 　**所得税及び個人事業者の消費税について、納税地の変更・異動等に関する届出書の提出が不要となります。**

ここが変わる

　申請等の簡素化の観点から、納税地の異動・変更等に係る税務署への異動届出書等の提出が不要とされます。

適用時期

　令和5年1月1日以後の納税地の異動等について適用されます。

解　説

❶　改正の背景

　申請・届出等の簡素化の観点から、届出書の提出手続の見直しが行われます。

❷　改正前の制度

(1)　納税地の原則

①　納税地とは一般的には住所地になります。つまり、国内に住所がある人は、その住所地が納税地になります。

102　第2編　令和4年度税制改正の具体的内容

住所とは、生活の本拠のことです。生活の本拠かどうかは客観的事実によって判定されます。

② 国内に住所がなくて居所がある人は、その居所地が納税地になります。

一般的に居所とは、相当期間継続して居住しているものの、その場所との結びつきが住所ほど密接でないもの、すなわち、そこがその者の生活の本拠であるというまでには至らない場所をいうものとされています。

③ 死亡した人の所得税の確定申告をする場合には、相続人の納税地ではなく、死亡した人の死亡時の納税地となります。

(2) 納税地の特例

① 国内に住所のほかに居所がある人は、住所地に代えて居所地を納税地とすることができます。

② 国内に住所又は居所のいずれかがある人が、その住所又は居所の他に事業所などがある場合には、住所地等に代えてその事業所などの所在地を納税地にすることができます。

(3) 手　続

納税地の特例を受けようとする人は、上記(2)①及び②のいずれの場合にも、本来の納税地を所轄する税務署長に、納税地の特例を受けたい旨の届出書（「所得税・消費税の納税地の異動又は変更に関する届出書」）を提出する必要があります。

また、改正前は、所得税の納税地に異動があった場合には、移動前の納税地の所轄税務署長にその旨を記載した書類（異動届出書）を提出しなければならず、さらに、所得税の納税地を住所地から居所地や事業所所在地に変更する場合には、その変更前の納税地の所轄税務署長にその旨を記載した書類（変更届出書）を提出しなければならないこととされています。

他方、転居などの住所変更に関しては、市役所等への転居手続も行うなど、納税者にとっては同じような手続の事務的な負担が生じることから、これを簡素化する見直しが行われます。

❸ 改正の内容

納税地の特例制度等について、次の見直しが行われます。なお、消費税についても同様の見直しが行われます。
① 納税地の変更に関する届出書について、その提出を不要とする。
② 納税地の異動があった場合に提出することとされている届出書について、その提出を不要とする。

［所得税等の納税地の異動・変更手続の見直し］

【現行】
○ 所得税の納税地について異動があった場合には、その異動前の納税地の所轄税務署長にその旨を記載した書類（異動届出書）を提出しなければならないこととされている。
○ 所得税の納税地を住所地から居所地や事業場の所在地等に変更する場合には、その変更前の納税地の所轄税務署長にその旨を記載した書類（変更届出書）を提出しなければならないこととされている。

【見直し案】
申請等の簡素化を図る観点から、所得税の納税地に異動があった場合及び納税地を変更する場合の届出書の提出を不要とする。
※ 転居については住民票の異動情報、転居以外については確定申告書の記載内容で確認可能。
※ 個人事業者における消費税の納税地についても同様の見直しを行う。

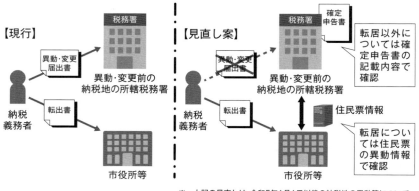

※ 上記の見直しは、令和5年1月1日以後の納税地の異動等について適用する。

（自由民主党税制調査会資料）

❹ 実務のポイント

　所得税・消費税ともに、納税地の異動に関する手続不要となることで、納税者の利便性向上に資する改正が行われます。令和5年1月1日以降、市役所等への転居手続に関する情報が、異動前の納税地の所轄税務署で確認されることになるようですので、転居等がある場合は、早めに市役所への手続を行う必要があるでしょう。

　また、転居以外の異動については、確定申告書の提出時に、その申告書の記載内容で確認することになるようです。

　なお、振替納税についても、令和2年度税制改正で、異動後の手続が不要となる改正が行われていますので、併せて確認してください。

12　社会保険料控除等に係る年末調整及び確定申告手続の電子化

Question

　令和４年度税制改正では、社会保険料控除及び小規模企業共済等掛金控除に係る確定申告手続や年末調整手続において電子データによる提出が可能となったようですが、どのような内容ですか。

A　社会保険料控除及び小規模企業共済等掛金控除に係る確定申告の手続や、年末調整における手続について、従来は書面により交付を受けていた控除証明書が、電子データにより交付を受けることができるようになり、その交付を受けた者は、申告書に添付し、税務署や勤務先に電子データのまま提出ができるようになります。

ここが変わる

　令和２年の年末調整より、生命保険料控除や地震保険料控除の適用を受ける場合の控除証明書につき電子データでの提出が可能となっています。今回の改正では、これに社会保険料控除及び小規模企業共済等掛金控除の適用を受ける場合における控除証明書も電子データによる提出が可能となります。

適用時期

①　確定申告
　令和４年分以後の確定申告書を提出する場合
②　年末調整
　令和４年10月１日以後に給与所得者の保険料控除申告書を提出する場

106　第２編　令和４年度税制改正の具体的内容

合

解　説

❶　改正の背景

　政府は、令和２年12月25日「デジタル・ガバメント実行計画」が閣議決定され、現在取組みが進められています。これを受けて国税庁では、令和３年６月11日「税務行政のデジタル・トランスフォーメーション－税務行政の将来像2.0－」が公表され、社会全体のDX推進の動きなどを踏まえ、平成29年６月に公表された「税務行政の将来像」を改定し、デジタルを活用した国税に関する手続や業務の在り方の抜本的な見直しが行われました。

　具体的には、これまでと同様に「納税者の利便性の向上」と「課税・徴収の効率化・高度化」を２本の柱としつつ、あらゆる税務手続が税務署に行かずにできる社会に向けた構想を示す内容になっています。

　このうち、「納税者の利便性の向上」では、確定申告についてオンライン上で完結できるような仕組みの実現を目指し、次頁の工程表が示されました。既に令和２年分の所得税の確定申告では、生命保険料控除や住宅ローン控除の適用に必要となる控除証明書等について、電子データを自動で反映させる仕組みが一部開始されています。

第１章　個人所得課税　**107**

［あらゆる税務手続が税務署に行かずにできる社会を目指して【工程表】］

○ 確定申告（必要なデータの自動取込等）

		データ（主な保有機関等）	実現時期 [注1]			
			令和3（2021）	令和4（2022）	令和5（2023）	令和6（2024）以降
所得	年金	年間収入金額（日本年金機構）			令和5年1月〜	
	給与	年間収入金額（勤務先）	※未定⇒実現方式の検討が必要 [注2]			
	事業・雑	収入、経費（会計ソフト・支払調書）				
	特定口座取引	取引金額（証券会社）	令和3年1月〜（対応する証券会社を順次拡大）			
所得控除	生命保険料	保険料支払額（生命保険会社）	令和3年1月〜（対応する保険会社を順次拡大）			
	地震保険料	保険料支払額（損害保険会社）		令和4年1月〜（対応する保険会社を順次拡大）		
	社会保険料	国民年金保険料負担額（日本年金機構）			令和5年1月〜	
	医療費	医療費支払額（審査支払機関）		令和4年2月〜		
	ふるさと納税	寄附金額（仲介業者）		令和4年1月〜（対応する仲介業者を順次拡大）		
その他	住宅ローン	年末残高（金融機関）	令和3年1月〜（対応する金融機関を順次拡大）			

（注1）実現時期は「デジタル・ガバメント実行計画」（令和2年12月25日閣議決定）の記載等に基づく現時点の見通し。

（注2）給与の源泉徴収票については、令和4年1月以降、所定のクラウドに保存する方式による提出が可能となる予定。
また、確定申告書等作成コーナー（申告データを作成できる国税庁ホームページ上のシステム）において、スマートフォンのカメラで源泉徴収票（紙）を読み取ることにより金額等を自動入力できる機能を提供する予定（令和4年1月リリース予定）。

（国税庁「税務行政のデジタル・トランスフォーメーション―税務行政の将来像2.0―」（令和3年6月11日））

❷　改正前の制度

○制度の概要

　国内において給与等の支払を受ける個人は、年末調整の際に、給与等から控除されない社会保険料又は小規模企業共済等掛金に係る控除を受けようとする場合には、その給与等の支払者からその年最後に給与等の支払を受ける日の前日までに、給与所得者の保険料控除申告書に、これらの支払をした旨を証する書類を提出又は提示をした上で、その給与等の支払者を経由して、その給与等に係る所得税の納税地の所轄税務署長に提出しなければならないこととされています。

❸　改正の内容

⑴　社会保険料控除等の証明書の範囲及び手続

　社会保険料控除証明書及び小規模企業共済等掛金控除の適用を受ける際に、控除証明書を書面による交付に代えて、電子データによる交付が可能になり、これらの交付を受けた者は、勤務先や税務署にも電子データにより提出・送信ができるようになります。

①　確定申告の際の社会保険料控除等の控除証明書の範囲

　社会保険料控除又は小規模企業共済等掛金控除の適用を受ける際に確定申告書等に添付等をすることとされている控除証明書の範囲に、当該控除証明書を交付すべき者から電磁的方法により提供を受けた当該控除証明書に記載すべき事項が記録された電磁的記録を一定の方法により印刷した書面で、真正性を担保するための所要の措置が講じられているものとして国税庁長官が定めるものを加えることとされます。

②　年末調整の際の社会保険料控除等の控除証明書の範囲

　社会保険料控除又は小規模企業共済等掛金控除の適用を受ける際に給与所得者の保険料控除申告書に添付等をすることとされている控除証明書の範囲に、当該控除証明書を交付すべき者から電磁的方法により提供を受けた当該控除証明書に記載すべき事項が記録された電磁的記録を一定の方法により印刷した書面で、真正性を担保するための所要の措置が講じられているものとして国税庁長官が定めるものを加えることとされます。

第1章　個人所得課税　**109**

③ 年末調整の際の保険料控除申告書の電子化

　給与等の支払を受ける者で、年末調整の際に社会保険料控除又は小規模企業共済等掛金控除の適用を受けようとするものは、給与所得者の保険料控除申告書に記載すべき事項を電磁的方法により提供する場合には、上記②の控除証明書の書面による提出又は提示に代えて、当該控除証明書に記載すべき事項が記録された情報で当該控除証明書を交付すべき者の電子署名及びその電子署名に係る電子証明書が付されたものを、当該申告書に記載すべき事項と併せて電磁的方法により提供することができることとされます。

　この場合において、当該給与等の支払を受ける者は、当該控除証明書を提出し、又は提示したものとみなされます。

(2) **電子申告による確定申告**

　電子情報処理組織を使用する方法（e-Tax）により確定申告を行う場合において、マイナポータルを使用して取得する上記(1)①の控除証明書に記載すべき事項が記録された情報で当該控除証明書を交付すべき者の電子署名及びその電子署名に係る電子証明書が付されたものの送信をもって、当該控除証明書の添付等に代えることができることとされます。

❹　実務のポイント

　令和2年分の年末調整や確定申告において、生命保険料控除や住宅取得控除について、電子データによる手続が可能になりました。これらの手続のメリットとしては、下記のような内容が挙げられます。

(1) **給与支払者側のメリット**

① 控除額の検算が不要

② 控除証明書等の突合作業が不要

③ 従業員からの問合せが減少

④ 年末調整関係書類の保管コストの削減

(2) **給与所得者側のメリット**

① 控除証明書等の内容の転記・控除額の手計算が不要

② 控除証明書等を紛失しても再取得が簡単

③ 給与支払者側からの確認が減少

　このようなメリットがありますが、現在、給与支払者側で年末調整の

電子化が進められていないという企業も多いため、従業員が利用したくても利用できていないこともあるようです。

今回の改正においては、社会保険料控除や小規模企業共済掛金も電子データによる手続が可能になり、これでほとんどの添付書類が不要になりますので、今後は電子化が進んでいくものと考えられます。

[控除証明書等の電子的交付のイメージ]

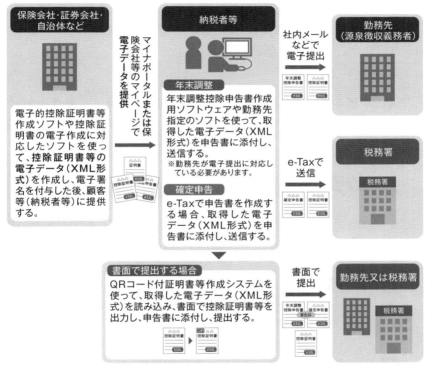

※ 電子的控除証明書等作成ソフト、年末調整控除申告書作成用ソフトウェア、QRコード付証明書等作成システムはいずれも国税庁が提供するソフトウエア等である。

(国税庁ホームページ)

13 財産債務調書制度等の見直し

Question

　私は時価10億円超の不動産と1億円の預金を所有しております
が、不動産所得と雑所得(年金)を合わせて2,000万円以下の
所得ですので、財産債務調書の提出をしていません。令和4年
度税制改正により、財産債務調書等を提出しなければならない
ようですが、どのような内容ですか。

> **A** 　令和4年度税制改正により、現行制度に加えて、総資産10億
> 円以上の個人は、所得がなくても財産債務調書の提出が必要にな
> ります。

ここが変わる

　財産債務調書について、提出義務者が追加（所得がなくても総資産10
億円以上の者）されるなどの見直しが行われます。

適用時期

　令和5年分以後の財産債務調書又は国外財産調書について適用されます。

解　説

❶ 改正の背景

　国税庁では、富裕層に対する適正な課税を確保する観点から、平成26
年より国外財産調書制度が導入され、平成28年より財産債務調書が導入
されました。

112 第2編　令和4年度税制改正の具体的内容

令和４年度税制改正においては、富裕層のうち所得が少ない個人も存在するため、財産の状況やその推移を正確に把握できるよう、総資産10億円以上の個人は、その年分所得に関係なく財産債務調書の提出が必要になります。併せて、事務負担の軽減を図るため、提出期限が翌年６月30日になります。

❷ 改正前の制度

⑴ 財産債務調書の提出が必要な者とは

所得税等の確定申告をしなければならない者で、その年分の退職所得を除く各種所得金額の合計額が2,000万円を超え、かつ、その年の12月31日において、その価額の合計額が３億円以上の財産又はその価額の合計額が１億円以上の有価証券等を有する者は財産債務調書の提出が必要です。

なお、各種所得金額は申告分離課税の所得がある場合には、それらの特別控除後の所得金額の合計額を加算した金額ですが、下記の適用を受けている場合には、その適用後の金額をいいます。

① 純損失や雑損失の繰越控除
② 居住用財産の買換え等の場合の譲渡損失の繰越控除
③ 特定居住用財産の譲渡損失の繰越控除
④ 上場株式等に係る譲渡損失の繰越控除
⑤ 特定中小会社が発行した株式に係る譲渡損失の繰越控除
⑥ 先物取引の差金等決算に係る損失の繰越控除

⑵ 財産債務調書への記載事項

財産債務調書には、提出者の氏名・住所（又は居所）・マイナンバーに加え、財産の種類、数量、価額、所在及び債務の金額等を記載することとされています。

⑶ 財産債務調書に記載する財産の価額

財産の「価額」は、その年の12月31日における「時価」又は時価に準ずるものとして「見積価額」によることとされています。

［見積価額(一部抜粋)］

財産の種類	見積価額の算定方法
土地・建物	①　その年の12月31日が属する年中に課された固定資産税の計算の基となる固定資産税評価額 ②　取得価額を基にその取得後における価額の変動を合理的な方法により見積もって算出した価額 ③　その年の翌年1月1日から財産債務調書の提出期限までにその財産を譲渡した場合における譲渡価額 ④　建物のうち、業務用以外のものは、その財産の取得価額から、その年の12月31日における経過年数に応ずる償却費の額を控除した金額
預貯金	その年の12月31日における預入高
非上場株式	①　その年の12月31日における売買実例価額のうち、適正と認められる売買実例価額 ②　①による価額がない場合に、その年の翌年1月1日から財産債務調書の提出期限までにその有価証券を譲渡した場合における譲渡価額 ③　①、②による価額がない場合には次の価額 　㈠　当該株式の発行法人のその年の12月31日又は同日前の同日に最も近い日において終了した事業年度における決算書等に基づき、その法人の純資産価額（帳簿価額）に自己の持株割合を乗じて計算するなど合理的に算出した価額 　㈡　新株予約権については、その目的たる株式がその年の12月31日における金融商品取引所等の公表する最終価格がないものである場合には、同日におけるその目的たる株式の見積価額から1株当たりの権利行使価額を控除した金額に権利行使により取得することができる株式数を乗じて計算した金額 ④　①、②及び③がない場合には、その取得価額
家庭用動産など （美術品や貴金属などを除く）	家具、什器備品、自動車などの動産で、業務用以外のものは、取得価額からその年の12月31日における経過年数に応ずる償却費の額を控除した金額 ※　家庭用動産で、その取得価額が100万円未満のものである場合には、その年の12月31日における財産の見積価額については、10万円未満であるものとして取り扱い、記載を要しない。

(4)　**財産債務調書の提出期限**

　財産債務調書は、その年の翌年3月15日までに所得税の納税地の所轄税務署長に提出します。

(5)　加算税等の措置

①　財産債務調書を提出期限内に提出した場合

　財産債務調書を提出期限内に提出した場合、財産債務調書に記載がある財産又は債務に関して所得税・相続税の申告漏れが生じたときであっても、過少申告加算税等が５％軽減されます。

②　財産債務調書を提出期限内に提出しなかった場合

　財産債務調書を提出期限内に提出しなかった場合又は提出期限内に提出された財産債務調書に記載すべき財産又は債務の記載がない場合に、その財産又は債務に関して所得税の申告漏れ（死亡した者に係るものを除く）が生じたときは、過少申告加算税等が５％加重されます。

❸　改正の内容

　財産債務調書制度等について、次の見直しが行われます。

(1)　財産債務調書の提出義務者の見直し

　現行の財産債務調書の提出義務者のほか、その年の12月31日において有する財産の価額の合計額が10億円以上である居住者も提出義務者とされます。

(2)　財産債務調書等の提出期限の見直し

　財産債務調書の提出期限について、その年の翌年の６月30日（現行：その年の翌年の３月15日）とされます（国外財産調書についても同様です）。

(3)　提出期限後に財産債務調書等が提出された場合の宥恕措置の見直し

　提出期限後に財産債務調書が提出された場合において、その提出が、調査があったことにより更正又は決定があるべきことを予知してされたものでないときは、その財産債務調書は提出期限内に提出されたものとみなす措置について、その提出が調査通知前にされたものである場合に限り適用することとされます（国外財産調書についても同様とされる）。

(4)　財産債務調書等の記載事項の見直し

　財産債務調書への記載を運用上省略することができる「その他の財産の区分」に該当する家庭用動産の取得価額の基準を300万円未満（現行：100万円未満）に引き上げるほか、財産債務調書及び国外財産調書の記載事項について運用上の見直しが行われます。

［財産債務調書制度の見直し］

【現行制度】

提出義務者：以下のいずれの基準にも
　　　　　　該当する者
　✓所得基準：所得2,000万円超
　✓財産基準：総資産3億円以上又は
　　　　　　　　有価証券等1億円以上
提出期限：翌年3月15日
記載内容：12月31日時点で保有する財産・
　　　　　債務の所在地・銘柄別・価額等
※一部の少額財産債務は記載を省略可能
例：取得価額100万円未満の家庭用動産
（現金・美術品等を除く）

【見直し案】

提出義務者：現行の提出義務者に加えて、
　　　　　　以下の基準に該当する者も対象とする
　✓財産基準：「総資産10億円以上」
　　　　　　　　（所得基準なし）
提出期限：翌年6月30日
記載内容：12月31日時点で保有する財産・
　　　　　債務の所在地・銘柄別・価額等
※一部の少額財産債務は記載を省略可能
例：取得価額300万円未満の家庭用動産
（現金・美術品等を除く）

【課題】

・所得2,000万円以下の者は、仮に高額の資産を保有していたとしても、調書の提出義務がない。
　➡納税者における資産の異動状況等について、十分に把握できているとは言い難い。
・「現行の提出期限（3月15日）までに、保有財産の種類・数量・価額を正確に算出・記載することは
　必ずしも容易でないことを勘案し、提出期限は6月末以降とすべき」との指摘がある。
・提出義務者の事務負担軽減の観点から、記載省略の範囲について拡大する余地があると考えら
　れる。

（注1）　国外財産調書についても、提出義務者の事務負担軽減の観点から、提出期限の
　　　　緩和及び記載省略の範囲の拡充を行う。
（注2）　その他所要の措置を講ずる。
（注3）　令和6年1月1日以後に提出すべき調書（令和5年分以後の調書）について適用す
　　　　る。

（自由民主党税制調査会資料）

❹　実務のポイント

(1)　提出義務者の所得制限の撤廃

　現行における財産債務調書制度は、合計所得金額2,000万円超の個人
が対象ですので、確定申告時期に、合計所得金額を確認して提出の要否
の判定を行っていました。

　改正後は、総資産10億円超の個人で確定申告が不要な者も対象になり
ますので、合計所得金額が少ない者も財産債務調書の提出が必要な場合
があります。

116　第2編　令和4年度税制改正の具体的内容

また、提出義務者は総資産で判定を行いますので、借入金により財産を取得している場合に資産の額から借入金の額を控除したいわゆる純資産の価額ではありません。

(2) 提出期限の延長

財産債務調書及び国外財産調書いずれも、提出期限が3月15日から6月30日に延長されます。確定申告時期を過ぎての提出ですので、少し余裕が出ますが、作成する内容としては相続税の申告書レベルの記載が求められますので、新たに提出義務者になる者については、事前の準備が必要といえます。

(3) 提出期限後の提出における過少申告加算税等の取扱い

現行では、提出期限後に財産債務調書を提出した場合であっても、その財産債務に関する所得税等又は相続税について、調査があったことにより更正又は決定があるべきことを予知してされたものでないときは、その財産債務調書は提出期限内に提出されたものとみなして、過少申告加算税等の特例を適用することとされています。

改正後においては、提出期限後の提出は過少申告加算税等の特例を認めるものの、調査通知前に提出された場合のみに限ることとされます。

(4) 財産債務調書等の記載事項の見直し

家庭用動産につき100万円未満のものは記載を要しないこととされているものが、300万円未満に引き上げられることになります。

事務負担の軽減としての措置ですが、財産債務調書を提出する者の家庭用財産の価額ですので、それほど事務負担の軽減にはならないでしょう。

14 個人住民税における合計所得金額に係る規定の整備

> **Question**
>
> 令和4年度税制改正では、個人住民税における合計所得金額に係る規定が整備されるそうですが、どのような内容でしょうか。

A 個人住民税の公的年金等控除額の算定に用いられる合計所得金額について、現年分離課税される退職所得を含まない合計所得金額を用いることとなるほか、所要の措置が講じられます。

ここが変わる

① 個人住民税の公的年金等控除額の算定に用いられる合計所得金額について、現年分離課税される退職所得を含まない合計所得金額を用いることとなります。

② 給与所得者が給与支払者へ提出する扶養親族申告書等について、退職手当等を有する配偶者等の氏名等を記載して申告することとなります。

③ 確定申告書の個人住民税に係る附記事項に、退職手当等を有する配偶者等の氏名等が追加されます。

適用時期

① 令和4年度分以後の個人住民税について適用されます。

② 令和5年1月1日以後に支払われる給与等及び公的年金等について適用されます。

③ 令和4年分以後の確定申告書を令和5年1月1日以後に提出する場合について適用されます。

118 第2編 令和4年度税制改正の具体的内容

解　説

❶　改正の背景

　個人住民税（所得割）は、地方税の課税手続上の便宜の見地から、前年の所得を基礎（課税標準）として課税するいわゆる前年所得課税主義を採用していますが、退職所得についての個人住民税は、他の所得と区分して退職者の退職した年分に課税される（現年分離課税）こととなるため、個人住民税における合計所得金額は、現年分離課税される退職所得金額を除く前年の所得について算定した総所得金額、退職所得金額及び山林所得金額の合計額（純損失又は純損失の繰越控除前）となります。

　一方、所得税は、現年分の所得が課税標準となり、現年分離課税される退職所得を含めた所得について課税されるため、合計所得金額も退職所得を含めた金額となります。

　したがって、個人住民税の合計所得金額と所得税の合計所得金額には差異が生じる場合があります。

　公的年金等控除については、平成30年度改正において、所得税の合計所得金額に応じて控除額を減少される仕組みが創設されましたが、地方税法では、公的年金等控除については特別な定めがなく所得税の例によることとされていることから、令和3年度以降の個人住民税における公的年金等控除額は、所得税と同様、現年分離課税される退職所得をも含めた合計所得金額を用いて算定することとされていました。

　そのため、市町村では、個人住民税の公的年金等控除額の算定に当たり、現年分離課税される退職所得を把握する必要がありましたが、その退職所得を把握するために相当の労力がかかっていました。

　こうした状況を踏まえて、本改正では、個人住民税の公的年金等控除の算定について、個人住民税における他の仕組みと同様に、現年分離課税される退職所得を含まない合計所得金額を用いることとなりました。

　また、一定の配偶者や扶養親族が有する退職手当等など、個人住民税の賦課課税に必要な情報を市町村が確実に把握できるような措置が講じ

られることになりました。

[個人住民税における合計所得金額に係る規定の整備]

【状況】

○ 個人住民税においては、現年分離課税される退職所得は合計所得金額に含まれないこととされており、所得税の合計所得金額と差異が生じる場合がある。

○ 公的年金等控除については、平成30年度税制改正により、所得税の合計所得金額に応じて控除額を減少させる仕組みが創設され、個人住民税においても、令和3年度以降、公的年金等控除額の算出のために、退職所得を含めた合計所得金額を把握する必要が生じている。

○ 市町村からは、退職所得を把握するのに相当の労力がかかるとの意見が寄せられている。

（参考） 個人住民税の合計所得金額：前年の所得について算定した総所得金額、退職所得金額及び山林所得金額の合計額（純損失又は雑損失の繰越控除前）。ただし、退職所得金額については、現年分離課税されるものを除く。

【見直し案】

○ 公的年金等控除額の算出においては、個人住民税における他の仕組みと同様に、現年分離課税される退職所得を含まない合計所得金額を用いることとする。

※ 令和4年度以後の年度分の個人住民税から適用。

なお、配偶者等が退職手当等を有する場合、給与所得者が給与支払者へ提出する扶養親族申告書等に明記することとし、市町村が給与支払報告書等を通じて賦課課税に必要な情報を確実に把握できるよう措置する。（原則、令和5年分所得に係る個人住民税から適用。）

（自由民主党税制調査会資料）

❷ 改正の内容

(1) 個人住民税における合計所得金額の見直し

公的年金等控除額の算定の基礎となる公的年金等に係る雑所得以外の所得に係る合計所得金額には、個人住民税における他の所得控除等と同様に、退職手当等を含まない合計所得金額を用いることとされます。

(2) 扶養親族申告書等への追加記載

給与所得者の扶養親族申告書及び給与支払報告書ならびに公的年金等

120 第2編 令和4年度税制改正の具体的内容

受給者の扶養親族申告書及び公的年金等支払報告書について、退職手当等を有する一定の配偶者及び扶養親族の氏名等を記載して申告することとする等の措置が講じられます。

⑶　確定申告書における住民税の附記事項欄の追加

　所得税の確定申告書における個人住民税に係る附記事項に、退職手当等を有する一定の配偶者及び扶養親族の氏名等が追加されます。

⑷　その他所要の措置

　その他所要の措置が講じられます。

❸　実務のポイント

　本改正により、個人住民税の公的年金等控除額の算定の基礎となる公的年金等に係る雑所得以外の所得に係る合計所得金額についても、個人住民税における他の仕組みと同様に現年分離課税される退職所得を含まない合計所得金額を用いることとなります。

　また、給与所得者・公的年金等受給者が申告する給与・公的年金等支払報告書等及び確定申告書における個人住民税に係る附記事項に、退職手当等を有する一定の配偶者及び扶養親族の氏名等を記載することにより、市町村がそれらの書類を通じて個人住民税の賦課課税に必要な情報を確実に把握することができるようになります。

　このように、個人住民税の合計所得金額に係る規定が整備されることにより、市町村の個人住民税の賦課課税の適正化が図られるとともに、個人住民税の事務手続の簡便化が見込まれます。

　なお、個人住民税の合計所得金額は、現年分離課税される退職所得金額を除く前年の所得について算定した総所得金額、退職所得金額及び山林所得金額の合計額であるため、前年の退職所得は、合計所得金額に含まれることになります。

第2章

資産課税

1 住宅取得等資金に係る贈与税の 非課税措置の延長及び見直し

Question

　令和2年3月末に、息子は私からの非課税限度額3,000万円の資金贈与を前提に再開発新築マンションの契約をしました。しかしコロナ禍でマンションの建築が遅れ、竣工引渡しが令和4年5月にずれ込んでしまいました。この引渡時に3,000万円を贈与して息子本人の住宅ローンと合わせて残金を払わせましたが、それでも3,000万円が非課税とされるでしょうか。

　A　残念ながら、贈与が令和4年5月の場合は、非課税限度額は1,000万円とされます。そのままでは、差額の2,000万円は贈与税の課税対象とされ、585万5,000円の贈与税負担が生じます。3,000万円非課税の前提で計画が進行しているのであれば、税負担分の別途の資金繰りが必要となります。

　　ところで、住宅取得等資金贈与特例については、コロナ禍で工期が遅れる状況を配慮して国税庁「国税における新型コロナウイルス感染症拡大防止への対応と申告や納税などの当面の税務上の取扱いに関するFAQ」に、令和3年2月2日付で「住宅取得等資金の贈与税の非課税の特例における取得期限等の延長につい

122　第2編　令和4年度税制改正の具体的内容

て」が追加され、贈与年の翌年３月15日までの取得及び居住開始予定が１年延長され、翌々年３月15日までとされました。

　もし令和３年内に贈与をしていれば、ご子息の住宅取得及び居住開始が令和４年５月であっても3,000万円の非課税が適用されたと思われます。

ここが変わる

① 　直系尊属から住宅取得等資金の贈与を受けた場合の贈与税の非課税措置等について、適用期限（令和３年12月31日）を令和５年12月31日まで２年延長します。

② 　非課税限度額は、住宅用家屋の取得等に係る契約の締結時期にかかわらず、住宅取得等資金の贈与を受けて新築等をした次に掲げる住宅用家屋の区分に応じた金額とします。

		改正前 〜令和3年12月31日	改正後　令和4年1月1日 〜令和5年12月31日
契約締結日		令和2年4月 〜令和3年12月	契約時期に関係なし
良質 住宅	消費税率10%	1,500万円	1,000万円
	上記以外	1,000万円	
上記 以外	消費税率10%	1,000万円	500万円
	上記以外	500万円	

※良質住宅：耐震、省エネ又はバリアフリーの住宅用家屋

③ 　適用対象となる既存住宅用家屋の要件について、築年数要件を廃止するとともに、新耐震基準に適合している住宅用家屋であることを加えます。ただし、登記簿上の建築日付が昭和57年１月１日以降の家屋については、新耐震基準に適合している住宅用家屋とみなします。

④ 　受贈者の年齢要件を令和４年４月１日以後、18歳以上（改正前20歳以上）に引き下げます。

⑤ 　上記（②を除く）の改正は、住宅取得等資金の贈与に係る相続時精算課税制度の特例措置及び震災特例法の贈与税の非課税措置についても同様とします。

［住宅取得等資金に係る贈与税の非課税措置の見直し］

親・祖父母等（贈与者）から住宅取得等の資金の贈与を受けた場合、非課税限度額まで非課税とする。（平成27年1月1日～令和3年12月31日までの措置）➡【改正案】令和5年12月31日まで2年延長

■適用要件
・住宅面積：床面積50㎡以上240㎡以下の住宅用家屋（合計所得金額が1,000万円以下の者：下限を40㎡以上に引下げ）
・受贈者：直系卑属（合計所得金額2,000万円以下など）

■非課税限度額

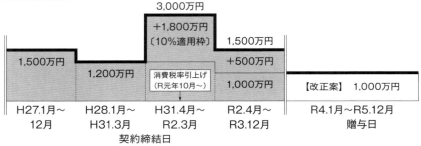

（注）1　上図は、耐震性能・省エネ性能・バリアフリー性能のいずれかを有する住宅向けの非課税限度額。それ以外の住宅の非課税限度額はそれぞれ500万円減。
　　　2　受贈者の年齢要件：20歳➡【改正案】年齢要件を18歳以上に引下げ（令和4年4月以後）
　　　3　既存住宅は、①築年数が20年（耐火建築物は25年）以内又は②耐震基準に適合していることが必要。
　　　　➡【改正案】築年数要件を撤廃し、昭和57年以降に建築された住宅又は耐震基準に適合していることが証明された住宅を対象とする。
　　　4　東日本大震災の被災者に係る非課税限度額は、令和3年12月末まで1,500万円（耐震・エコ・バリアフリー以外の住宅は1,000万円）で据置き。
　　　　➡【改正案】令和5年12月末まで2年延長。
　　　5　原則として贈与を受けた年の翌年3月15日までに住宅を取得する必要がある。

（財務省「令和4年度税制改正（案）について」）

⑥ 住宅取得等資金の贈与に係る震災特例法の贈与税の非課税措置に係る非課税限度額は据え置かれます。

	改正前 令和2年4月～令和3年 12月消費税率10％契約	改正後 令和4年1月～令和5年 12月31日まで贈与
耐震・省エネ・ バリアフリー住宅家屋	1,500万円	1,500万円
上記以外	1,000万円	1,000万円

適用時期

① 上記「ここが変わる」の①～③、⑤・⑥の改正は、令和4年1月1日以後の贈与に適用。
② 上記④の改正については、令和4年4月1日以後贈与に適用。

解　説

❶ 住宅取得等資金贈与特例の概要

　平成27年1月1日から令和3年12月31日まで（改正後令和5年12月31日まで）の間に、父母や祖父母・養父母などの直系尊属から住宅取得等資金の贈与を受けた受贈者が、贈与を受けた年の翌年3月15日までにその住宅取得等資金を自己の居住の用に供する日本国内の家屋の新築若しくは取得又はその増改築等の対価に充てて新築若しくは取得又は増改築等をし、その家屋を同日までに自己の居住の用に供したとき、又は同日後遅滞なく自己の居住の用に供することが確実であると見込まれるときには、住宅取得等資金のうちその家屋の種類ごと、また住宅用家屋の新築等に係る契約の締結日（改正後は贈与日）に応じて、次の表の額まで贈与税が非課税となります（措法70の2①）。

第2章　資産課税　125

[住宅取得等資金贈与特例]

(1)　令和３年12月末までの贈与

契約・住宅種類 住宅用家屋 の契約締結日	消費税率 10%課税契約		左記以外、 個人売主中古住宅等	
	良質住宅	左記以外	良質住宅	左記以外
～平成27年12月31日	－	－	1,500万円	1,000万円
平成28年１月１日以後	－	－	1,200万円	700万円
平成31年４月１日以後	3,000万円	2,500万円		
令和２年４月１日以後	1,500万円	1,000万円	1,000万円	500万円
令和３年４月１日～ 令和３年12月31日	1,500万円	1,000万円	1,000万円	500万円

(2)　令和４年１月１日～令和５年12月31日までの贈与

令和４年１月１日～ 令和５年12月31日	－	－	1,000万円	500万円

❷　改正の背景

　令和４年度与党税制改正大綱「基本的考え方　１. 成長と分配の好循環の実現　（５）住宅ローン控除等の見直し」では、次のように制度延長について述べています。「住宅取得等資金に係る贈与税の非課税措置について、格差の固定化防止等の観点から、非課税限度額を見直した上で、適用期限を２年間延長する。」

　つまり、格差固定化を促す贈与税の非課税特例は望ましくはないが、住宅政策は景気対策のために欠かせないことから、厳格化しつつ、制度は延長するという趣旨でしょう。

[住宅取得等資金の受贈者の収入分布]

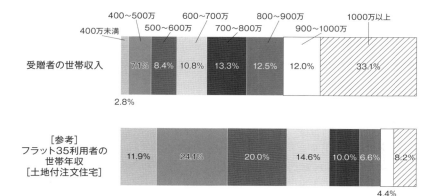

（出所）一般社団法人住宅生産団体連合会『2020年度戸建注文住宅の顧客実態調査』、独立行政法人住宅金融支援機構『2020年度フラット35利用者調査』

（自由民主党税制調査会資料）

❸ 所得1,000万円以下の受贈者の床面積基準緩和は継続

　令和3年度改正で、所得1,000万円以下の受贈者の場合には、床面積基準を緩和し、40㎡以上50㎡未満でも適用可能とされました（措法70の2②）。今回改正では、この要件も継続されます。

❹ 実務のポイント

(1) 特例適用と非課税額の判定

　令和3年末までの本特例の非課税額は、契約時期で判定されましたが、令和4年度の新制度では契約の時期にかかわらず贈与の時期で判定されることになります。

　契約時の手付金支払の資金繰りと、引渡しを受け居住開始する時期の資金繰りについては、慎重なスケジュール管理が必要です。

(2) 受贈者の所得金額に応じた床面積特例

　受贈者の合計所得金額要件は、受贈年の所得です。

　例えば、令和4年3月に贈与を受け登記簿床面積45㎡の住宅を取得し

た人の合計所得金額が最終的に算定できるのは12月末日です。結果的に合計所得金額が1,000万円超となれば、受贈資金は非課税とならず、税負担が生じることになります。

　他の贈与税非課税特例である教育資金贈与特例などは前年所得で判定しますが、住宅取得資金贈与は贈与年で判定する点について注意しましょう。

(3)　所得税住宅ローン控除の特例との差異に注意

①　適用対象住宅

　令和4年度税制改正では、本特例と同様の住宅政策である所得税の特例である住宅ローン控除特例（措法41）の適用対象住宅の規定がカーボンニュートラルを目的に大幅に改正されていますが、本特例の割増非課税となる住宅の対象は変更されていません。混同しないようにしましょう。

②　床面積要件と対象住宅の差違に注意

　所得税の住宅ローン控除特例（措法41）の40㎡以上50㎡未満の住宅が、適用時期によっては既存住宅は排除されるのとは取扱いが異なり、本特例では、床面積40㎡以上50㎡未満の住宅も所得1,000万円以下の受贈者に限り、新築・既存住宅ともに適用対象です。

[住宅取得等資金贈与と住宅ローン控除の差異]

	住宅取得等資金贈与 （措法70の2）	住宅ローン控除（措法41）
認定住宅	耐震、省エネ又は バリアフリー	ZEH住宅等省エネ住宅に割増
50㎡未満住宅	新築・既存住宅	新築住宅のみ

2 法人版事業承継税制の見直し

Question

　当社ではオーナー社長からその後継者への事業承継に際して、いわゆる法人版事業承継税制を活用する予定です。
　ところが、今般の新型コロナウイルスの影響で、事業計画が目標どおり進まないなどの事情により、予定していた特例承認計画の策定が大幅に遅れています。何か手当てはされるのでしょうか。

　　A　確認申請期限が延長されます。

ここが変わる

　特例承継計画の確認申請の期限が、令和5年3月31日から1年間延長されます。

適用時期

　特例承継計画の確認申請の期限が、令和6年3月31日までとされます。

[事業承継税制における所要の措置]

● 事業承継税制は、**事業承継時の贈与税・相続税負担を実質ゼロ**にする時限措置。
（※法人版：平成30年度抜本拡充、個人版：平成31年度新設）
● 新型コロナウイルス感染症の影響を踏まえ、**法人版の特例承継計画の確認申請の期限を1年延長する。**

改正概要　○法人版事業承継税制における特例承継計画の確認申請の期限を1年延長

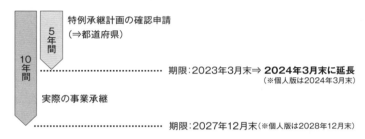

（経済産業省資料）

解　説

❶ 非上場株式等に係る贈与税・相続税の納税猶予・免除の特例制度（法人版事業承継税制）（措法70の7、70の7の2）

　平成30年1月1日から令和9年12月31日までの10年間に、中小企業における経営の承継の円滑化に関する法律による都道府県知事の認定を受けた非上場会社の後継者が、先代経営者等から非上場会社の株式又は出資を贈与又は相続等により取得をし、その会社を経営していく場合には、納付すべき贈与税又は相続税のうち、その非上場株式等に対応する贈与税又は相続税の納税が猶予され、その後継者が死亡した場合等には、その納税猶予税額の全部又は一部が免除されます。

　この制度は、法人版事業承継税制創設以降、次のように要件を緩和しつつ、改正・拡充されてきました。

130　第2編　令和4年度税制改正の具体的内容

[事業承継税制の内容と主な改正経緯]

● 平成21年度に、経営承継円滑化法に基づく経済産業大臣の認定を前提に、事業承継時の税負担を猶予する「事業承継税制」を創設。
● 平成30年度改正では事業承継時の税負担を実質ゼロにする抜本拡充を実施し、さらに、平成31年度改正では新たに個人事業主を対象とした個人版事業承継税制も創設。

	法人版創設 平成21年度	平成25年度改正	法人版抜本拡充 平成30年度改正	個人版創設 平成31年度改正
対象事業者	**法人のみ**	→	→	**個人事業主も対象に**
猶予割合	贈与税100% **相続税80%**	→	贈与税100% **相続税100%**	贈与税100% **相続税100%**
対象株式	総株式数の**最大2/3まで**	→	**100%**	※多様な事業用資産
雇用確保	承継後5年間**毎年8割の**雇用を維持	承継後5年間平均で8割の雇用を維持	**未達成でも猶予継続可能**	―

（経済産業省令和4年度税制改正要望）

❷ 都道府県知事への認定申請期限を延長

　中小企業経営者が高齢化する中で、次世代経営者への円滑な事業承継のために、税制での支援策として平成21年度に創設された事業承継税制ですが、平成25年度と29年度の税制改正で要件が緩和されても、まだこの制度の利用が充分になされていないことから、よりいっそう制度の利用が進むようにと、平成30年度ではこれまでの制度に加えて、適用のための要件や対象範囲、猶予税額を大幅に緩和・拡大した、追加の特例制度が10年間の期限付で創設されました。

　この特例制度の適用には、制度開始から5年以内に承継計画を策定提出し、認定を受けることが要件とされていました。

　特例創設初年度の平成30年度から翌年の令和元年度にかけては、その特例承継計画の申請件数が伸びていましたが、その後令和2年度以降は申請件数が減少してきています。これはコロナ禍による経営環境の変化

により、事業承継計画の策定に時間を要していることも原因と考えられています。

このため、令和4年度改正では、その申請期限を延長する措置がされます。

［新型コロナウイルス感染症による事業承継への影響］

● 新型コロナウイルス感染症の影響により承継時期を後ろ倒しする傾向にあり、事業承継税制の特例承継計画の申請ペースは鈍化している。

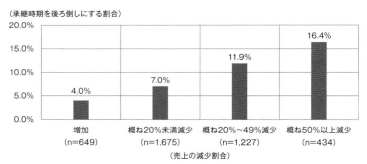

新型コロナウイルス感染症の影響による売上増減率と事業承継時期の変更（後ろ倒し）

新型コロナウイルス感染症の影響で売上が減少した事業者ほど事業承継を後ろ倒しにする傾向

【資料】日本商工会議所「事業承継と事業再編・統合の実態に関するアンケート」（2021年3月）

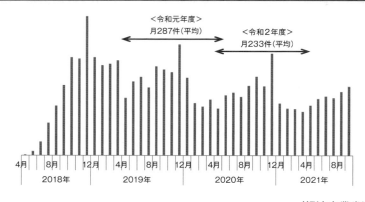

特例承継計画の提出件数の推移

（経済産業省資料）

❸ 実務のポイント

　特例承継計画の確認申請の期限は1年延びましたが、令和9年12月31日までという事業承継の期限は延長されません。

　これは、事業承継を集中的に進めることを目的として、時限措置とされている特例制度であることから、今後も適用期限の延長はされない方針です。

　このため、この特例制度の適用を受ける予定がある場合には、その事業承継の完了時期を見据え、早期に特例承継計画の策定を進めることが求められています。

　なお、個人版の事業承継税制については、今回の措置はありません。

　次頁の手続スケジュールを確認して、充分に準備しましょう。

［コロナ禍等を踏まえた法人版・個人版事業承継税制］

● コロナ禍等、中小企業の事業承継を取り巻く経済環境が大きく変化。
● このような経済環境の変化等を踏まえ、円滑な事業承継の実施のため、法
　人版・個人版事業承継税制における必要な措置について検討を行う。

現行制度 【適用期限】法人版：令和9年12月末まで、個人版：令和10年12月末まで

法人版事業承継税制：非上場株式等を対象		
都道府県	特例承継計画の確認申請	令和5年3月31日まで➡令和6年3月31日まで
	事業承継（贈与・相続）	令和9年12月31日まで
	認定申請	申告期限の2ヶ月前までに
税務署	税務署へ申告	● 認定書の写しとともに、贈与税・相続税の申告書等を提出。
都道府県　税務署	税務申告後5年以内	● 都道府県及び税務署へ**毎年報告**。
税務署	6年目以後	● 税務署へ**3年に1度報告**。

個人版事業承継税制：特定事業用資産を対象		
都道府県	承継計画の確認申請	令和6年3月31日まで
	事業承継（贈与・相続）	令和10年12月31日まで
	認定申請	申告期限の2ヶ月前までに
税務署	税務署へ申告	● 認定書の写しとともに、贈与税・相続税の申告書等を提出。
	税務申告後	● 税務署へ**3年に1度報告**。

（経済産業省令和4年度税制改正要望に筆者加筆）

134 第2編　令和4年度税制改正の具体的内容

3　相続税に係る死亡届の情報等の通知の見直し

Question

　父が亡くなって数か月経った先日、税務署から相続税申告についての案内が届きました。申告前ですから、税務署に父の死を知らせることはしていないのですが、どこからどういった情報が行っているのでしょうか？

　　A　税務署へは、死亡届が出された際に市町村からその内容が通知されます。今までは死亡届の内容だけでしたが、改正後は戸籍と固定資産税の課税台帳の内容も通知されるようになります。

ここが変わる

　死亡届が提出された際、被相続人に係る戸籍等の副本と固定資産課税台帳の登録事項等の情報が国税庁に通知されます。

適用時期

　戸籍法の一部を改正する法律の施行日以降に適用されます。

解　　説

❶　相続税に係る死亡届の情報等の通知についての見直し

　法務大臣は、死亡等に関する届書に係る届書等情報等の提供を受けたときは、当該届書等情報等及び当該死亡等をした者の戸籍等の副本に記録されている情報を、当該提供を受けた日の属する月の翌月末日までに、国税庁長官に通知しなければならないようになります。

第2章　資産課税　135

また、市町村長は、当該市町村長等が当該市町村の住民基本台帳に記録されている者に係る死亡等に関する届書の受理等をしたときは、当該死亡等をした者が有していた土地又は家屋に係る固定資産課税台帳の登録事項等を、当該届書の受理等をした日の属する月の翌月末日までに、当該市町村の事務所の所在地の所轄税務署長に通知しなければならないようになります。

　現行制度では、死亡届の情報だけが通知され（相法58）、固定資産税等の情報はこれに併せて提供されていましたが、改正により戸籍等の副本と固定資産課税台帳の登録事項等の情報が通知内容に追加されます。

　また、自由民主党税制調査会資料では、これらの情報はオンラインで通知されるとあります。戸籍の副本は平成25年よりデータ管理システムで管理されていますので、大綱には明記されていませんが、改正後の通知はオンラインにより行われると考えられます。

❷　実務のポイント

　平成27年10月から、マイナンバー制度が導入されました。本制度は、行政の効率化、国民の利便性の向上、公平・公正な社会の実現のための社会基盤と位置づけられ、その一環として、令和3年からマイナンバーカードの健康保険証利用が開始し、医療費控除の集計が一部自動化されました。

　また、国税庁では、令和3年から金融機関への預貯金照会をオンラインで行うpipitLINQ（ピピットリンク）の採用が開始されました。本システムは、現在はマイナンバーへの対応が図られていませんが、将来的には対応を検討しているそうです（pipitLINQサイト内「よくあるご質問」より）。

　このようなITの活用による情報共有の迅速化に向けた制度改正は、今後も随時なされていくと考えられます。

136　第2編　令和4年度税制改正の具体的内容

[相続税に係る死亡届の情報等の通知の見直し]

相続税の課税原因である相続開始の事実を税務署長が把握するため、

【現　行】
○市町村は、死亡届の情報を税務署に通知している。
○市町村は、上記通知にあわせて、被相続人の固定資産税等の情報（固定資産税評価額等）を提供している。

【見直し案】
○法務省は、死亡届の情報及び被相続人の戸籍の情報を国税庁にオンラインにより通知することとする。
○市町村は、被相続人の固定資産税の情報（固定資産税評価額等）を税務署に通知することとする。
※システム整備が完了した市町村から順次オンラインにより通知。

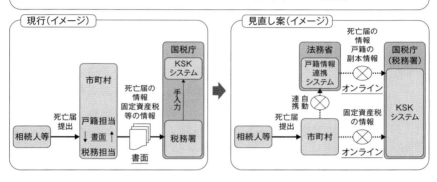

（自由民主党税制調査会資料）

4　信託に関する受益者別（委託者別）調書の記載方法の見直し

Question

　父は認知症を患い、今後に備えて長男である私に財産の信託をすると言っています。信託財産の受託者の義務として信託調書の作成に当たり、信託財産の価額を相続税法の評価額で記載することになっていますが、評価が困難な場合はこの限りでない、とあるので、評価額の記載を省略してしまってよいのでしょうか。

　　A　令和5年1月1日以後に提出する調書については、見積価額を記載しなければならないとされました。不動産の場合は、直近の固定資産税評価額でもよいので、記載すべきとされます。

　　　ただ、ご質問のケースでは、当初父上の意思能力あるうちに父上が委託者兼受益者となる自益信託として設定するものと思われ、そうであれば信託契約時に、受益者別調書の提出は不要です（相規⑦五(4)）。

　　　しかしその後、受益者の変更時などは提出義務が生じますので、気を付けてください。

ここが変わる

①　信託に関する受益者別（委託者別）調書について、「信託財産の価額」の欄に記載すべき相続税評価額の算定が困難な場合には、見積価額を記載しなければならないこととします。

　　見積価額とは、具体例として、土地については直近の固定資産税評価額、非上場株式については直近の計算書類を用いて算定した簿価純資産価額等があります。

②　調書の提出方法について、磁気テープを提出する方法を除外します。

適用時期

① 令和5年1月1日以後に提出すべき事由が生ずる調書につき適用。
② 令和4年4月1日以後に提出すべき事由が生ずる調書につき適用。

解　説

❶　制度の概要

(1)　**50万円以上の信託財産受託の場合の調書提出義務**

　国内で信託事務を行う信託の受託者は、(2)に該当する場合を除き、次の日の属する月の翌月末日までに、受益者別の調書を受託者の所轄税務署長に提出しなければなりません。法定調書のひとつです（相法59③、相令30②、相規30⑦）。

① 信託の効力が生じたこと。
② 相続税法9条の2第1項に規定する受益者等が変更されたこと。
③ 信託が終了したことなど信託に関する権利の放棄・消滅があった場合。
④ 信託に関する権利の内容に変更があったこと。

(2)　**受益者別調書の提出が不要な場合（相規30⑦）**

① 信託財産の時価が50万円以下の場合
② 投資信託
③ 貸付信託
④ 無記名式貸付信託
⑤ 次の場合
　㈠　信託の効力が生じた場合
　　　ⓐ特定障害者扶養信託契約に基づく信託、ⓑ教育資金管理契約に基づく信託、ⓒ結婚・子育て資金管理契約に基づく信託、ⓓ委託者と受益者等とが同一である信託（自益信託）
　㈡　受益者等の変更があった場合
　　　ⓐ信託受益権の譲渡により受託者が調書を提出する場合、ⓑ金融商

第2章　資産課税　**139**

品取引法に基づく信託　他
(3)　前々年1,000枚以上提出義務のある受託者の調書提出方法
　記載事項を、次に掲げる方法のいずれかにより提供しなければなりません。
①　あらかじめ税務署長に届け出により電子情報処理組織を使用する方法
②　光ディスク、磁気テープ又は磁気ディスクの記録用の媒体を提出する方法（相規30⑫）

[「信託に関する受益者別（委託者別）調書」の記載要領の見直し]

【現　行】
○記載要領
　原則：課税時期の信託財産の価額（相続税評価額(注1)）を記載する。
　例外：相続税評価額の算定が困難な場合には、空欄で良い。
　（注1）財産評価基本通達に基づき算定した財産の価額
○現状では、「信託財産の価額」の欄が空欄の者が多く、申告審理や調査に有効に活用することができない。

【見直し案】
○相続税評価額の算定が困難な場合であっても、国外財産調書制度や財産債務調書制度と同様、見積価額(注2)を記載しなければならないこととする。
　（注2）見積価額の具体例
　　　　土地…直近の固定資産税評価額
　　　　非上場株式…直近の計算書類を用いて算定した簿価純資産価額　等
　（注3）上記の改正は、令和5年1月1日以後に提出すべき事由が生ずる調書について適用する。

（自由民主党税制調査会資料）

❷　問題点と解決

⑴　調書記載要領の見直し

　相続税法59条３項では、財務省令で定める様式の調書を作成すべきこととされており、そこでは、信託財産の価額の欄には信託財産を相続税法22条から25条までの規定により評価した価額を記載するが、信託財産について当該規定により評価することを困難とする事由が存する場合はこの限りでないとしています。

　そのため、国税の現場では、課税時期の信託財産の価額（財産評価基本通達に基づき算定した財産の価額）を記載するとしながら、現状では空欄のものが多く、申告審理や調査に有効に活用することができませんでした。

　そこで、令和５年１月１日以後提出事由の生ずる調書については、見積価額を記載しなければならないこととします。

　見積価額とは、土地であれば直近の固定資産税評価額、非上場株式であれば直近の計算書類を用いて算定した簿価純資産額としており、これは財産債務調書や国外財産調書等と平仄を合わせるものと思われます。

　例えば財産債務調書では、土地について、①固定資産税評価額又は、②取得価額を元にした額、③翌年提出時までの譲渡価額、建物については、④未償却残高が挙げられています。

⑵　磁気テープによる提出方法からの除外

　信託に関する受益者別（委託者別）調書に限らず、磁気テープについては近年提出がなく、また今後の提出も想定されないことから、令和４年４月１日以後は従来の施行令の提出方法の規定から除外することとされます（「令和３年12月７日自民党税制調査会マル政等処理案概要」（納税環境準備））。

❸　実務のポイント

　財産評価基本通達に精通していなくても、信託に関する受益者別（委託者別）調書を記載することができることとされ、空欄で済ませることなく記載が義務づけられます。

5 土地に係る固定資産税等の負担調整措置の見直し

> **Question**
>
> 　商業地にある私の店の土地につき、令和3年度は固定資産税が据え置かれましたが、いまだコロナ禍は終息せず、売上げは全く回復していません。この状態で、令和4年度こそは、固定資産税の凍結なりの措置が取られなければもう店を閉めざるを得ません。令和4年度はどうなるのでしょうか。

　A 　残念ながら凍結等の措置はありませんが、負担水準が60%未満の商業地については、負担調整率を土地の固定資産税評価額の現行5%を2.5%とし増加を半分にする措置が準備されます。

　　ただ、令和2年度に平成31年度と同額に据え置かれていたため、地価上昇地域においてはいっそうの増額となります。

　　収入が対前年同期比率減少率により、2分の1や全額の減免が申請できる措置があり、令和4年度においても継続する可能性がありますが、これは家屋や事業用資産の固定資産税のみですので、土地の固定資産税負担減にはなりませんが、若干でも負担軽減になりますから調べて見てください。

ここが変わる

(1) 令和4年度負担水準60%未満商業地の上昇率を半減

　令和4年度限りの土地に係る固定資産税の負担調整措置として、負担水準が60%未満の商業地等の令和4年度の課税標準額を、令和3年度の課税標準額に令和4年度の評価額の2.5%（現行：5%）を加算した額とします。

　ただし、その額が、評価額の60%を上回る場合には60%相当額とし、

評価額の20％を下回る場合には20％相当額とします。

都市計画税についても、同様の措置を取ります。

(2) 令和３年度税額据置措置土地の評価額審査申出期限延長

通常の評価基準年なら納税通知書交付日後３月以内が審査申出期限ですが、令和３年度に税額据置措置がとられた評価額上昇地については、令和４年４月１日から納税通知書交付日後15月経過日まで、審査申出期間が延長されます。

[固定資産税等に係る令和４年度における特別な措置（イメージ）]

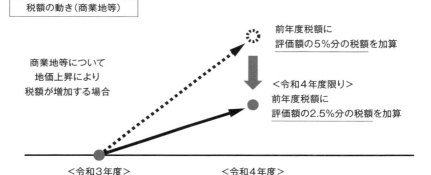

※住宅用地、農地等については、現行どおり。
※都市計画税も同様。
（自由民主党税制調査会資料）

適用時期

令和５年度固定資産税額・都市計画税の課税標準について適用。

解　　説

❶　制度の概要

(1) 土地の固定資産税（地法341、349）

土地の固定資産税は、課税主体である市町村が３年に１度の固定資産税基準年に、前年１月１日の標準地の価額を基に標準地との相関により固定資産税路線価を決定、固定資産税路線価から形状等を勘酌して固定

資産課税台帳に登載された固定資産税評価額及び算定した課税標準額に1.4％（都市計画税は0.3％）乗じた額が土地所有者に課されます。

(2) 土地の負担調整措置

　平成元年12月制定の土地基本法に基づき、平成3年11月、平成6年度の評価替えにおいて、固定資産税評価額を地価公示価格の7割程度とする旨、依命通達が発遣されました。

　ところが、それまで公示価格の時価の2～3割程度であった固定資産税評価額が7割へと上昇すると税負担が大激変することとなるため、負担調整措置を導入しました（地法附則17八）。

［地価が上昇した土地（商業地等）における負担調整措置のイメージ］

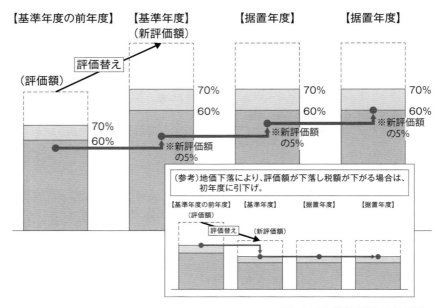

（自由民主党税制調査会資料）

　従前の負担調整措置は、地価の上昇・下落時の基準年から基準年の3年間の変動を緩和するための措置でしたが、平成9年以後は、地価下落時の負担調整による税額増加現象を緩和するため、負担水準を設定し、課税標準の据置措置等を設定することでその均衡化を図ることとされて

います。

負担水準＝前年課税標準額／固定資産税評価額

❷　令和３年度改正

コロナ禍での税負担の緩和措置（令和３年度限り）として、商業地は負担水準が60％未満の土地に限り、商業地等以外の宅地等は負担水準が100％未満の土地については、令和３年度の課税標準額を令和２年度の課税標準額と同額に据え置きました。

❸　令和４年度での負担調整の復活と商業地のみの緩和

⑴　地方自治体の訴え

令和３年度の据置措置に対し全国知事会では、「固定資産税の安定的確保」を謳い、「固定資産税は地方団体の重要な基幹税目であることから、令和４年度以降は、負担の均衡化に向けた負担調整措置の仕組みを適用するとともに、厳しい地方団体の財政状況を踏まえ、様々な軽減措置を見直すことなどにより、その安定的確保を図ること。また、固定資産税は、市町村が提供する行政サービスと資産の保有に着目して応益原則に基づき課税する基幹税であるため、制度の根幹を揺るがす見直しは断じて行うべきではなく、国の経済対策に用いるべきではない」、「更なる対象の拡充は断じて認められず、期限の到来をもって確実に終了すべきである」と訴えました（「地方税財源の確保・充実等に関する提言」令和３年６月全国知事会（地方税財政常任委員会））。

⑵　商業地のみの激変緩和

コロナ禍であれ、地価が上昇している状況の中で、令和３年度で税額を令和２年度と同額に据え置いたために、令和４年度は令和２年度からの激増を迎えます。そこで、令和４年度改正では、商業地のみ負担調整による増額を半減させることとしました。

⑶　全国町村会会長声明

今回の商業地の増税緩和について、次のように反対を表明しています。

「令和４年度以降は既定の負担調整措置を行うことと受け止めていたことから、（中略）この度の新たな特例措置は、極めて遺憾なっものと言わざるをえない。今回の措置は令和４年度限りとし、令和５年度は既

第2章　資産課税　**145**

定の負担調整を確実に実施し、制度の根幹を揺るがす見直しは断じて行うことのないよう強く求めるものである。」（令和3年12月10日）

[令和4年度　土地に係る固定資産税の経済状況に応じた措置]

● <u>土地（商業地等）に係る固定資産税</u>について、新型コロナウイルス感染症の<u>影響</u>を踏まえ、<u>令和4年度</u>は、課税額が上昇する<u>土地</u>について、税額上昇分を<u>半減</u>する措置を講じ、税負担の増加を緩和する。

| 固定資産税評価額 （地価公示価格の7割） | 負担調整措置を 踏まえて算出 | 当該年度の 課税標準額 | × | 固定資産税 税率 1.4% | = | 土地の 固定資産税額 |

負担水準
（前年度課税標準額÷当該年度評価額）

負担調整措置（商業地等）

100%
地価が**下落**した場合（＝負担水準70%超）
課税標準額を評価額の**70%に引き下げ**

70%
地価が**上昇**した場合（＝負担水準70%以下）
課税標準額を前年度額に**据え置き**

60%
地価が**大きく上昇**した場合（＝負担水準60%未満）
課税標準額を前年度額＋評価額×**5%**とし、**段階的に引き上げ**（原則）
　　　　　　　　　　　　　　　　　　　※評価額の60%を上限

半減

前年度額＋評価額×2.5%（令和4年度）
※令和3年度は令和2年度課税標準額に据置

20%
負担水準20%未満の場合は、課税標準額を評価額の20%とする。

※都市計画税についても同様の措置　　　　　　　　　（経済産業省資料）

❹　実務のポイント

負担水準60％未満の商業地については、負担調整の緩和が図られますが、増加することには変わりありません。事業がより圧迫されることになります。

一方、固定資産税収は、自治体収入の約50％を占めています（平成元年度総務省「地方財政状況調査」）。

コロナ禍での財政負担にあえぐ地方自治体の固定資産税収への期待から、今後も固定資産税減税は厳しいかもしれません。

また、令和3年度に税額据置で固定資産税評価額についてチェックしなかった土地について、チェックしてみましょう。

6 住宅用家屋の登録免許税の軽減措置等の延長

Question

住宅を取得した際の登録免許税は令和4年3月31日まで軽減措置が取られていますが、4月1日以降はどうなるのでしょうか。

A 令和6年3月31日まで2年間延長されます。なお、家屋と土地で軽減措置の適用時期が異なりますので、ご注意ください。

ここが変わる

① 登録免許税に関する軽減措置・免税措置のうち、令和4年3月31日に期限が到来する項目について、適用期限が令和6年3月31日まで2年間延長されます。

② 一部の移転登記、抵当権設定登記については、築年数要件が廃止され、新耐震基準適合要件が追加されます。

適用時期

令和6年3月31日までに居住の用に供した場合の登録免許税について、適用されます。

解　説

❶ 所有権保存登記等に係る登録免許税の特例

① 次の登録免許税は、令和6年3月31日までの間に、取得した個人の居住の用に供した場合、特例税率が適用されます。また、移転登記及び抵当権設定登記については、築年数要件を廃止するとともに、新耐

震基準に適合している住宅用家屋（登記簿上の建築日付が昭和57年1月1日以降の家屋については、新耐震基準に適合している住宅用家屋とみなされる）であることが追加されます（措令42）。

(イ) 住宅用家屋の所有権の保存登記等

	一般税率	特例税率
所有権保存登記（措法72の2）	0.4%	0.15%
所有権移転登記（措法73）	2.0%	0.3%

(ロ) 特定の増改築等がされた住宅用家屋の所有権の移転登記（措法74の3）

	一般税率	特例税率
所有権移転登記	3.0%	1.0%

(ハ) 住宅取得資金の貸付け等に係る抵当権の設定登記（措法75）

	一般税率	特例税率
抵当権設定登記	0.4%	0.1%

② 次の登録免許税は、令和6年3月31日までの間に、取得した個人の居住の用に供した場合、特例税率が適用されます。制度内容については、改正前から変更はありません。

(イ) 特定認定長期優良住宅の所有権の保存登記等（措法74）

		一般税率	特例税率
所有権保存登記		0.4%	0.1%
所有権移転登記	一戸建て	2.0%	0.2%
	上記以外	2.0%	0.1%

(ロ) 認定低炭素住宅の所有権の保存登記等（措法74の2）

	一般税率	特例税率
所有権保存登記	0.4%	0.1%
所有権移転登記	2.0%	0.1%

❷ 実務のポイント

①　土地の所有権の移転登記等に係る登録免許税の軽減措置は、令和3年度改正により令和5年3月31日までの適用となりました（措法72）。土地と建物で適用時期が異なりますので、今後の改正にご注意ください。

	本則税率	軽減税率
土地の所有権移転登記	2％	1.5％
土地所有権の信託登記	0.4％	0.3％

②　所有権移転登記等の特例に関する築年数要件の廃止と新耐震基準適合要件の追加は、次の特例にも同様の改正があります。
(イ)　個人所得課税の住宅借入金等を有する場合の所得税額の特別控除
(ロ)　直系尊属から住宅取得等資金の贈与を受けた場合の贈与税の非課税措置

　　これらの要件改廃は、上記特例では令和4年1月1日から適用されますが、国土交通省によると、所有権移転登記等の特例については令和4年4月1日から適用され、令和4年1月1日から3月31日までの間は上記特例と所有権移転登記等の特例とで要件の不一致が生じる可能性があるそうです。この期間に特例の適用を受ける可能性がある場合は、今後決定する改正法令の条文に注意しましょう。

第2章　資産課税　**149**

7　印紙税の特例措置等の延長

> **Question**
>
> 　不動産を譲渡した際の印紙税は、令和４年３月31日まで軽減措置が取られていますが、４月１日以降どうなるのでしょうか。

　A　令和６年３月31日まで２年間延長されます。

ここが変わる

　印紙税に関する軽減措置のうち、令和４年３月31日に期限が到来する項目について、適用期限が令和６年３月31日まで２年間延長されます。

適用時期

　令和６年３月31日までに作成される不動産譲渡契約書の印紙税について適用されます。

解　説

❶　不動産の譲渡契約に係る印紙税額

　不動産の譲渡に関する契約書等に係る印紙税額は、以下のとおりです（措法91②）。

契約書に記載された契約金額		本則税率	軽減税率
	1万円未満	非課税	
1万円以上	10万円以下	200円	200円
10万円超	50万円以下	400円	
50万円超	100万円以下	1,000円	500円

100万円超	500万円以下	2,000円	1,000円
500万円超	1,000万円以下	1万円	5,000円
1,000万円超	5,000万円以下	2万円	1万円
5,000万円超	1億円以下	6万円	3万円
1億円超	5億円以下	10万円	6万円
5億円超	10億円以下	20万円	16万円
10億円超	50億円以下	40万円	32万円
50億円超		60万円	48万円

資産課税

❷ 建設工事の請負契約に係る印紙税額

建設工事の請負に関する契約書等に係る印紙税額は、以下のとおりです（措法91③）。

契約書に記載された契約金額		本則税率	軽減税率
	1万円未満	非課税	
1万円以上	100万円以下	200円	200円
100万円超	200万円以下	400円	
200万円超	300万円以下	1,000円	500円
300万円超	500万円以下	2,000円	1,000円
500万円超	1,000万円以下	1万円	5,000円
1,000万円超	5,000万円以下	2万円	1万円
5,000万円超	1億円以下	6万円	3万円
1億円超	5億円以下	10万円	6万円
5億円超	10億円以下	20万円	16万円
10億円超	50億円以下	40万円	32万円
50億円超		60万円	48万円

❸ 実務のポイント

印紙税については、現状維持です。

8 相続税・贈与税のあり方の検討

Question

令和３年度までの税制改正大綱で、贈与税制の検討の必要性が連続して強調されていました。住宅取得等資金贈与特例や教育資金贈与特例、結婚・子育て資金贈与特例が年々縮小されていることもあって、暦年贈与制度が相続時精算課税贈与制度に一本化されるという話も聞きました。どうなのでしょうか。

A たしかに平成31年度・令和２年度・３年度の税制改正大綱に、格差の固定化防止と資産移転の時期の選択に中立的な制度の構築が強調されてきました。しかし暦年贈与制度と相続税制をベースとした現行制度の再構築には多方面からの検討が必要ですので、拙速に一本化とはされにくい問題であり、令和４年度も同内容とされました。

解 説

❶ 過年度の税制改正大綱における相続税・贈与税制への言及

(1) 平成31年度税制改正大綱

●資産移転の時期の選択に中立的な相続税・贈与税に向けた検討

　高齢化の進展に伴い、いわゆる「老々相続」が課題となる中で、生前贈与を促進する観点からも、資産移転の時期の選択に中立的な税制の構築が課題となっている。諸外国の制度を見ると、生前贈与と相続に対して遺産税もしくは相続税を一体的に課税することにより、資産移転の時期の選択に中立的な税制が構築されている例がある。一方、わが国においては、平成15年に相続時精算課税制度が導入されており、本制度の適用を選択すれば、生前贈与と相続に対する一体的な課税が行われるが、本制度は必ずし

152 第２編 令和４年度税制改正の具体的内容

も十分に活用されていない。今後、諸外国の制度のあり方も踏まえつつ、格差の固定化につながらないよう、機会の平等の確保に留意しながら、資産移転の時期の選択に中立的な制度を構築する方向で検討を進める。こうした検討の進捗の状況を踏まえ、教育資金の一括贈与に係る贈与税の非課税措置及び結婚・子育て資金の一括贈与に係る贈与税の非課税措置についても、次の適用期限の到来時に、その適用実態も検証した上で、両措置の必要性について改めて見直しを行うこととする。

(2)　令和２年度税制改正大綱

●資産移転の時期の選択に中立的な税制の構築と格差固定化の防止

高齢化の進展に伴い、いわゆる「老々相続」が課題となる中で、生前贈与を促進する観点からも、資産移転の時期の選択に中立的な税制の構築が課題となっている。今後、諸外国の制度のあり方も踏まえつつ、格差の固定化につながらないよう、機会の平等の確保に留意しながら、現行の相続時精算課税制度と暦年課税制度のあり方を見直し、資産移転の時期の選択に中立的な制度を構築する方向で検討を進める。こうした検討の進捗の状況を踏まえ、教育資金の一括贈与に係る贈与税の非課税措置及び結婚・子育て資金の一括贈与に係る贈与税の非課税措置についても、次の適用期限の到来時に、その適用実態も検証した上で、両措置の必要性について改めて見直しを行うこととする。

(3)　令和３年度税制改正大綱

●資産移転の時期の選択に中立的な相続税・贈与税に向けた検討

高齢化等に伴い、高齢世代に資産が偏在するとともに、相続による資産の世代間移転の時期がより高齢期にシフトしており、結果として若年世代への資産移転が進みにくい状況にある。

高齢世代が保有する資産がより早いタイミングで若年世代に移転することになれば、その有効活用を通じた、経済の活性化が期待される。このため、資産の再分配機能の確保に留意しつつ、資産の早期の世代間移転を促進するための税制を構築することが重要な課題となっている。

わが国の贈与税は、相続税の累進回避を防止する観点から、高い税率が設定されており、生前贈与に対し抑制的に働いている面がある。一方で、

現在の税率構造では、富裕層による財産の分割贈与を通じた負担回避を防止するには限界がある。

諸外国では、一定期間の贈与や相続を累積して課税すること等により、資産の移転のタイミング等にかかわらず、税負担が一定となり、同時に意図的な税負担の回避も防止されるような工夫が講じられている。

今後、こうした諸外国の制度を参考にしつつ、相続税と贈与税をより一体的に捉えて課税する観点から、現行の相続時精算課税制度と暦年課税制度のあり方を見直すなど、格差の固定化の防止等に留意しつつ、資産移転の時期の選択に中立的な税制の構築に向けて、本格的な検討を進める。

❷　令和4年度税制改正大綱における相続税・贈与税制への言及

●相続税・贈与税のあり方

高齢化等に伴い、高齢世代に資産が偏在するとともに、相続による資産の世代間移転の時期がより高齢期にシフトしており、結果として若年世代への資産移転が進みにくい状況にある。

高齢世代が保有する資産がより早いタイミングで若年世代に移転することになれば、その有効活用を通じた経済の活性化が期待される。

一方、相続税・贈与税は、税制が資産の再分配機能を果たす上で重要な役割を担っている。高齢世代の資産が、適切な負担を伴うことなく世代を超えて引き継がれることとなれば、格差の固定化につながりかねない。

このため、資産の再分配機能の確保を図りつつ、資産の早期の世代間移転を促進するための税制を構築していくことが重要である。

わが国では、相続税と贈与税が別個の税体系として存在しており、贈与税は、相続税の累進回避を防止する観点から高い税率が設定されている。このため、将来の相続財産が比較的少ない層にとっては、生前贈与に対し抑制的に働いている面がある一方で、相当に高額な相続財産を有する層にとっては、財産の分割贈与を通じて相続税の累進負担を回避しながら多額の財産を移転することが可能となっている。

今後、諸外国の制度も参考にしつつ、相続税と贈与税をより一体的に捉えて課税する観点から、現行の相続時精算課税制度と暦年課税制度のあり方を見直すなど、格差の固定化防止等の観点も踏まえながら、資産移転時

期の選択に中立的な税制の構築に向けて、本格的な検討を進める。

　あわせて、経済対策として現在講じられている贈与税の非課税措置は、限度額の範囲内では家族内における資産の移転に対して何らの税負担も求めない制度となっていることから、そのあり方について、格差の固定化防止等の観点を踏まえ、不断の見直しを行っていく必要がある。

❸　相続税と贈与税の歴史

　日本での相続税・贈与税の制度は、下記の歴史を経ています。
　過去には、連年贈与を警戒して贈与税の連年合算課税を行ったことなどがみてとれます。

［相続税・贈与税の歴史］

	相続税	贈与税
明治38年1月	遺産税方式、賦課課税、贈与者課税 家督相続1.2%〜13% 遺産相続高1.5〜14%	財産500円以上の贈与は遺産相続とみなす
明治43年4月	直系卑属家督相続1%〜12.5%に	
大正15年4月		親族への贈与をすべて遺産相続とみなす
昭和15年4月	軍属の非課税を廃止	
昭和19年4月	最高税率67%に	
昭和21年4月	戦死・戦病死の非課税廃止	連年贈与の合算価額を引上げ
昭和22年5月	家督相続廃止、申告納税制度に	贈与税新設
昭和28年1月	遺産取得課税	受贈者課税 贈与税を二本立てに 3年間の累積課税
昭和50年1月		累積課税廃止、基礎控除60万円
平成13年1月		基礎控除110万円に
平成16年1月		相続時精算課税創設

（参考文献）　『コンメンタール相続税法』（第一法規）、菊地紀之「相続税税100年の軌跡」税大ジャーナル2005年4月号

第2章　資産課税　155

❹ 贈与税制の検討課題

この数年の税制改正大綱が検討課題としている問題は、次の点です。
① 早いタイミングで若年世代に移転する課題がある。
② 資産の再分配機能を果たすために、格差の固定化の防止が必要。
③ 財産の分割贈与を通じて相続税の累進負担回避を抑制すべき。
④ 資産移転時期の選択に中立的な税制の構築。
⑤ 贈与税の非課税措置は経済対策として講じているため不断に見直す。

❺ 贈与税制の改正の可能性

以上を踏まえて、今後、贈与税制が改正されるとするならば、下記の可能性があります。しかし、相続税・贈与税の制度そのものの見直しとなれば拙速を避けて充分な議論と検討のもとで、進められるべきでしょう。

⑴ **暦年贈与制度を廃止して相続時精算課税贈与に一本化**

現在の日本の贈与税制では、親族間に限らず、例えば他人間の贈与でも贈与税を課す仕組みとなっています。暦年贈与課税制度は、基礎控除を設定し、少額不追及を含めて、単発贈与にも対応できる制度ですが、相続時精算課税のような贈与・相続一体化の制度でカバーできる仕組みを作るのは特段の制度設計が必要になります。

⑵ **生前贈与加算制度を現行の3年から改正民法の特別受益の持戻し（民法1044）に合わせ10年に**

連年贈与規制には有効ですが、納税者だけでなく課税当局の事務負担が大きくなるでしょう。

⑶ **暦年贈与制度の下で連年贈与のみを規制**

過去にあった連年贈与の合算課税制度のように、合算して累進税率を適用するような制度も考え得るでしょうが、これも国税当局の事務負担の増加となるでしょう。

法人課税

1 大企業向け賃上げ税制の改組

Question

大企業向けの賃上げ税制について改正が行われるようですが、どのような内容でしょうか。

A 継続雇用者給与等支給額が対前年度比3％以上の場合に15％の税額控除が可能とする制度に見直しが行われ、税額控除率の上乗せ措置も拡充が行われます。

ここが変わる

① 現行制度において新規雇用者に対する給与支給額が対前年度比2％以上増加とされている要件について、継続雇用者に対する給与支給額の対前年度比3％以上増加とする要件に再変更されることになります。
② 税額控除額の計算も、現行制度では控除対象新規雇用者給与等支給額に対して控除率を乗じて計算していますが、控除対象雇用者給与等支給増加額に控除率を乗じる方法に再び変更となります。
③ 税額控除率の上乗せ措置について拡充が図られます。
④ 大規模企業についてはマルチステークホルダーに配慮した経営への

取組みを宣言していることが要件とされます。

適用時期

令和４年４月１日から令和６年３月31日までの間に開始する事業年度について適用されます。

解　　説

❶　改正の趣旨等

今回の税制改正のメインテーマとして「成長と分配の好循環」が掲げられています。その実現に向けて、長期的な視点に立って一人ひとりの積極的賃上げを促し、株主だけでなく従業員・取引先など多様なステークホルダーへの還元を後押しする観点から賃上げ税制について抜本的に強化されることになります。

この改正により、企業が基本給を含む賃上げや人的資本の拡充、下請先との取引適正化をはじめとする、ステークホルダーへの還元を着実に行い「成長と分配の好循環」が早期に起動することが期待されています。

❷　適用対象法人

適用対象法人は、これまでどおり、青色申告書を提出する法人です。

❸　改正内容

(1)　適用要件の変更

現行制度（人材確保等促進税制）においては、新規雇用者に対する給与等支給額が対前年度比２％以上増加することにより、その適用要件を満たすことになりますが、今回の改正により、新規雇用者ではなく、継続雇用者に対する給与等支給額の対前年度比３％以上増加とする要件に再び変更がされることになります。

税額控除額の計算も、現行制度（人材確保等促進税制）では控除対象新規雇用者給与等支給額に対して控除率を乗じて計算を行いますが、今

158　第２編　令和４年度税制改正の具体的内容

回の改正により、控除対象雇用者給与等支給増加額に控除率を乗じる方法に再び変更となります

　改正後については、青色申告書を提出する法人が、令和4年4月1日から令和6年3月31日までの間に開始する各事業年度（設立事業年度は対象外）において国内雇用者に対して給与等を支給する場合において、継続雇用者給与等支給額の継続雇用者比較給与等支給額に対する増加割合が3％以上であるときは、控除対象雇用者給与等支給増加額の15％の税額控除ができる制度となります。

　控除税額の限度額は、従来どおり、当期の法人税額の20％が上限とされます。

　また、大規模企業については、追加の要件が課されることになります。具体的には、資本金の額等が10億円以上であり、かつ、常時使用する従業員の数が1,000人以上である場合には、給与等の支給額の引上げの方針、取引先との適切な関係の構築の方針その他の事項を、インターネットを利用する方法により公表したことを経済産業大臣に届け出ている場合に限り、適用があるものとされます。

(2)　**上乗せ措置の拡充**

　税額控除率の上乗せ措置について拡充が図られます。

　税額控除率の上乗せ要件として、継続雇用者給与等支給額の継続雇用者比較給与等支給額に対する増加割合が4％以上であるときは、税額控除率10％を加算し、教育訓練費の額の比較教育訓練費の額に対する増加割合が20％以上であるときは、税額控除率に5％が加算されます。

　なお、教育訓練費に係る税額控除率の上乗せ措置の適用を受ける場合には、現行制度では、確定申告書等への添付が必要とされますが、本改正後は教育訓練費の明細を記載した書類の保存へと変更になります。

(3)　**そ の 他**

　所得税や法人住民税の計算についても同様の改正が行われます。

❹　改正前後の比較表

　頻繁に改正されていますので、適用時期については注意が必要です。

　本改正と過去2回の改正を比較すると、今回の改正は基本の賃金要件などは平成30年度の改正と同じとなっていることが分かります。

［大企業向け賃上げ税制の改正］

	改正前 （平成30年度改正） 平成30年4月1日～令和3年3月31日に開始した事業年度	改正前 （令和3年度改正） 令和3年4月1日～令和4年3月31日に開始した事業年度	改正後 （令和4年度改正） 令和4年4月1日～令和6年3月31日に開始した事業年度
賃金に関する要件	雇用者給与等支給額≧比較雇用者給与等支給額	国内新規雇用者に対して給与等を支給すること	雇用者給与等支給額≧比較雇用者給与等支給額
	継続雇用者給与等支給額≧継続雇用者比較給与等支給額×103%	新規雇用者給与等支給額≧新規雇用者比較給与等支給額×102%	継続雇用者給与等支給額≧継続雇用者比較給与等支給額×103%
設備投資に関する要件	国内設備投資額≧当期減価償却費総額の95%※ ※令和2年4月1日前に開始した事業年度は90%	―	―
大規模企業※への追加要件 ※資本金の額等が10億円以上、かつ、常時使用する従業員数1,000人以上	―	―	給与等の支給額の引上げの方針、取引先との適切な関係の構築の方針その他の事項をインターネットを利用する方法により公表したことを経済産業大臣に届け出ている場合に限り適用

税額控除額	税額控除額の計算式		（雇用者給与等支給額－比較雇用者給与等支給額）×控除率	控除対象新規雇用者給与等支給額×控除率	（雇用者給与等支給額－比較雇用者給与等支給額）×控除率
	控除率	基本	15%	15%	15%
		上乗せ	（＋5％）≪上乗せ要件≫教育訓練費の額≧比較教育訓練費の額×120% ※明細の確定申告書への添付が必要	（＋5％）≪上乗せ要件≫教育訓練費の額≧比較教育訓練費の額×120% ※明細の確定申告書への添付が必要	（＋10％）≪上乗せ要件≫継続雇用者給与等支給額≧継続雇用者比較給与等支給額×104% （＋5％）≪上乗せ要件≫教育訓練費の額≧比較教育訓練費の額×120% ※明細の保存が必要
	控除限度額		控除税額は法人税額の20%を限度とする	控除税額は法人税額の20%を限度とする	控除税額は法人税額の20%を限度とする

❺ 主な用語の意義

・継続雇用者給与等支給額

　　継続雇用者（当期及び前期の全期間の各月分の給与等の支給がある雇用者で一定のもの）に対する給与等の支給額をいいます。

・継続雇用者比較給与等支給額

　　前期の継続雇用者給与等支給額をいいます。

・新規雇用者給与等支給額

　　法人の適用事業年度の所得の金額の計算上損金の額に算入される国内新規雇用者のうち一般被保険者（雇用保険法60の2①一）に該当するものに対する給与等の支給額をいいます。

・新規雇用者比較給与等支給額

　　法人の適用事業年度の前事業年度の所得の金額の計算上損金の額に算入される国内新規雇用者のうち一般被保険者に該当するものに対する給与等の支給額をいいます。

・教育訓練費

　　法人がその国内雇用者の職務に必要な技術又は知識を習得させ、又は向上させるために支出する費用で一定のものをいいます。

・比較教育訓練費の額

　　法人の各事業年度開始の日前1年以内に開始した各事業年度の所得の金額の計算上、損金の額に算入される教育訓練費の額をいいます。

　（注）　平成30年4月1日から令和3年3月31日までの間に開始した事業年度については、法人の適用事業年度開始の日前2年以内に開始した各事業年度の所得の金額の計算上損金の額に算入される教育訓練費の額の年平均額をいいます。

[大企業向け賃上げ促進税制]

● 成長と分配の好循環の実現に向けて、企業が得た利益を従業員に還元するよう賃上げを促進することが重要であり、このために必要な措置を大胆に講じる。

改正概要　【適用期限：令和5年度末まで】

✓ 継続雇用者の給与（給与等支給総額）が前年度比3％以上増加した場合に、雇用者全体の賃上げ額（給与増加額）の15％を税額控除。また、前年度比4％以上増加した場合には、25％の税額控除。
✓ さらに、人的投資の要件を満たした場合には税額控除率が5％上乗せとなり、最大30％の税額控除。

【賃上げ要件】

継続雇用者※1の給与等支給総額が
前年度比4％以上増加
⇒ 給与増加額の25％税額控除※2

or

継続雇用者※1の給与等支給総額が
前年度比3％以上増加
⇒ 給与増加額の15％税額控除※2

ただし、資本金10億円以上かつ常時使用従業員数1,000人以上の企業については、従業員や取引先などのマルチステークホルダーへの配慮についての方針（賃上げに関するものも含む）の公表が必要

【上乗せ要件：人的投資】

教育訓練費が
前年度比20％以上増加
⇒ さらに税額控除率を5％上乗せ※2

※1 継続雇用者とは、当期及び前期の全期間の各月分の給与等の支給がある雇用者。
※2 控除上限は法人税額等の20％。また、税額控除の対象となる給与等支給総額は雇用保険の一般被保険者に限られない。

（経済産業省資料）

❻ 実務のポイント

① 近年改正が続いて行われていますので、適用を受ける事業年度が、いつの改正分の適用になるのか、確認は慎重に行う必要があります。
② 本件制度の適用漏れによるトラブルが増加しています。決算申告時にはじめて適用関係を検討するのではなく、決算前から適用関係については十分に検討・準備を行い、申告書作成に臨みたいところです。

2 法人事業税付加価値割における人材確保等促進税制の見直し

> **Question**
>
> 法人事業税付加価値割における人材確保等促進税制の見直しが行われるようですが、どのような内容でしょうか。

A 現行の法人事業税付加価値割における人材確保等促進税制について、法人税の改正に合わせる形で、継続雇用者の給与を一定割合増加した法人について、法人事業税付加価値割の課税標準から一定金額が控除される計算方式に改組されます。

ここが変わる

法人事業税（外形標準課税）の計算における、付加価値割の課税標準からの控除額について、その適用要件が新規雇用者給与等支給額から継続雇用者給与等支給額によるものに改組されることになり、また、控除額の計算も新規雇用者給与等支給額から雇用者給与等支給増加額を基にするものに改組されることになります。

適用時期

令和4年4月1日から令和6年3月31日までの間に開始する事業年度について適用されます。

解　説

❶ 改正の内容

現行の法人事業税付加価値割における人材確保等促進税制が改組され

第3章　法人課税　**163**

ることになります。法人が、令和4年4月1日から令和6年3月31日までの間に開始する各事業年度において国内雇用者に対して給与等を支給する場合において、継続雇用者給与等支給額の継続雇用者比較給与等支給額に対する増加割合が3％以上である等の要件を満たすときは、控除対象雇用者給与等支給増加額を付加価値割の課税標準から控除できることとされます。

なお、現行制度においても、雇用安定控除との重複部分について調整する計算方式をとっていますが、今回の改正においても、雇用安定控除との調整等所要の措置が講じられるとされています。

	改正前	改正後
適用要件	新規雇用者給与等支給額 ≧ 新規雇用者比較給与等支給額×102％	継続雇用者給与等支給額 ≧ 継続雇用者比較給与等支給額×103％
控除額	控除対象新規雇用者給与等支給額 ※雇用安定控除との所要の調整措置あり	控除対象雇用者給与等支給増加額 ※雇用安定控除との所要の調整措置あり

❷ 主な用語の意義

(1) 継続雇用者給与等支給額

継続雇用者（当期及び前期の全期間の各月分の給与等の支給がある雇用者で一定のもの）に対する給与等の支給額をいいます。

(2) 継続雇用者比較給与等支給額

前期の継続雇用者給与等支給額をいいます。

(3) 新規雇用者給与等支給額

法人の適用事業年度の所得の金額の計算上損金の額に算入される国内新規雇用者のうち一般被保険者（雇用保険法60の2①一）に該当するものに対する給与等の支給額をいいます。

(4) 新規雇用者比較給与等支給額

法人の適用事業年度の前事業年度の所得の金額の計算上損金の額に算入される国内新規雇用者のうち一般被保険者に該当するものに対する給

164 第2編 令和4年度税制改正の具体的内容

与等の支給額をいいます。

(5) **外形標準課税の適用法人**

　事業年度終了の日における資本金の額等が1億円超の法人が該当します。

❸　実務のポイント

① 　近年改正が続いて行われていますので、適用を受ける事業年度が、いつの改正分の適用なのか、確認は慎重に行う必要があります。

② 　雇用安定控除との調整措置について、税制改正大綱には記載がないため、今後公表される法令等により確認が必要です。

3 中小企業向け賃上げ税制の延長及び見直し

Question

中小企業における賃上げ税制（所得拡大促進税制）の改正内容はどのようなものになるのでしょうか。

A 適用期限が１年延長された上で、税額控除率の上乗せ要件が拡充されることになります。

ここが変わる

　控除率の上乗せ要件が下記のとおり拡充されることになります。
・雇用者給与等支給額の対前年度増加率が2.5％以上で税額控除率に15％が加算される。
・教育訓練費の前年増加率が10％以上で税額控除率に10％が加算される。
・上記２つを併せると税額控除率は最大で40％とることが可能となる。

適用時期

　令和４年４月１日から令和６年３月31日までの間に開始する事業年度について適用されます（各種情報より適用時期は上記のとおりと推察されますが、税制改正大綱には適用開始時期についての明確な記載はありません。今後公表される法令等により確認が必要です）。

解　　説

❶ 改正の趣旨等

　地域経済の中核を担う中小企業を取り巻く状況は、ますます厳しさを

増しており、コロナ後を見据えて、生産性の向上や経営基盤の強化を支援していく必要があります。このような中小・小規模事業者に対する支援策として所得拡大促進税制を拡充し、賃上げを高い水準で行うとともに、教育訓練費を増加させた場合に、給与等支給額の増加額の最大40％を控除することとした上で令和6年3月末まで1年間延長が行われることになります。

❷ 適用対象法人

本改正による変更はなく、これまでどおり中小企業者等が適用対象となります。

中小企業者等とは、中小企業者（資本金の額等が1億円以下の法人等で一定の要件を満たすものをいい、適用除外事業者（その事業年度開始の日前3年以内に終了した各事業年度の所得金額の年平均額が15億円を超える法人をいう）に該当するものを除く）又は農業協同組合等で、青色申告書を提出するものをいいます。

❸ 改正の内容

中小企業全体として雇用を守りつつ、積極的な賃上げや人材投資を促す観点から、税額控除率の上乗せ要件が拡充され、適用期限が1年延長されます。

(1) 控除率の上乗せ要件の拡充

改正前の税額控除率の上乗せ要件は、雇用者給与等支給額の対前年度増加率2.5％以上、かつ、教育訓練費要件を満たすことで上乗せ10％（基本15％＋上乗せ10％＝最大25％）の税額控除率となっていました。今回の改正では、雇用者給与等支給額の対前年度増加率2.5％以上のみの要件で上乗せ15％、教育訓練費の対前年度増加率10％以上で上乗せ10％となり、最大で40％（基本15％＋給与上乗せ15％＋教育訓練費上乗せ10％）と大幅な拡充が講じられます。

なお、教育訓練費に係る税額控除率の上乗せ措置の適用を受ける場合には、現行制度では、確定申告書等への添付が必要とされますが、本改正後は教育訓練費の明細を記載した書類の保存へと変更になります。

第3章　法人課税　**167**

⑵　その他

　　所得税、地方税においても同様の改正が行われます。

❹　改正前後の比較表

［中小企業向け賃上げ税制の改正］

				改正前	改正後
賃金に関する要件				雇用者給与等支給額　≧　比較雇用者給与等支給額×101.5%	雇用者給与等支給額　≧　比較雇用者給与等支給額×101.5%
税額控除額	税額控除額の計算式			（雇用者給与等支給額－比較雇用者給与等支給額）×控除率	（雇用者給与等支給額－比較雇用者給与等支給額）×控除率
	控除率	基本		15%	15%
		上乗せ		≪上乗せ要件≫ 次の①と②の要件を満たす場合 ①　雇用者給与等支給額≧比較雇用者給与等支給額×102.5% ②　下記のいずれかを満たす場合 ㈄　教育訓練費の額≧比較教育訓練費の額×110% ※明細の確定申告書への添付が必要 ㈦　事業年度終了の日までに中小企業等経営強化法の規定による経営力向上計画の認定を受けて、同計画に従い経営力向上が確実に行われたものとしての証明がされていること	≪上乗せ要件≫ 雇用者給与等支給額　≧　比較雇用者給与等支給額×102.5%
					≪上乗せ要件≫ 教育訓練費の額　≧　比較教育訓練費の額×110% ※明細の保存が必要
	控除限度額			控除税額は法人税額の20%を限度とする	控除税額は法人税額の20%を限度とする

（改正前　上乗せ欄　(+10%)）
（改正後　上乗せ欄上段　(+15%)）
（改正後　上乗せ欄下段　(+10%)）

❺ 主な用語の意義

(1) 雇用者給与等支給額

　適用事業年度の損金の額に算入される国内雇用者に対する給与等の支給額をいいます。

(2) 比較雇用者給与等支給額

　適用事業年度の前事業年度の損金の額に算入される国内雇用者に対する給与等の支給額をいいます。

(3) 教育訓練費

　法人がその国内雇用者の職務に必要な技術又は知識を習得させ、又は向上させるために支出する費用で一定のものをいいます。

(4) 比較教育訓練費の額

　法人の各事業年度開始の日前1年以内開始した各事業年度の所得の金額の計算上損金の額に算入される教育訓練費の額をいいます。

[中小企業向け賃上げ促進税制]

- ● 「成長と分配の好循環」に向けて、中小企業全体として雇用を確保しつつ、積極的な賃上げや人材投資を促すことが必要。
- ● 一人一人の賃上げや雇用の確保により給与総額を増加させる中小企業を支援。特に、より大幅な賃上げや人的投資を行う企業については、大胆な税額控除を適用。

| 改正概要 | 【適用期限：令和5年度末まで】 |

- ✓ 雇用者全体の給与（給与等支給総額）が前年度比1.5%以上増加した場合に、その増加額の15%を税額控除。また、前年度比2.5%以上増加した場合には、30%の税額控除。
- ✓ さらに、人的投資の要件を満たした場合には税額控除率が10%上乗せとなり、最大40%の税額控除。

【賃上げ要件】

雇用者全体の給与（給与等支給総額）が前年度比2.5%以上
⇒ 給与増加額の**30%税額控除**※

or

雇用者全体の給与（給与等支給総額）が前年度比1.5%以上
⇒ 給与増加額の**15%税額控除**※

＋

【上乗せ要件：人的投資】

教育訓練費が
前年度比10%以上増加
⇒ さらに税額控除率を**10%上乗せ**※

※ 控除上限は法人税額等の20%。また、税額控除の対象となる給与等支給総額は雇用保険の一般被保険者に限られない。

（経済産業省資料）

❻　実務のポイント

①　改正後も引き続き、雇用者給与等支給額の集計のみでよく、継続雇用者の集計は必要ないため、今回の改正による実務負担への影響は少ないものと考えられます。

②　控除率の上乗せ要件は、改正前までは教育訓練費要件が障壁となり、適用が進んでいないように見受けられましたが、本改正では雇用者給与等の2.5％の増加のみでも上乗せ要件の適用があるため、上乗せ要件の適用が期待できます。この場合、控除率も＋15％と大きく、基本部分と併せて30％の控除率がとれるため、税額控除の効果も大きくなるものと考えられます。

③　近年改正が続いて行われていますので、適用を受ける事業年度が、いつの改正分の適用なのか、確認は慎重に行う必要があります。

④　本件制度の適用漏れによるトラブルが増加しています。決算申告時にはじめて適用関係を検討するのではなく、決算前から適用関係については十分に検討・準備を行い、申告書作成に臨みたいところです。

4 特定税額控除規定の不適用措置

> **Question**
>
> 大企業が研究開発税制その他生産性の向上に関連する税額控除の規定を適用できないこととする措置について、要件がさらに厳しくなるようですが、その内容について教えてください。

A 大企業が研究開発税制やその他一定の税額控除制度の適用を受けるための要件が、さらに厳しくなります。

ここが変わる

大企業は一定の要件を満たさなければ、研究開発税制及びその他一定の税額控除（特定税額控除）の適用を受けることができませんが、この適用要件がさらに厳しくなります。

適用時期

今後公表される法令等により、ご確認ください。

解　説

❶ 改正の背景

積極的な投資や賃上げなどの重要性については、これまでの累次の与党税制改正大綱において指摘されてきており、経営者自身の意識改革により、「攻めの経営」に向けた自己改革と挑戦を改めて強く求める趣旨から、令和2年度税制改正において、大企業が研究開発税制などの租税特別措置法の適用を受けるための要件が厳格化されました。企業マイン

ドを変革させ、果断な経営判断を促す観点から、収益が拡大しているにもかかわらず賃上げも投資も消極的な企業に対し、研究開発税制などの租税特別措置の適用を停止する措置が強化される他、大企業に対する賃上げ及び投資促進税制について、設備投資額が増えてきている状況に鑑み、設備投資要件を強化し、賃上げへのインセンティブを通じた税制効果を発揮しやすくなるよう見直しが講じられました。大企業に対して高いハードルを課すことで、投資や賃上げのさらなる促進を期待するねらいがあります。

今回の改正では、大企業が研究開発税制などの租税特別措置法の適用を受けるための要件がさらに厳格化され、大企業に対するハードルがさらに高くなりました。

❷ 改正前の制度

対象となる措置は、特定の地域、業種、中小企業を対象とする措置等を除く、生産性の向上に関連する租税特別措置（研究開発税制、地域未来投資促進税制、５G導入促進税制、デジタルトランスフォーメーション投資促進税制、カーボンニュートラルに向けた投資促進税制）です。

これらの税額控除制度について、中小企業者又は農業協同組合等以外の法人が適用を受けるためには、次の要件のいずれかに該当しなければなりません（その事業年度の所得金額が前事業年度の所得金額以下である場合を除く）。

① 継続雇用者給与等支給額 ＞ 継続雇用者比較給与等支給額
② 国内設備投資額 ＞ 当期償却費総額 × 30％

❸ 改正の内容

一定の大企業について、上記❷の適用要件のうち、継続雇用者給与等支給額の要件について、現行では、継続雇用者給与等支給額が継続雇用者比較給与等支給額を超えていればよいところ、今回の改正により、継続雇用者給与等支給額の継続雇用者比較給与等支給額に対する増加割合が１％以上（令和４年４月１日から令和５年３月31日までの間に開始する事業年度にあっては、0.5％以上）であることが求められます。

●一定の大企業の要件

次のいずれにも該当する大企業をいいます。

・資本金の額等が10億円以上

・常時使用する従業員の数が1,000人以上

・前事業年度の所得の金額がゼロを超える一定の場合（一定の場合には、当期が設立事業年度又は合併等の日を含む事業年度である場合を含む）

[租税特別措置の不適用措置の見直しについて]

● 本措置は、収益が拡大しているにもかかわらず賃上げにも投資にも特に消極的な大企業に対し、研究開発税制などの一部の租税特別措置の税額控除の適用を停止する措置。

現行制度
■適用対象：資本金1億円超の大企業 ■措置内容：以下3つの要件「全て」に該当する場合、その法人には一部の租税特別措置の税額控除を適用しない。 ① 所得金額が前年度の所得金額を上回ること ② 継続雇用者給与等支給総額が、**前年度以下**であること ③ 国内設備投資額が、当期の減価償却費の総額の3割以下に留まること

今回の改正部分

左の**②の要件**について、資本金10億円以上かつ従業員数1,000人以上の企業で、前年度に黒字の企業については、「継続雇用者給与等支給総額が、前年度から1％（R4年度は0.5％）以上増加していないこと」に見直し

対象となる租税特別措置

研究開発税制、地域未来投資促進税制、5G導入促進税制、デジタルトランスフォーメーション投資促進税制、カーボンニュートラル投資促進税制

（経済産業省資料）

❹ 実務のポイント

今回の改正により、大企業がイノベーション促進関係の税額控除の適用を受けるためのハードルが、さらに高くなりました。

5 オープンイノベーション促進税制の拡充

Question

いわゆるオープンイノベーション促進税制の期限が延長されるとともに、制度の拡充が図られるようですが、どのような内容でしょうか。

A オープンイノベーション促進税制の期限を、令和6年3月31日まで延長するとともに、我が国におけるオープンイノベーションのさらなる促進の観点から、必要な拡充が図られます。

ここが変わる

いわゆるオープンイノベーション促進税制について、対象会社の設立期間の拡充及び特定期間の短縮を行った上で、適用期限が2年間延長されます。

適用時期

今後公表される法令等により、ご確認ください。

解　説

❶ 改正前の内容

いわゆるオープンイノベーション促進税制とは、国内の事業会社又はその国内CVC（コーポレート・ベンチャーキャピタル）が、スタートアップ企業とのオープンイノベーションに向け、スタートアップ企業の新規発行株式を一定金額以上取得する場合には、その株式の取得価額の25%

174　第2編　令和4年度税制改正の具体的内容

が所得控除される制度です。令和2年度税制改正により創設されました。

[オープンイノベーション促進税制]

【制度の概要】
　事業会社が、令和2年4月1日から令和4年3月31日までの間に、一定のベンチャー企業の株式を出資の払込みにより取得した場合には、その株式の取得価額の25％相当額の所得控除を認める。ただし、特別勘定として経理した金額を限度とする。
　上記の適用を受けた事業会社が、当該株式を譲渡した場合や配当の支払を受けた場合等には、特別勘定のうち対応する部分を取り崩し、益金に算入する。ただし、特定期間（5年間）保有した株式については、この限りでない。

【適用対象となる一定のベンチャー企業の株式】
○オープンイノベーション性等の要件を満たすベンチャー企業に対する出資の払込みとして、経済産業大臣が証明※したものにより取得した株式。
　※出資後に企業から提出を受けた資料を、経済産業省において確認し、出資した年及び特定期間（5年間）中、経済産業大臣が証明。

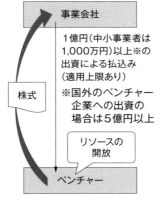

出し手の要件
・ベンチャー企業に直接又はCVCを通じて出資を行う国内の事業会社
・特定期間（5年間）中の報告義務

オープンイノベーション性の要件
・革新性：事業会社にとっての革新性
・リソース開放性：ベンチャーの成長への貢献
・ビジネス変革性：事業会社のビジネス変革に寄与する可能性

受け手の要件（ベンチャー企業）
・設立後10年未満の株式会社（新設設立を除く）
・非上場企業であること
・企業グループに属していないこと　　　　　　等

【特別勘定を取り崩して、損金算入となる場合】
・経済産業大臣の確認（オープンイノベーション性等の基準に適合することの証明）が取り消された場合
・株式の全部又は一部を有しなくなった場合　・配当の支払を受けた場合
・発行会社が解散した場合　・出資法人が解散した場合　　　　　等

（自由民主党税制調査会資料）

第3章　法人課税　175

具体的には、青色申告書を提出する法人で経営資源活用共同化推進事業者に該当するもの（以下「対象法人」という）が、令和２年４月１日から令和４年３月31日までの間に出資により特定株式を取得し、かつ、これを取得した日を含む事業年度終了の日まで有している場合において、その特定株式の取得価額（１件当たりの上限100億円）の25％以下の金額をその事業年度の確定した決算において特別勘定の金額として経理したときは、その経理した金額について原則として所得基準額を限度として損金の額に算入することができます。所得基準額とは、本制度を適用せず、かつ、特定株式の取得の日を含む事業年度において支出した寄附金の額の全額を損金の額に算入して計算した場合のその事業年度の所得の金額から、翌事業年度以降に繰り越される欠損金額がある場合のその欠損金額を差し引いた金額をいい、125億円が上限とされています。

　なお、特定株式とは、産業競争力強化法の新事業開拓事業者のうち同法の特定事業活動に資する事業を行う内国法人（既に事業を開始しているもので、設立後10年未満のものに限る）又はこれに類する外国法人（以下「特別新事業開拓事業者」という）の株式のうち、次の全ての要件を満たすことにつき経済産業大臣の証明に係る書類に記載された特別新事業開拓事業者の株式をいいます。

① 　対象法人が取得するもの又はその対象法人が出資額割合50％超の唯一の有限責任組合員である投資事業有限責任組合の組合財産等となるものであること。

② 　資本金の増加に伴う払込みにより交付されるものであること。

　　その払込金額が１億円以上（外国法人への払込みにあっては５億円以上）であること。中小企業者又は中小連結法人にあってはその払込金額が1,000万円以上であること。

③ 　対象法人が特別新事業開拓事業者の株式の取得等をする一定の事業活動を行う場合であって、その特別新事業開拓事業者の経営資源が、その一定の事業活動における高い生産性が見込まれる事業を行うこと又は新たな事業の開拓を行うことに資するものであることその他の基準を満たすこと。

❷ 改正の内容

今回の改正により、次の見直しを行った上で、その適用期限が2年延長されます。

［オープンイノベーション促進税制の拡充・延長］

- コロナ禍で世界の社会・ビジネス環境が目まぐるしく変わる中、オープンイノベーションの重要性は一層高まっている。
  ― 大企業は、自前主義を脱し、スタートアップが持つ革新的な技術やビジネスモデルを取り入れ、新しい領域へスピード感を持ってチャレンジをしていくことで、新たな勝ち筋を見出し、大胆な投資を実行する
  ― イノベーションの担い手であるスタートアップ企業は、本税制を通じ、大企業等が有する資金だけでなく、販路・技術・人材を活用することで、事業の成長に繋がる
- こうした動きを加速化するため、一定の要件を満たす場合には設立15年未満のスタートアップ企業も対象にするなどの拡充を行った上で、適用期限を2年間延長する。

改正概要　【適用期限：令和5年度末まで】

●5年間の株式保有
⇒ 保有期間を3年間に短縮【拡充】

出資：所得控除25％

出資法人：事業会社
（国内事業会社又はその国内CVC）

資金などの経営資源
革新的な技術・ビジネスモデル

出資先：スタートアップ
（設立10年未満の国内外非上場企業）
⇒ 設立15年未満も対象に追加【拡充】
（売上高研究開発費比率10％以上かつ赤字企業が対象）

（経済産業省資料）

(1) 特別新事業開拓事業者の設立期間要件

出資の対象となる特別新事業開拓事業者の要件のうち、設立の日以後の期間に係る要件について、売上高に占める研究開発費の額の割合が10％以上の赤字会社にあっては、設立の日以後の期間が、現行10年未満のところ15年未満になります。

⑵　特定株式の保有見込み期間要件

　対象となる特定株式の保有見込期間要件における保有見込期間の下限について、現行では特定株式の取得の日から５年であるところを、特定株式の取得の日から３年になります。

⑶　取崩し事由に該当した場合の特別勘定の取崩し

　この制度の適用を受けるためには、対象となる特定株式の取得価額の25％以下の金額を、特別勘定として経理する必要があり、対象法人は、その株式取得の日から一定期間、特別勘定を維持する必要があります。仮に、一定期間内に取崩し事由に該当した場合には、特別勘定を取り崩さなければならず、その取り崩した金額を、取り崩した事業年度の所得の計算上、益金へ算入することとされています。

　この一定期間について、現行では５年間ですが、改正により３年間になります。併せて、特定事業活動に係る証明の要件のうち、特定事業活動を継続する期間についても、同様に現行５年から改正により３年になります。

　なお、特別勘定の取崩し事由とは、次に掲げる場合が該当します。

①　特定株式につき経済産業大臣の証明が取り消された場合
②　特定株式の全部又は一部を有しなくなった場合
③　特定株式につき配当を受けた場合
④　特定株式の帳簿価額を減額した場合
⑤　特定株式を組合財産とする投資事業有限責任組合等の出資額割合の変更があった場合
⑥　特定株式に係る特別新事業開拓事業者が解散した場合
⑦　対象法人が解散した場合
⑧　特別勘定の金額を任意に取り崩した場合

⑷　改正の背景

　オープンイノベーション促進税制は、令和２年度税制改正によって創設された制度です。創設の背景には、日本における事業会社からスタートアップ企業への出資は諸外国に比べ極めて低調であり、我が国における人材・技術・資本のオープンイノベーションを促進し、ユニコーン級ベンチャーの育成を図り、日本企業の国際競争力を強化するねらいがあります。

このオープンイノベーション促進税制の創設により、昨年度はコロナ禍によりベンチャー投資の全体額が減少する中、事業会社によるスタートアップ企業への投資額が増加し、この税制の効果が一定程度あったものと認識される一方で、新型コロナウイルス感染症の影響により、事業会社が新規投資に対して慎重になるなどして、事業会社によるベンチャー投資は当初期待していた水準には至っていません。

　また、事業会社によるベンチャー投資は、米国や中国に比べて大きく水をあけられており、諸外国に大きな後れを取っています。さらに、ウィズコロナ・ポストコロナの世界において、来るDX等の急速な産業構造転換に迅速に対応し、既存の付加価値の向上と新たな付加価値の創出を実現するには、事業会社とベンチャー企業のオープンイノベーションをさらに加速することが不可欠であると考えられます。

[事業会社×スタートアップ企業のオープンイノベーションの具体事例①]

● 本制度はコロナ禍の2020年4月にスタート。コロナ禍で企業間の接触が難しい中でも、ヘルスケア・バイオ・宇宙など様々な分野で、新たな案件が成立。

①ヘルスケア

出資企業
高精度な血圧測定技術

＋

スタートアップ企業
心電図の解析技術

ビッグデータを活用し、血圧データと心電図の統合解析による心疾患リスクを予測するアルゴリズムを共同で開発。心疾患の発症予防の実現を目指す。

心電計付血圧計

②バイオ

出資企業
医薬品開発に係る技術・設備や顧客データ

スタートアップ企業
「腫瘍溶解性ウイルス」(※)に係る技術
(※)がん治療に有効なウイルス

出資企業が有する技術や設備等のリソースをスタートアップ企業に開放し、がん患者への負担の少ないがん治療薬の開発・展開を目指す。

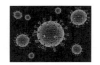

③宇宙

出資企業
水を電気分解し、水素化できる技術

＋

スタートアップ企業
月面に機械装置を着陸する技術

月面に存在する水を電気分解し、将来的な宇宙空間での水素エネルギーの利活用の実現を目指す。

（経済産業省資料）

［事業会社×スタートアップ企業のオープンイノベーションの具体事例②］

④AI

出資企業
自動車装置の開発に関する知見・環境

＋

スタートアップ企業
エッジコンピューティング用AI開発

自動車の周辺の障害物をAIによって検知し、**駐車場内での完全自動駐車**の技術を共同開発する。

⑤モビリティ（空飛ぶクルマ）

出資企業
自動車部品の設計・製造

＋

スタートアップ企業
空飛ぶクルマの開発

出資企業の設計技術、製造体制を活用し、**空飛ぶクルマの開発・量産**を目指す。

（経済産業省資料）

[事業会社によるスタートアップ投資の国際比較]

- 国際比較をすると、**日本における事業会社によるスタートアップ企業に対する投資額は極めて低い水準**。
- また、**スタートアップ企業に対するM&Aの件数においても欧米に比べ極めて少ない**。

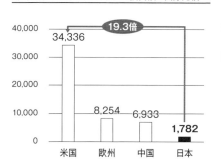

事業会社によるスタートアップ投資額の国際比較*1

*1:各国の2019年度のスタートアップ投資額
　（1ドル110.05円として円換算）
出所：(日本)INITIAL「Japan Startup Finance 2020」(日本以外)CB Insights「The 2019 Global CVC Report」

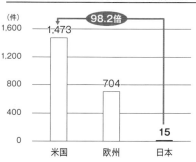

スタートアップ企業に対するM&Aの国際比較*2

*2:2018年度における創立から10年以内にM&Aされた案件数
出所：三菱総合研究所(2019)「大企業とベンチャー企業の経営統合の在り方に係る調査研究」(平成30年度産業経済研究委託事業)

（経済産業省資料）

　以上のことから、引き続き事業会社とベンチャー企業のオープンイノベーションを促すため、本税制の期限を令和6年3月31日まで延長するとともに、我が国におけるオープンイノベーションのさらなる促進の観点から、必要な見直しが図られました。

❸　実務のポイント

　法人住民税及び法人事業税についても、オープンイノベーション促進税制の拡充に関する国税の取扱いに準じ、所要の措置が講じられます。

6 地方拠点強化税制の見直し

Question

地方での雇用創出促進のため、地方拠点強化税制の見直しが行われると伺いましたが、どのような点について改正が行われたのでしょうか。

A 東京一極集中を是正する観点から、雇用者増加要件の撤廃や情報サービス事業部門の対象への追加など、地方に移転する企業の実態を踏まえた見直しを行った上で、適用期限が２年間延長されます。

ここが変わる

① 地方活力向上地域において特定建物等を取得した場合の特別償却又は税額控除制度につき、特定業務施設の範囲に、情報サービス事業部門に係る事務所を追加、及び中小企業者（適用除外事業者に該当するものを除く）以外の法人の取得価額要件が2,500万円以上に引き上げられます。
② 地方活力向上地域等において雇用者の数が増加した場合の税額控除制度（雇用促進税制）につき、適用要件を一部廃止するとともに、対象雇用者の範囲について一定の見直しが行われます。
③ 地域再生法等の改正を前提に、拡充型事業の対象となる地方活力向上地域の要件等について、一定の見直しが行われます。

適用時期

令和４年４月１日から令和６年３月31日までの間に、「地方活力向上地域等特定業務施設整備計画の認定」を受けた場合について適用されま

す。

解　説

❶　改正の背景

　地方において雇用を創出するためには、関係施策を総動員し、総合的に取り組んでいくことが必要となります。その中でも本税制は、本社機能の全部又は一部の地方移転や地方拠点の強化を検討する企業に対して、コスト面の支援という形でその経営判断を促すことによって、企業の本社機能の地方移転や拠点強化を実現し、それによって、地方において雇用を創出しようとする重要な政策手段の一つとされています。

　このことから、令和４年３月31日までとなっている本税制の適用期限を延長した上で、さらに本税制が企業の地方移転等のインセンティブとして有効に機能するよう、感染症の影響によるビジネス環境や企業動向の変化を踏まえた拡充が求められてきました。

❷　制度の概要

　地方での雇用を創出するため、企業が本社機能の全部又は一部を地方へ移転する場合や、地方にある拠点の強化を行う場合に建物等の取得価額や雇用者増加数に応じた税制優遇措置を受けることができます。

[地方における企業拠点の強化を促進する税制措置の拡充・延長]

1. 令和4年度税制改正要望の背景・課題

○ コロナ禍でテレワークやリモート会議の導入が進んだことで、**IT業や中小規模事業者**を中心に、本社機能移転への関心は高まっているものの、**大半が東京23区内や東京圏内に留まる傾向。**

○ コロナ禍を踏まえた地方創生を実現する観点から、東京圏からさらに一歩地方に踏み出して、**本社機能を地方に移転・分散化**し、**地方で雇用を創出**するよう、**企業のインセンティブを高める**ことが重要。

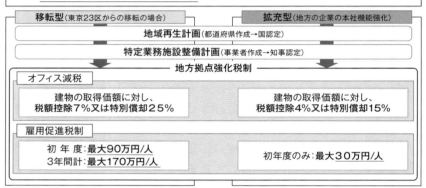

2. 令和4年度税制改正要望の結果

地方拠点強化税制(オフィス減税・雇用促進税制)について、**適用期限を2年間延長**(令和6年3月末まで)するとともに、
感染症の影響によるビジネス環境や企業動向の変化等を踏まえた、**適用要件の緩和等の拡充**を実現。

(1) 地方移転等のポテンシャルの高い事業者に対するインセンティブの向上
　＜IT・情報関連業等＞
　　□ 対象となる事業部門について、「**情報サービス事業部門(ソフトウェア開発を含む)**」を追加
　　□ 対象となる地域について、「事業者の立地を目的として地方自治体が**情報通信環境の整備を行っている地域**」を追加
　　□ 対象となる地方拠点について、他の条件(本社機能を有する等)を満たす限り、「**サテライトオフィス**」も含まれることを明記
　＜中小規模事業者＞
　　□ 整備計画の認定対象となる従業員の増加数(中小企業)について、**1名以上に緩和**【現行：2名以上】
　　□ 雇用促進税制の対象となる**従業員の増加数**について、要件を**廃止**【現行：2名以上の増加】

(2) 地方における雇用創出効果の高い事業者に対するインセンティブの向上
　　□ オフィス減税の対象となる地方拠点の整備期間について、**3年以内に延長**【現行：2年以内】
　　□ 雇用促進税制の対象となる**従業員**について、**地方拠点の整備完了前に新規雇用した従業員**を追加

(3) 事務手続きの負担軽減
　　□ **雇用促進計画の提出期限**について、整備計画の認定後、3か月以内に延長【現行：2か月以内】
　　　　　　　　　　　　　　※詳細な要件等については、後日、整備予定のガイドライン等を参照

(内閣府資料)

[地方拠点強化税制等の概要]

**地方拠点
強化税制**

地方拠点強化税制とは？

企業が本社機能の全部/一部を、

✓ **東京23区から地方に移転する場合**、

✓ **地方で拡充/東京23区以外から地方に移転する場合**、

オフィス減税や雇用促進税制の適用を受けることができます。

※都道府県から、一定の条件を満たす**事業計画の認定**を受けた企業が対象

**オフィス
減税**

オフィス減税とは？

地方で本社機能を有する施設を新設/増設する場合に、**建物等の取得価額に応じて、特別償却/税額控除を受けられます。**

✓ 対象となる施設：**事務所、研究所、研修所**（※工場や店舗は対象外）

※業種の指定はありませんが、営業や製造部門など特定部門の事務所は対象外

○東京23区から地方へ移転する場合（移転型事業）

特別償却：**25%** or 税額控除：**7%**

○地方で拡充する場合/東京23区以外から地方へ移転する場合（拡充型事業）

特別償却：**15%** or 税額控除：**4%**

**雇用促進
税制**

雇用促進税制とは？

地方で新たに従業員を雇い入れる場合などに、その増加数に応じて、**税額控除**を受けられます。

✓ 対象となる従業員：

地方で**新たに雇用**、または**地方に転勤**した従業員（※正規雇用）

※ 原則として、**企業全体で増加した従業員数が上限**

○移転型事業

初年度の税額控除　　　　　　　　　　：一人当たり、最大　**90万円**

3年間の適用期間における税額控除：一人当たり、最大**170万円**

このうち、**最大120万円**は、オフィス減税と**併用可能**

○拡充型事業

初年度の税額控除：一人当たり、最大**30万円**

※ 税額控除額は、要件によって異なります。詳細は担当部局までお問い合わせください。

（内閣府地方創生推進事務局パンフレット）

❸ 改正の内容

令和4年度税制改正による変更点は次のとおりです。

⑴ 特定業務施設、オフィス減税

① 地方活力向上地域等特定業務施設整備計画の認定期限が「認定日の翌日以後3年（現行2年）を経過する日まで」に延長されます。

② オフィス減税については、中小企業者（適用除外事業者に該当するものを除く）以外の法人の取得価額要件が2,500万円（現行2,000万円）以上に引き上げられます。

③ 特定業務施設の範囲に、情報サービス事業部門のために使用される事務所が加えられることになります。

⑵ 雇用促進税制

① 以下の要件が廃止されます。

地方事業所基準雇用者数のうち、有期雇用又はパートタイムである新規雇用者を除いた数が2人以上であること。

② 対象雇用者の範囲が以下のとおり変更されます。

(イ) 地方活力向上地域等特定業務施設整備計画の認定の日以後に特定業務施設以外の施設において新たに雇用された無期雇用かつフルタイムの要件を満たす雇用者で同日を含む事業年度終了の日において特定業務施設に勤務する者を加える。

(ロ) 有期雇用又はパートタイムである転勤者を除外する。

⑶ 地方活力向上地域等特定業務施設整備計画に係る認定要件

関係法令の改正を前提に、次の見直しが行われます。

① 拡充型事業の対象となる地方活力向上地域の要件が以下のとおり変更されます。

「事業者の立地を目的として地方公共団体によって産業基盤となる情報通信環境が整備され、又は整備を図るための具体的な計画の対象となっていること」との要件を満たす場合には、「産業の集積が形成されていること又は地方公共団体その他の者が定める産業の集積を図るための具体的な計画の対象となっていること」との要件を満たすことを不要とする。

② 常時雇用する要件について、以下のとおり変更されます。

常時雇用する従業員の数及び特定業務施設において増加させると見込まれる常時雇用する従業員の数について、中小企業者の場合は１人以上（現行２人以上）とする。

　また、雇用促進計画の提出期限を、地方活力向上地域等特定業務施設整備計画の認定の日から３月以内（現行：２月以内）とする見直しが行われます。

❹　実務のポイント

所得税についても同様の改正となります。

7 認定特定高度情報通信技術活用設備を取得した場合の特別償却又は税額控除の見直し

Question

第5世代移動通信システム（いわゆる5G）の導入に伴う税制優遇措置について、改正があるようですが、どのような内容でしょうか。

A 適用要件の緩和、対象資産の見直し等が行われた上で、適用期限が3年延長されることになります。

ここが変わる

(1) 適用要件の見直し

① 特定基地局開設計画に係る特定基地局（屋内等に設置するもの及び5G高度特定基地局を除く）の開設時期について要件が緩和されます。

② ローカル5Gシステムについては、一定の取組みであるものに限定されます。

(2) 対象資産の見直し

一定の周波数の電波を使用する無線設備の要件について一定の見直しが行われます。

(3) 税額控除率の見直し

事業供用日ごとに税額控除率の見直しが行われます。

適用時期

令和7年3月31日までの間に取得等をし、事業の用に供された資産について適用されます。

188 第2編 令和4年度税制改正の具体的内容

解　　説

❶　改正の背景

　5Gは、Society5.0の基幹インフラであり、その実現は、企業の生産性向上につながるだけでなく、防災やエネルギーなど、幅広い分野における社会課題解決に結びつくことが期待されるため、地域経済も含め、着実に普及していくことが必要とされています。

　また、5Gにより、サイバー空間と現実空間の高度な融合が実現することを踏まえれば、その基幹インフラには、高度の安全性・信頼性が求められ、この点は令和2年度税制改正要望時からさらに高まっており、諸外国においても安全・安心な5Gシステムの導入に向けた取組みが進むとともに、さまざまなベンダーの成長・参入を促すために必要なベンダー多様化・オープン化に対する期待が高まっています。

　このため、主務大臣の認定（①安全性・信頼性、②供給安定性、③オープン性等）に基づき、安全で信頼できる5Gインフラの普及及び多様なベンダー育成を促進するための税制上の措置が求められてきました。

❷　制度の概要

　青色申告書を提出する法人が、5Gサービスの提供に必要な投資について一定の要件を満たす設備の取得等を行った場合に、特別償却又は税額控除等の税制優遇措置を受けることができます。

第3章　法人課税　**189**

[５Ｇ投資促進税制（改正要望）]

● 　５Ｇは、工場のスマート化などの産業用途のほか、遠隔医療や防災等、社会課題の解決にもつながる、次世代の基幹インフラであり、信頼できるベンダーによる、安全・安心なシステムを早期に社会実装することが重要。
● 　５Ｇインフラに係るベンダーの多様化と基地局のオープン化に資する形で、より効果的に５Ｇインフラを整備するための所要の見直しを行う。

現行制度 【適用期限：令和３年度末まで】

全国・ローカル５Ｇ事業者

⬇ 提出

特定高度情報通信技術活用システム導入計画
（主務大臣の認定）

事業者（全国・ローカル５Ｇ事業者）が提出する
以下の基準を満たす計画を認定
＜認定の基準＞
①安全性・信頼性、②供給安定性、③オープン性

⬇ 設備導入

計画認定に基づく設備等の導入

対象設備の投資について、
課税の特例（税額控除等）

要望内容

＜課税の特例の内容＞

対象事業者	税額控除	特別償却
全国・ローカル５Ｇ事業者	15％	30％

（※）控除税額は、当期の法人税額の20％を上限。

＜対象設備＞
〇全国５Ｇ（前倒し整備分であって高度なもの）
　■送受信装置
　■空中線（アンテナ）
〇ローカル５Ｇ
　■送受信装置
　■空中線（アンテナ）
　■通信モジュール
　■交換設備
　■伝送路設備（光ファイバを用いたもの）

○適用期限を２年間延長する。（令和５年度末まで）
○ベンダーの多様化と基地局のオープン化に資する形で、より効果的に５Ｇインフラを整備するための所要の見直しを行う。

（経済産業省令和４年度税制改正要望）

❸　改正の内容

　令和４年度税制改正による変更点は次のとおりです。

(1)　適用要件の見直し

①　特定基地局が開設計画に係る特定基地局（屋内等に設置するもの及び５Ｇ高度特定基地局を除く）の開設時期が属する年度より前の年度に開設されたものであることとの要件を廃止し、５Ｇ高度特定基地局であることが要件に加えられます。

②　ローカル５Ｇシステムについては、導入を行うシステムの用途がローカル５Ｇシステムの特性を活用した先進的なデジタル化の取組みであるものに限定されます。

190　第２編　令和４年度税制改正の具体的内容

③　補助金等の交付を受けたものは除外されます。

(2)　対象資産の見直し

　3.6GHz超4.1GHz以下又は4.5GHz超4.6GHz以下、27GHz超28.2GHz以下又は29.1GHz超29.5GHz以下の周波数の電波を使用する無線設備の要件について、次の見直しが行われます。

①　3.6GHz超4.1GHz以下又は4.5GHz超4.6GHz以下の周波数の電波を使用する無線設備について、多素子アンテナを用いないものを加える。

②　マルチベンダー構成のものに限定する。

③　スタンドアロン方式のものに限定する。

(3)　税額控除率の見直し

　事業供用日ごとに次の見直しが行われます。

①　令和４年４月１日から令和５年３月31日まで　15％
　　（条件不利地域以外の地域内において事業の用に供した特定基地局の無線設備　９％）

②　令和５年４月１日から令和６年３月31日まで　９％
　　（条件不利地域以外の地域内において事業の用に供した特定基地局の無線設備　５％）

③　令和６年４月１日から令和７年３月31日まで　３％

［５Ｇ導入促進税制の見直し・延長］

● 「デジタル田園都市国家構想」の実現に向け、特に地方での基地局整備を加速化すべく制度を見直した上で、適用期限を３年間延長し、税額控除率を階段状にすることで、今後３年間での集中的な整備を促進する。

改正概要 【適用期限：令和６年度末まで】　＜課税の特例の内容＞

控除額は当期法人税額の２０％を上限

全国・ローカル５Ｇ導入事業者
　　　⬇ 提出

５Ｇシステム導入計画（主務大臣の認定）

事業者（全国・ローカル５Ｇ導入事業者）が提出する以下の基準を満たす計画を認定
＜認定の基準＞
①安全性・信頼性、②供給安定性、③オープン性

　　　⬇ 設備導入
計画認定に基づく設備等の導入

対象設備の投資について、課税の特例（税額控除等）

対象 事業者	税額控除		特別 償却
全国５Ｇ 導入事業者	条件不利地域 ※１	令和４年度：１５％ 令和５年度： ９％ 令和６年度： ３％	３０％
	その他地域	令和４年度： ９％ 令和５年度： ５％ 令和６年度： ３％	
ローカル ５Ｇ 導入事業者	令和４年度：１５％ 令和５年度： ９％ 令和６年度： ３％		３０％

＜対象設備＞

○全国５Ｇシステム※２、３
　■基地局の無線設備（屋外に設置する親局・子局）
○ローカル５Ｇシステム※４
　■基地局の無線設備
　■交換設備
　■伝送路設備（光ファイバを用いたもの）
　■通信モジュール

※１ 別途定める過疎地域等の条件不利地域を指す
※２ マルチベンダー化・ＳＡ（スタンドアロン）化したものに限る
※３ その他地域については、多素子アンテナ又はミリ波対応のものに限る（令和５年度末まで）
※４ 先進的なデジタル化の取り組みに利用されるものに限る

（経済産業省資料）

❹ 実務のポイント

① 固定資産税等に係る優遇措置適用の延長の有無
② 所得税においても同様の改正となります。

8 農林水産物・食品の輸出拡大に向けた税制上の措置の創設

Question

農林水産物・食品の輸出拡大に向けて、一定の設備投資について税制優遇措置が新設されたようですが、どのような内容でしょうか。

A 青色申告書を提出する法人が、一定の要件を満たす輸出事業用資産の取得等を行った場合に、割増償却が認められることになります。

ここが変わる

農林水産物及び食品の輸出の促進に関する法律（以下「同法」という）の改正を前提に、以下の規定が創設されます。

青色申告書を提出する法人で認定輸出事業者であるものが、同法の改正法の施行の日から令和6年3月31日までの間に、輸出事業用資産の取得等をして、その法人の輸出事業の用に供した場合には、5年間30％（建物及びその附属設備並びに構築物については、35％）の割増償却ができることとされます。

適用時期

改正法の施行日から令和6年3月31日までの間に、輸出事業用資産の取得等をして一定の事業の用に供した場合について適用されます。

解　説

❶　創設の背景

　現行の輸出促進法による支援は、輸出事業計画の認定による制度融資が措置されていますが、輸出関連設備の投資判断においては、その投資に関連した輸出事業の開始（拡大）に伴う資金繰り悪化が障害となっています。このため、輸出促進法を改正し、新たに設備投資に関する計画認定制度を追加することにより、同制度の利用を通じた輸出拡大に資する設備投資に関し、資金繰りを改善するための税制上の措置が求められてきました。

❷　改正の内容

⑴　対象となる事業者

　青色申告書を提出する法人

⑵　対象資産

　輸出事業用資産が対象となります。

　なお、「輸出事業用資産」とは、認定輸出事業計画に記載された輸出事業の用に供する施設に該当する機械装置、建物及びその附属設備並びに構築物のうち、次の要件等に該当するものをいいます。

①　食品産業の輸出向けHACCP等対応施設整備事業の対象でないこと。

②　農産物等輸出拡大施設整備事業による補助金の交付を受けないこと。

⑶　税制優遇措置

　普通償却限度額に以下の割増償却額が５年間上乗せされます。

　上記⑵の資産の普通償却限度額 × 30％

　（建物及びその附属設備並びに構築物については、35％）

　なお、割増償却は、輸出事業用資産の一定割合以上を輸出事業の用に供していることにつき証明された事業年度のみ、適用できることとされています。

❸　実務のポイント

①　本改正内容は、農林水産物及び食品の輸出の促進に関する法律の改正を前提としています。

②　所得税においても同様の改正となります。

第3章　法人課税　**195**

9 交際費等の損金不算入制度等の延長

Question

今回の改正で交際費等の損金不算入制度について何か動きはあるのでしょうか。

A 制度の見直しは行われず、現行制度の適用期間が2年間延長されました。

ここが変わる

適用期限が2年間延長されます。

制度自体は変わらないこととされているため、中小法人に係る損金算入の特例や接待飲食費に係る損金算入の特例も2年間延長されます。

適用時期

令和4年4月1日から令和6年3月31日までの間に開始する各事業年度において適用されます。

(注) 現行制度の適用期間は「平成26年4月1日から令和4年3月31日までの間に開始する各事業年度」となっていますが、これが「平成26年4月1日から令和6年3月31日までの間に開始する各事業年度」に変更されます。

解 説

❶ 改正の内容

法人が支出する交際費等の額は原則として損金の額に算入されません

が、資本金の額又は出資金の額（以下この制度の説明において「資本金の額」と記載）が一定の法人については、下記のとおり支出した交際費等の額のうち一定額の損金算入が認められています。

[交際費等の損金不算入制度等の概要]

期末の資本金の額 (注1)	定額控除限度額 （年800万円）の損金算入	接待飲食費 (注2) の 50％相当額の損金算入
1億円以下の法人 (注3)	○ (注4)	○ (注4)
1億円超 100億円以下の法人	×	○
100億円超の法人	×	×

（注1） 資本又は出資を有しない法人等は一定の方法により計算した金額が上表のいずれであるかによって判定。
（注2） 下記の交際費等から除かれる飲食費を除く。
（注3） 大法人による完全支配関係がある普通法人等はこの区分から除かれ、1億円超100億円以下の法人と同じ取扱いとなる。
（注4） いずれか有利な方を選択適用可能。

　なお、接待飲食費のうち一定の帳簿書類の保存要件を満たした1人当たり5,000円以下の飲食費についてはそもそも交際費等の範囲から除かれることとなるため、資本金の額を問わず全額が損金の額に算入されることとなります。
　今回の改正ではこれらの取扱いはそのまま存置され、その適用期間が2年間延長されることとなります。

❷　実務のポイント

① 　期末資本金の額が1億円以下の法人の場合、接待飲食費の額が1,600万円を超える場合には接待飲食費の50％相当額の損金算入を適用した方が有利となります。
② 　期末資本金の額が1億円以下の法人であっても大法人による完全支配関係がある場合等には定額控除限度額の適用ができないため、自社の資本金の額だけではなく親会社等の資本金の額にも注意が必要です。

第3章　法人課税　**197**

[定額控除限度額の損金算入]

[接待飲食費の50%相当額の損金算入]

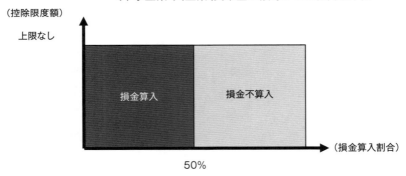

10　経済と環境の好循環の実現

Question

　環境と調和のとれた食料システムの確立のため新たな投資促進税制が新設されたとのことですが、どのような税制でしょうか。

> **A**　青色申告書を提出する法人が一定の認定を受け、環境負荷を低減させる一定の資産を取得して事業の用に供した場合には、特別償却の適用が認められることとなります。

ここが変わる

　環境と調和のとれた食料システムの確立のための環境負荷低減事業活動の促進等に関する法律（仮称）の制定を前提に以下の規定が創設され、一定要件を満たした場合、特別償却の適用が可能となります。
(1)　環境負荷低減事業活動用資産を取得した場合
　　・建物及び建物附属設備、構築物……取得価額×16%
　　・上記以外の減価償却資産……取得価額×32%
(2)　基盤確立事業用資産を取得した場合
　　・建物及び建物附属設備、構築物……取得価額×16%
　　・上記以外の減価償却資産……取得価額×32%

適用時期

　環境と調和のとれた食料システムの確立のための環境負荷低減事業活動の促進等に関する法律（仮称）の施行の日から令和6年3月31日までの間に一定の資産の取得等をして、一定の事業の用に供した資産に適用されます。

第3章　法人課税　199

解　説

❶　改正の背景

　農林水産業の持続可能性を確保する観点から、環境と調和した生産活動に取り組もうとする農林漁業者等を後押しすることが重要です。

　そこで、「環境と調和のとれた食料システムの確立のための環境負荷低減事業活動の促進等に関する法律」（仮称）において規定される予定の「環境負荷低減事業活動実施計画」（仮称）に基づき導入される、環境負荷の原因となる生産資材の使用量を減少させる設備等、及び、「基盤確立事業実施計画」（仮称）に基づき導入される、化学農薬・化学肥料に代替する生産資材を製造する設備に対し、税制上の新たな措置が創設されます。

❷　改正の内容

⑴　環境負荷低減事業活動用資産を取得した場合

① 　適用要件

　㈑　青色申告書を提出する農林事業者（当該農林漁業者が団体である場合におけるその構成員等を含む）であること。

　㈨　環境と調和のとれた食料システムの確立のための環境負荷低減事業活動の促進等に関する法律の環境負荷低減事業活動実施計画（仮称）又は特定環境負荷低減事業活動実施計画（仮称）の認定を受けること。

　㈩　環境負荷低減事業活動用資産の取得等をして、その法人の環境負荷低減事業活動（仮称）又は特定環境負荷低減事業活動（仮称）の用に供すること。

　　（注）　環境負荷低減事業活動用資産……認定環境負荷低減事業活動実施計画（仮称）又は認定特定環境負荷低減事業活動実施計画（仮称）に記載された環境負荷低減事業活動又は特定環境負荷低減事業活動の用に供する設備等に該当する機械その他の減価償却資産。

② 　税制優遇措置

200　第2編　令和4年度税制改正の具体的内容

（前提）取得価額100万円以上の環境負荷低減事業活動用資産

(イ) 次のいずれかに該当する設備等であること。

   ⓐ 慣行的な生産方式と比較して環境負荷の原因となる生産資材の使用量を減少させる設備等（異なる営農条件で有効性の確認が行われたものに限る）

   ⓑ 環境負荷低減事業活動（環境負荷の原因となる生産資材の使用量を減少させる生産方式による事業活動に限る）の安定に不可欠な設備等

(ロ) 機械装置及び器具備品にあっては、次のいずれにも該当するものであること。

   ⓐ 認定基盤確立事業実施計画（仮称）に従って行われる基盤確立事業（仮称）により生産されたものであること。

   ⓑ 一定期間内に販売されたモデルであり、上記ⓐの認定基盤確立事業実施計画の認定時点でその販売台数がその販売者の旧モデルの販売台数を下回っているモデル（ベンチャー企業等が初めて事業化したモデルを含む）のものであること。

（特別償却）

・建物及び建物附属設備、構築物……取得価額×16%

・上記以外の減価償却資産……取得価額×32%

(2) 基盤確立事業用資産の取得をした場合

① 適用要件

(イ) 青色申告書を提出する法人であること。

(ロ) 環境と調和のとれた食料システムの確立のための環境負荷低減事業活動の促進等に関する法律の基盤確立事業実施計画（仮称）の認定を受けること。

(ハ) 基盤確立事業用資産の取得等をして、その法人の一定の基盤確立事業の用に供すること。

   (注) 基盤確立事業用資産……認定基盤確立事業実施計画に記載された基盤確立事業の用に供する設備等に該当する機械その他の減価償却資産で、化学農薬又は化学肥料に代替する生産資材（普及割合が一定割合以下のものに限る）を製造する専門の設備等。

② 税制優遇措置

第3章 法人課税 **201**

（特別償却）

・建物及び建物附属設備、構築物……取得価額×16％

・上記以外の減価償却資産……取得価額×32％

❸ 実務のポイント

今後は下記公表に注目する必要があります。

① 環境と調和のとれた食料システムの確立のための環境負荷低減事業活動の促進等に関する法律（仮称）の施行日とその内容

② 環境負荷低減事業活動実施計画（仮称）、特定環境負荷低減事業活動実施計画（仮称）の内容、認定の要件、申請の方法

③ 基盤確立事業実施計画（仮称）の内容、認定の要件、申請の方法

［みどりの食料システム戦略（概要）］

持続可能な食料システムの構築に向け、「みどりの食料システム戦略」を策定し、中長期的な観点から、調達、生産、加工・流通、消費の各段階の取組とカーボンニュートラル等の環境負荷軽減のイノベーションを推進

現状と今後の課題

- ○生産者の減少・高齢化、地域コミュニティの衰退
- ○温暖化、大規模自然災害
- ○コロナを契機としたサプライチェーン混乱、内食拡大
- ○SDGsや環境への対応強化
- ○国際ルールメーキングへの参画

「Farm to Fork」戦略（20.5）
2030年までに化学農薬の使用及びリスクを50%減、有機農業を25%に拡大

「農業イノベーションアジェンダ」（20.2）
2050年までに農業生産量増加と環境フットプリント半減

農林水産業や地域の将来も見据えた持続可能な食料システムの構築が急務

目指す姿と取組方向

2050年までに目指す姿

- ▶農林水産業のCO2ゼロエミッション化の実現
- ▶低リスク農薬への転換、総合的な病害虫管理体系の確立・普及に加え、ネオニコチノイド系を含む従来の殺虫剤を代替する新規農薬等の開発により化学農薬の使用量（リスク換算）を50%低減
- ▶輸入原料や化石燃料を原料とした化学肥料の使用量を30%低減
- ▶耕地面積に占める有機農業の取組面積の割合を25%（100万ha）に拡大
- ▶2030年までに名目製造業における持続性に配慮した持続可能な調達を目指す
- ▶2030年までに食品企業における持続性に配慮した輸入原材料調達を目指す
- ▶エリートツリー等を林業用苗木の9割以上に拡大
- ▶ニホンウナギ、クロマグロ等の養殖において人工種苗比率100%を実現

戦略的な取組方向

2040年までに革新的な技術・生産体系を順次開発（技術開発目標）
2050年までに革新的な技術・生産体系の開発を踏まえ、今後「政策手法のグリーン化」を推進し、その社会実装を実現（社会実装目標）

※政策手法のグリーン化：2040年までに順次開発される技術の社会実装を支援する観点から、補助事業についてはその状況を踏まえつつ、補助事業とセットでのロスコンプライアンス要件の充実、環境負荷軽減メニューの充実を図る観点から、その時点において必要な規制を見直し。

ゼロエミッション
持続的発展

2020年 → 2030年 → 2040年 → 2050年

革新的技術・生産体系の速やかな社会実装

革新的技術・生産体系の開発・社会実装

開発されつつある技術の社会実装を順次実現

期待される効果

経済　持続的な産業基盤の構築
- ・輸入から国内生産への転換（飼料・肥料・原料調達）
- ・国産品の評価向上による輸出拡大
- ・新技術を活かした多様な働き方、生産者のすそ野の拡大

社会　国民の豊かな食生活
- ・生産者の雇用・所得増大
- ・生産者・消費者が連携した健康的な日本型食生活
- ・地域資源を活かした地域経済循環
- ・多様な人々が共生する地域社会

環境　将来にわたり安心して暮らせる地球環境の継承
- ・環境と調和した食料・農林水産業
- ・化石燃料からの切替えによるカーボンニュートラルへの貢献
- ・化学農薬・化学肥料の抑制によるコスト低減

アジアモンスーン地域の持続的な食料システムのモデルとして打ち出し、国連ルールメーキングに参画（国連食料システムサミット（2021年9月）など）

（農林水産省資料）

[みどりの食料システム戦略（具体的な取組）]

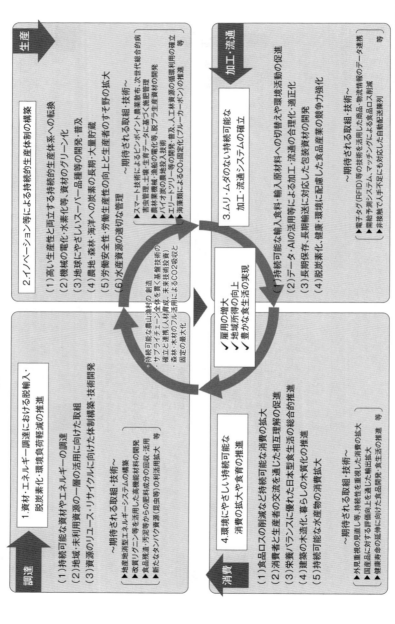

(農林水産省資料)

11 証拠資料のない簿外経費への対応策

Question

今回の税制改正で証拠書類のない簿外経費への対応策が図られたとのことですがどのような内容でしょうか。

A 税務調査の現場において、証拠書類を提示せずに簿外経費を主張する納税者や証拠書類を仮装して簿外経費を主張する納税者への対応策が図られます。

ここが変わる

今後、納税者が主張する簿外経費がその取引が行われたと認められない場合には損金不算入となります。

適用時期

令和5年1月1日以後に開始する事業年度から適用されます。

解　説

❶ 改正の背景

適正な記帳や帳簿保存が行われていない納税者は、真実の所得把握に係る税務当局の執行コストがかかり、行政制裁等を適用する際の立証に困難を伴うとされています。

また、記帳義務の不履行や税務調査時の簿外経費の主張等に対する不利益が納税者にはなく、悪質な納税者を利するような事例も生じています。

第3章　法人課税　**205**

［必要経費不算入・損金不算入の場合のイメージ］

（自由民主党税制調査会資料）

❷ 改正の内容

隠蔽仮装行為がある事業年度又は無申告の事業年度において、当該法人が確定申告書に記載しなかった売上原価の額又は費用の額等（資産の販売又は譲渡等に直接要する一定の費用の額を除く）は、下記の場合を除いて損金不算入となります。

① 法人が保存する帳簿書類等から売上原価の額又は費用の額等が生じたことが明らかである場合（災害その他やむを得ない事情により、帳簿書類の保存をすることができなかったことを法人において証明した場合を含む）。

② 保存する帳簿書類等により売上原価の額又は費用の額等に係る取引の相手先が明らか又は推測され反面調査等により税務署長がその費用が生じたと認める場合。

　（注）　隠蔽仮装……二重帳簿の作成、帳簿書類の隠匿、虚偽記載等

❸ 実務のポイント

法人がその事業年度の確定申告書を提出していた場合、その提出した確定申告書等に記載した売上原価の額及び費用の額等で課税標準等の計算の基礎とされていた金額は、本措置の対象から除外することとされています。

12 資本の払戻しに係るみなし配当の額の計算方法の見直し

Question

当社は利益剰余金を原資とする配当（利益配当）と資本剰余金を原資とする配当（資本配当）を同日に支払うことを計画しています。最近の判決では、これまでとは異なる判断が示され、みなし配当の額の計算が今改正において見直しがされると聞きました。どのような見直しが行われるのでしょうか。

A 全体を資本配当（資本の払戻し）と捉え、みなし配当部分と資本の払戻し部分（払戻等対応資本金額等）に区分することになりますが、資本の払戻しにおける払戻等対応資本金額等は、減少した資本剰余金の額を上限とします。

ここが変わる

　株主等である内国法人が資本の払戻し等により金銭等の交付を受けた場合、税法上は、交付金銭等のうち払戻し直前の払戻等対応資本金等を超える部分を「みなし配当」としていますが、その払戻等対応資本金額等については、減少した資本剰余金の額が上限とされることになります。

適用時期

　大綱には明記されていませんが、令和３年10月25日国税庁ホームページのお知らせにて「最高裁判所令和３年３月11日判決を踏まえた利益剰余金と資本剰余金の双方を原資として行われた剰余金の配当の取扱いについて」で、過去に遡って既に取扱い可能となっています。

第3章　法人課税　**207**

解　説

❶　改正の背景

　最高裁判所令和３年３月11日判決において、利益剰余金と資本剰余金の双方を原資として行われた剰余金の配当（以下「混合配当」という）が行われた場合における「株式又は出資に対応する部分の金額」の計算方法の規定について、一定の限度において、違法なものとして無効である旨判示されました。

　混合配当は、資本剰余金と利益剰余金を同時に減少して配当を行ったものとされ、その全体が資本の払戻しに該当することとしました。

　プロラタ計算を行って、減少した資本剰余金を超える「払戻等対応資本金額等」が計算される場合、プロラタ計算を規定する政令は、法人税法の趣旨に適合するものではなく、同法の委任の範囲を逸脱した違法なものとして無効というべきであるとしました。

❷　改正の内容

　みなし配当の額の計算方法等について、次の見直しを行います（所得税についても同様とする）。

① 　資本の払戻しに係るみなし配当の額の計算の基礎となる払戻等対応資本金額等及び資本金等の額の計算の基礎となる減資資本金額は、その資本の払戻しにより減少した資本剰余金の額を限度とします。

　（注）　出資等減少分配に係るみなし配当の額の計算及び資本金等の額から減算する金額についても、同様とします。

② 　種類株式を発行する法人が資本の払戻しを行った場合におけるみなし配当の額の計算の基礎となる払戻等対応資本金額等及び資本金等の額の計算の基礎となる減資資本金額は、その資本の払戻しに係る各種類資本金額を基礎として計算することとします。

❸　実務のポイント

　上記の取扱いは過去に遡って適用されますので、再計算を行った結

果、過去に行った申告内容等に異動が生じた株主等について、納付税額等が過大となる場合には、更正の請求を行うことができます。

　なお、法定申告期限等から５年を経過しているものについては、更正の請求を行うことができません。

[資本の払戻しに係るみなし配当の額の計算方法の見直し]

【現　行】
　会社法等による配当手続によって行われた株主に対する金銭等の分配ではないが、自己株式の取得などその経済的効果が配当と異なることがないもの等について、税法上、一定の金額を配当とみなして計算することとしている。また、会社法等による配当手続によるものであっても、資本の払戻しなど利益のみの分配と異なる取扱いとすべきものについてはみなし配当とすることとしており、税法上の「配当」として取り扱うのは、交付金額のうち投資元本の払戻し部分（払戻等対応資本金額等）を超える部分のみとしている。
　資本の払戻しに係る払戻等対応資本金額等は、直前の資本金等の額に減少資本剰余金割合を乗じて計算した金額とされている。
※払戻等対応資本金額等の計算は、種類株式を発行する法人が資本の払戻しを行った場合においても、同様の計算を行うこととされている。

<利益剰余金と資本剰余金の双方を原資とする剰余金の配当で、簿価純資産価額が直前の資本金等の額より小さい場合>

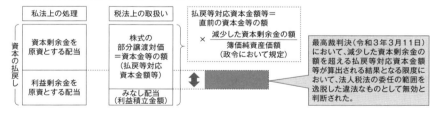

【見直し案】
○資本の払戻しにおける払戻等対応資本金額等は、減少した資本剰余金の額を上限とする。
○種類株式を発行する法人が資本の払戻しを行った場合におけるみなし配当の額の計算における払戻等対応資本金額等は、その資本の払戻しに係る各種類資本金額を基礎として計算することとする。

（自由民主党税制調査会資料）

13 固定資産の取得後に補助金等の交付を受けた場合の圧縮記帳制度の適用の明確化

Question

固定資産の取得後に補助金等の交付を受けた場合の圧縮記帳制度について明確化されるようですが、どのように明確化されるのでしょうか。

A 現在運用において認められていますが、今後法令上明確化しますので、公表される法令等をご確認ください。

ここが変わる

事後交付の場合の制度の適用は、現在運用において認められていますが、今改正において、その取扱いを法令上明確化します。

適用時期

現在運用において認められていますが、今後公表される法令等によりご確認ください。

解　説

❶ 改正の背景

圧縮記帳制度は、法人が、固定資産の取得等に充てるための補助金等の交付を受け、その交付の目的に適合した固定資産の取得等をした場合（事前交付）に制度の適用があることとされています。

国庫補助金等の交付を受けた後に固定資産の取得等をした場合は、そ

210　第2編　令和4年度税制改正の具体的内容

の取得等に充てた補助金等の額に相当する範囲内で圧縮記帳を適用することができます。

近年、法人が固定資産の取得等をした後に、補助金等の交付主体が、その固定資産の取得等がその交付の目的に適合する固定資産の取得等であることを確認して補助金等を交付する実務（事後交付）が一般的となっており、固定資産の取得等をした後に国庫補助金等の交付を受けた場合は、現在、法人税基本通達10－2－2により圧縮記帳ができることを明らかにしています。

法人税基本通達10－2－2によると、国庫補助金等の交付を受けた事業年度においては、法人が国庫補助金等の交付を受けた日の属する事業年度前の事業年度（その事業年度が連結事業年度に該当する場合には、当該連結事業年度）においてその交付の目的に適合する固定資産の取得等をしている場合には、その交付を受けた事業年度においてその固定資産につき圧縮記帳を適用することができます。この場合における圧縮限度額は、特別勘定を設けた場合の国庫補助金等で取得した固定資産等の圧縮限度額の規定に準じて計算した金額によります。

❷　改正の内容

次の制度について、固定資産の取得等の後に国庫補助金等の交付を受けた場合等の取扱いを法令上明確化します（次の①及び⑤の制度は、所得税についても同様とする）。

①　国庫補助金等で取得した固定資産等の圧縮額の損金算入制度
②　工事負担金で取得した固定資産等の圧縮額の損金算入制度
③　非出資組合が賦課金で取得した固定資産等の圧縮額の損金算入制度
④　保険金等で取得した固定資産等の圧縮額の損金算入制度
⑤　収用等に伴い代替資産を取得した場合の課税の特例

❸　実務のポイント

今後公表される法令等によりご確認ください。

第3章　法人課税　**211**

14 中小企業者等の少額減価償却資産の 取得価額の損金算入制度の見直し

Question

中小企業者等の少額減価償却資産の取得価額の損金算入制度（以下「本制度」と記載）について改正が行われた模様ですが、どのような改正内容となっているのでしょうか。

A 対象資産から、貸付け（主要な事業として行われる貸付けを除く）の用に供したものが除外され、制度の適用期限が2年間延長されることとなりました。

ここが変わる

① これまでは取得価額が30万円未満のものであれば全て本制度の対象となっていましたが、改正後は貸付けの用に供されたものは本制度の対象外となります。

ただし、その貸付けが主要な事業として行われる場合には引き続き本制度の対象となります。

② 本制度は令和4年3月31日までに取得した減価償却資産が対象とされていましたが、この期限が2年間延長されました。

適用時期

上記「ここが変わる」①の適用時期については税制改正大綱には明記されていません。

取得日判定となる場合には事業年度の中途で取扱いが変わることになるため、今後の情報に注意が必要となります。

212 第2編 令和4年度税制改正の具体的内容

解　説

❶　改正の内容

　上記「ここが変わる」①の改正の背景にはドローンなどの１台当たりの取得価額が低額な資産を用いた節税策があります。

　ドローンは１台当たりの価額が比較的低額なため本制度の適用を受けて一時に損金算入のメリットを受けつつ、そのドローンを貸し付けることにより数年間にわたりレンタル料を収受するという課税の繰延べが可能となっていました。

　他にも足場やLED電球などのレンタルが同様の節税対策として用いられていましたが、これらの節税策を防ぐために今回の改正が設けられた模様です。

　なお、取得価額が10万円未満である場合における少額減価償却資産の取得価額の損金算入制度や取得価額が20万円未満である場合における一括償却資産の損金算入制度についても同様の措置が設けられることとなります。

第３章　法人課税　**213**

[少額減価償却資産の特例措置の延長]

● 中小企業者等が**30万円未満**の減価償却資産を取得した場合、**合計300万円**までを限度に、**即時償却（全額損金算入）**することが可能。
● ①償却資産の管理などの事務負担の軽減、②事務処理能力・事務効率の向上を図るため、本制度の**適用期限を2年間延長**する。

改正概要 【適用期限：令和5年度末まで】
○適用対象資産から、貸付け（主要な事業として行われるものを除く。）の用に供した資産を除く

	取得価額	償却方法	
中小企業者等のみ	30万円未満	全額損金算入 （即時償却）	⬅ 合計300万円まで
全ての企業	20万円未満	3年間で均等償却※1 （残存価額なし）	本則※2
	10万円未満	全額損金算入 （即時償却）	

※1 10万円以上20万円未満の減価償却資産は、3年間で毎年1／3ずつ損金算入することが可能。
※2 本則についても、適用対象資産から貸付け（主要な事業として行われるものを除く。）の用に供した資産が除かれる。

（経済産業省資料）

❷ **実務のポイント**

　適用除外とされる「貸付けが主要な事業として行われる場合」がどの程度の場合を指すのかについて、今後の情報に注意が必要となります。

15 少額減価償却資産・一括償却資産の損金算入制度の見直し

Question

少額減価償却資産及び一括償却資産の損金算入制度（以下「本制度」と記載）について改正が行われた模様ですが、どのような改正内容となっているのでしょうか。

A 対象資産から、貸付け（主要な事業として行われる貸付けを除く）の用に供したものが除外されることとなりました。

ここが変わる

これまでは取得価額が10万円未満又は20万円未満のものであれば全て本制度の対象となっていましたが、改正後は貸付の用に供されたものは本制度の対象外となります。

ただし、その貸付けが主要な事業として行われる場合には引き続き本制度の対象となります。

適用時期

税制改正大綱には明記されていません。租税特別措置法の少額減価償却資産の特例のように取得日判定となる場合には事業年度の中途で取扱いが変わることになるため注意が必要となります。

解　　説

❶ 改正の内容

この改正の背景にはドローンなどの１台当たりの取得価額が低額な資

第3章　法人課税　**215**

産を用いた節税策があります。

　ドローンは1台当たりの価額が比較的低額なため本制度の適用を受けて一時に損金算入のメリットを受けつつ、そのドローンを貸し付けることにより数年間にわたりレンタル料を収受するという課税の繰延べが可能となっていました。

　他にも足場やLED電球などのレンタルが同様の節税対策として用いられていましたが、これらの節税策を防ぐために今回の改正が設けられた模様です。

　なお、中小企業者等に適用がある租税特別措置法の少額減価償却資産（取得価額が30万円未満の資産）の取得価額の損金算入の特例制度についても同様の措置が設けられることとなります。

[少額な減価償却資産の損金算入に関する制度]

取得価額	償却方法	適用対象者
30万円未満	即時償却 （年300万円まで）	中小企業者等のみ
20万円未満	3年間で均等償却	全ての法人
10万円未満	即時償却	全ての法人

（注）　改正後は上記全ての制度の対象資産から貸付の用に供した資産が除かれる。

❷　実務のポイント

① 　この改正制度の適用が除外される「貸付けが主要な事業として行われる場合」がどの程度の場合を指すのかについて、今後の情報に注意が必要となります。

② 　取得価額が10万円未満又は20万円未満である減価償却資産のうち本制度を適用した資産は償却資産税の対象から除外されますが、改正後は貸付の用に供した資産は本制度の適用ができなくなるため償却資産税の対象となる可能性があります。こちらも今後の情報に注意が必要となります。

16 グループ通算制度の見直し

① 投資簿価修正制度の見直し

Question

通算グループから通算子法人が離脱する場合の、通算子法人株式の譲渡原価の計算について改正されるようですが、どのように改正されるのでしょうか。

A グループ通算制度ではグループ離脱時の、通算子法人株式の譲渡原価の計算を税務上の簿価純資産を元に計算するような仕組みとなっていましたが、これでは子法人買収時の買収プレミアム相当額を税務上の損金として算入できなくなってしまうことが問題視されていました。

今回の改正で、グループ離脱時における各法人の確定申告において一定の計算明細を添付し、その計算の基礎となる事項を記載した書類を保存している場合には、離脱時に子法人株式の帳簿価額とされる簿価純資産価額に資産調整勘定等対応金額を加算することができる調整計算が行われます。

ここが変わる

グループ内における利益・損失の二重計上を排除する目的で、グループから通算子法人が離脱する場合、通算法人はその保有する株式等の帳簿価額についてその資産調整勘定等対応金額を加算できる措置が設けられます。

第3章 法人課税 **217**

適用時期

　大綱上は明記されていませんが、令和4年4月1日以後開始事業年度から連結納税制度がグループ通算制度に移行しますので同日より適用されるものと思われます。

　今後公表される法令等によりご確認ください。

解　　説

❶　現行制度の概要

　グループ通算制度において通算子法人の株式を譲渡することとなる場合には、取得価額にかかわらず、その通算子法人の税務上の簿価純資産価額を基準として譲渡損益が計算されることとされます。

　その結果、買収プレミアム相当については、株式の譲渡時の譲渡原価を構成しないため、単体納税や従来の連結納税のケースと比べ多額の譲渡益が認識される場合も想定されます。

❷　改正の概要

⑴　改正の趣旨等

　改正前のグループ通算制度では、グループ離脱時の通算子法人株式の帳簿価額は離脱直前の税務上の簿価純資産価額に相当する金額とされていたことから、M&Aにより簿価純資産価額を超える価額で取得した通算子法人株式を第三者に譲渡する場合には、通算親法人において、買収プレミアム部分を損金（譲渡原価）に算入することができませんでした。

　そのためグループ通算制度移行前の連結納税制度よりも不利になる場合が想定されることから、この点を是正する投資簿価修正の見直しが行われました。

⑵　改正の内容

　通算子法人の離脱時にその通算子法人の株式を有する各通算法人が、その株式（子法人株式）に係る資産調整勘定等対応金額について離脱時

218　第2編　令和4年度税制改正の具体的内容

の属する事業年度の確定申告書等にその計算に関する明細書を添付し、かつ、その計算の基礎となる事項を記載した書類を保存している場合には、離脱時に子法人株式の帳簿価額とされるその通算子法人の簿価純資産価額にその資産調整勘定等対応金額を加算することができます。

ただし、対象となる通算子法人からは、主要な事業が引き続き行われることが見込まれていないことにより通算制度から離脱する通算子法人は除かれます。

(3) 資産調整勘定等対応金額とは

通算子法人の通算開始・加入前に通算グループ内の法人が時価取得した子法人株式の取得価額のうち、その取得価額を合併対価としてその取得時にその通算子法人を被合併法人とする非適格合併を行うとした場合に資産調整勘定又は負債調整勘定として計算される金額に相当する金額をいい、子法人株式の時価取得が段階的に行われる場合又は通算グループ内の複数の法人により行われる場合には、各通算法人の各取得時における調整勘定として計算される金額に対応する金額に取得株式数割合を乗じて計算した金額の合計額となります。

また、通算子法人を被合併法人等とする非適格合併等が行われた場合には、資産調整勘定等対応金額は零となります。

事 例

当社（A社）は親法人であり、B社の発行済株式の100％を10,000で取得した（買収時点のB社の簿価純資産価額3,000、買収プレミアム相当額7,000）。

取得後、累計では利益を1,000計上しているが、直近では赤字決算が続いている。

X４年10月１日、B社の株式の全てを資本関係のないC社に3,000（譲渡直前の簿価純資産額4,000）で譲渡することになった。

なお、加入・離脱時の資産の時価評価を行う場合には該当しない。

第3章　法人課税　**219**

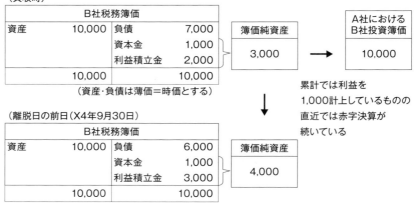

① 連結納税制度の場合
　(イ)　投資簿価修正
　　　買収後のB社の利益積立金の増加額1,000を帳簿価額に加算してB社株式の譲渡原価とするため帳簿価額を修正する。
　　　投資簿価修正後のB社株式の譲渡原価は11,000
　　　(借)B 社 株 式　　1,000　　(貸)利益積立金　　1,000
　(ロ)　株 式 譲 渡
　　　(借)現 金 預 金　　3,000　　(貸)B 社 株 式　　11,000
　　　　　譲 渡 損　　8,000
② グループ通算制度（現行制度）の場合
　(イ)　投資簿価修正
　　　B社の税務上の簿価純資産価額を基準として譲渡損益を計算するため、B社株式の帳簿価額10,000と譲渡の前日の簿価純資産価額4,000との差額6,000を減額修正する。
　　　投資簿価修正後のB社株式の譲渡原価は4,000
　　　(借)利益積立金　　6,000　　(貸)B 社 株 式　　6,000
　(ロ)　株 式 譲 渡
　　　(借)現 金 預 金　　3,000　　(貸)B 社 株 式　　4,000
　　　　　譲 渡 損　　1,000
③ 改正によるグループ通算制度の場合

（イ）　投資簿価修正

　譲渡直前のB社簿価純資産価額4,000に資産調整勘定等対応金額（10,000－3,000＝7,000…買収プレミアム部分）を加算した金額を譲渡原価とするため、投資簿価修正後の譲渡原価は4,000＋7,000＝11,000となり、10,000との差額の1,000を加算する。

　投資簿価修正後のB社株式簿価11,000を譲渡原価とする。

　（借）B　社　株　式　　　1,000　　　（貸）利益積立金　　　1,000

（ロ）　株　式　譲　渡

　（借）現　金　預　金　　　3,000　　　（貸）B　社　株　式　　11,000

　　　　譲　渡　損　　　8,000

　以上の結果、連結納税制度においてはB社株式を譲渡すると譲渡損が8,000計上されますが、グループ通算制度（現行制度）においては買収プレミアム金額を除いて1,000の譲渡損しか計上されません。

　改正後は、買収時の買収プレミアムに相当する金額がB社投資簿価に加算され、その分の譲渡損が損金に算入される結果となります。

⑤　手　続　等

　適用を受けるに当たり、離脱時の属する事業年度の確定申告書等に計算に関する明細書を添付及び計算に関する事項を記載した書類の保存が義務となります。

❸　実務のポイント

①　大綱には「資産調整勘定等対応金額は、通算子法人を被合併法人とする非適格合併等が行われた場合には零とする」と記載されています。現金対価の合併等と、第三者からの株式取得はいずれも対価が現金である点は同じですが、取引当事者及び株主の課税関係が異なります。

②　のれん（資産調整勘定等対応金額）に相当する金額は譲渡原価に含まれることになります。

③　資産調整勘定等対応金額の計算は、通算子法人の「取得時」に遡って行う必要があります。また、譲渡原価の適用に当たっては、離脱時の属する事業年度の確定申告書等に計算の明細添付が必要となります。そのため取得時（買収時）の通算子法人の時価純資産を把握する

第3章　法人課税　221

ための情報（含み損益資産の有無、当該資産の当時の時価情報）を適切に管理する必要があります。

④　子法人株式の時価取得が段階的に行われる場合に、一部の取得に係る資産調整勘定等対応金額が不明である場合には、残りの資産調整勘定等対応金額が明らかな金額についてのみ、この措置を受けることができるのか今後公表される法令等によりご確認ください。

⑤　主要な事業が引き続き行われることが見込まれていないことにより通算制度から離脱等に伴う資産の時価評価制度の適用を受ける法人は除かれています。

⑥　連結納税制度からグループ通算制度に移行したグループの連結開始・加入子会社についても対象となります。

⑦　資産調整勘定等対応金額は、通算子法人を被合併法人等とする非適格合併等が行われた場合には零となります。

② 離脱時の時価評価制度の見直し

Question

通算制度からの離脱等に伴う時価評価制度について、時価評価資産から除外される資産が見直されるようですが、どのように見直されるのでしょうか。

A 通算制度からの離脱等に伴う資産の時価評価制度について、時価評価資産から除外される資産から帳簿価額1,000万円未満の営業権が除外され、時価評価しなければならないことになります。

ここが変わる

離脱時の時価評価について、帳簿価額1,000万円未満の営業権が時価評価されることになります。

適用時期

大綱上は明記されていませんが、令和4年4月1日以後開始事業年度から連結納税制度がグループ通算制度に移行しますので同日より適用されるものと思われます。

今後公表される法令等によりご確認ください。

解　説

❶　現行制度の概要

グループ通算制度では、通算グループから離脱した法人が次に掲げる事由に該当する場合には、それぞれ次の資産について離脱直前の事業年度において、時価評価により評価損益の計上を行うこととされています。

第3章　法人課税　**223**

[離脱時の時価評価制度]

時価評価を行う事由	対象となる資産
① 主要な事業を継続することが見込まれていない場合（離脱の直前における含み益の額が含み損の額以上である場合を除く）	固定資産（営業権を含む）、土地等、有価証券（売買目的有価証券等を除く）、金銭債権及び繰延資産（これらの資産のうち帳簿価額1,000万円未満のもの及びその含み損益が資本金等の額の2分の1又は1,000万円のいずれか少ない金額未満のものを除く）
② 帳簿価額が10億円を超える上記①の資産の譲渡損失等による損失を計上することが見込まれ、かつ、その離脱法人の株式の譲渡等による損失が計上されることが見込まれている場合	その資産

❷ 改正の概要

　改正前のグループ通算制度では、連結納税制度において規定されていなかった離脱法人の離脱時における資産の時価評価が新設されました。改正前は帳簿価額が1,000万円に満たない資産は時価評価の対象外とされていましたが、本改正では帳簿価額が1,000万円未満の営業権については除外されず、時価評価の対象となる改正が行われます。

[改正の概要]

[離脱時の時価評価制度]

時価評価を行う事由	対象となる資産
①　主要な事業を継続することが見込まれていない場合（離脱の直前における含み益の額が含み損の額以上である場合を除く）	固定資産（営業権を含む）、土地等、有価証券（売買目的有価証券等を除く）、金銭債権及び繰延資産（これらの資産のうち帳簿価額1,000万円未満のもの（営業権を除く）及びその含み損益が資本金等の額の2分の1又は1,000万円のいずれか少ない金額未満のものを除く）
②　帳簿価額が10億円を超える上記①の資産の譲渡損失等による損失を計上することが見込まれ、かつ、その離脱法人の株式の譲渡等による損失が計上されることが見込まれている場合	その資産

❸　実務のポイント

　離脱する通算子法人について、離脱時に時価評価の適用がある場合には、営業権の時価評価が必須となります。

第3章　法人課税　**225**

③ 通算税効果額の範囲の見直し

Question

　連結納税制度を採用している3月決算の連結親法人です。令和4年4月1日以後開始する事業年度からグループ通算制度に移行します。納税は7月末に行い、後日、法人税・地方法人税相当額及び利子税相当額を子法人から精算金として受け取っています。この場合、子法人から精算金として受け取った利子税相当額は益金算入していますが、グループ通算制度に移行した場合においても取扱いは変わりませんか。

A　受け取った親法人は益金算入、支払った子法人は損金算入するべきものとして明確化されます。

ここが変わる

　利子税の額に相当する金額として、各法人間で授受する金額は、通算税効果額から除外されます。

適用時期

　大綱上は明記されていませんが、令和4年4月1日以後開始事業年度から連結納税制度がグループ通算制度に移行しますので同日より適用されるものと思われます。

　今後公表される法令等によりご確認ください。

解　　説

❶　現行制度の概要

利子税について規定はありません。

❷　改正の概要

⑴　改正の趣旨等

　グループ通算制度では、連結納税制度と同様にグループ内の損益通算等により減少した法人税・地方法人税相当額（通算税効果額）を通算法人間で精算金として授受することが想定されます。通算税効果額については支払った通算法人は損金不算入、受け取った通算法人は益金不算入として扱われます。

　連結納税制度では、法人税及び地方法人税の附帯税である利子税について益金不算入、損金不算入となる通算税効果額から除外する規定がありましたが、改正前のグループ通算制度では規定されていませんでした。

　利子税の支払は、法人税・地方法人税と異なり損金算入されるものであることから、グループ間で利子税相当額の授受が行われた場合には、それを損金算入及び益金算入するべきものと考えられることから、本改正で連結納税制度と同様に明確化されます。

⑵　改正の内容

　益金不算入及び損金不算入の対象となる通算税効果額から、利子税の額に相当する金額として各通算法人間で授受される金額が除外されます。

⑶　通算税効果額とは

　「通算税効果額」とは、損益通算、欠損金の通算及びその他のグループ通算制度に関する法人税法上の規定を適用することにより減少する法人税及び地方法人税の額に相当する金額として、通算会社と他の通算会社との間で授受が行われた場合に益金の額又は損金の額に算入されない金額を通算税効果額といいます。

第3章　法人課税　227

❸ 実務のポイント

① グループ通算制度では、連結納税と同様にグループ内の損益通算等により減少する法人税・地方法人税相当額（通算税効果額）を通算法人間で精算金として受渡しされます。支払った通算法人は損金不算入として、受け取った通算法人は益金不算入として扱います。

② グループ通算制度では、グループ間で利子税相当額の授受が行われた場合には、支払った通算法人は損金算入として、受け取った通算法人は益金算入として扱います。

④ 支配関係５年継続要件の見直し

Question

　グループ通算制度の施行に伴い、支配関係が５年継続要件の特例について、判定方法や特例の適用除外の範囲について見直されるようですが、具体的にはどのように見直されるのでしょうか。

　A　支配関係の判定について、グループ通算承認日の５年前の日後に設立された通算親法人について、設立日からの支配関係の有無の判定は、「通算親法人」と「他の通算法人のうち最後に支配関係を有することとなった日（改正前：設立日）の最も早いもの」との間で行うものとされます。
　　また、通算子法人の判定において、自己を合併法人とする適格合併で他の通算子法人の支配関係法人（通算法人を除く）を被合併法人とするもの等が行われた場合について特例の適用除外の範囲に追加され、通算グループ内の法人間の組織再編成を特例の適用から除外される組織再編成から除外されます。

ここが変わる

　共同事業性がない場合等の通算法人の欠損金額の切捨て、共同事業性がない場合等の損益通算の対象となる欠損金額の特例及び通算法人の特定資産に係る譲渡等損失額の損金不算入の適用除外となる要件のうち支配関係５年継続要件について見直されます。

第３章　法人課税　**229**

[支配関係5年継続の開始・加入時の欠損金等の制限の概要]

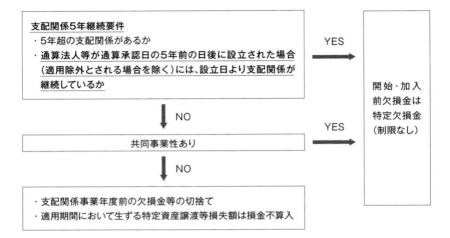

適用時期

　大綱上は明記されていませんが、令和4年4月1日以後開始事業年度から連結納税制度がグループ通算制度に移行しますので同日より適用されるものと思われます。
　今後公表される法令等によりご確認ください。

解　説

❶　現行制度の概要

(1)　通算承認日の5年前の日後に設立された通算親法人における判定
　「通算親法人」と「他の通算法人のうちその設立の日の最も早いもの」との間に通算親法人の設立の日と他の通算法人の設立の日のうち最も早い日を比較していずれか遅い日から継続して支配関係がある場合に支配関係5年継続要件を満たすことになります。
(2)　通算法人等が通算承認日の5年前の日後に設立された場合における

判定

　通算法人等が５年前の日後に設立された場合で、その通算法人の設立日又は通算親法人の設立日のいずれか遅い日から支配関係がある場合は、支配関係５年継続要件を充足するものとされる特例がありますが、一定の組織再編成等が行われていた場合には、この特例は適用されません（特例の適用除外）。

❷　改正の概要

　共同事業性がない場合等の通算法人の欠損金額の切捨て等の制限の適用除外となる要件のうち支配関係５年継続要件について次の点が見直されます。

⑴　**通算承認日の５年前の日後に設立された通算親法人における判定**

　「通算親法人」と「他の通算法人のうち最後に支配関係を有することとなった日の最も早いもの」との間に通算親法人の設立の日と他の通算法人の設立の日のうち最も早い日のいずれか遅い日から継続して支配関係がある場合には、支配関係５年継続要件を満たすことになります。

⑵　**通算法人等が通算承認日の５年前の日後に設立された場合における判定**

　通算法人等が通算承認日の５年前の日後に設立された場合における判定について、支配関係５年継続要件を充足するものとされる特例がありますが、一定の組織再編成等が行われていた場合には、この特例は適用されません（特例の適用除外）。

　この特例の適用除外の範囲について見直されます。

①　通算子法人の判定において、自己を合併法人とする適格合併で他の通算子法人の支配関係法人（通算法人を除く）を被合併法人とするもの及び自己が発行済株式等を有する内国法人（通算法人を除く）で他の通算子法人の支配関係法人であるものの残余財産の確定を特例の適用から除外される組織再編成に追加します（適用除外の拡大）。

②　通算グループ内の法人間の組織再編成を特例の適用から除外される組織再編成から除外します（適用除外の縮小）。

第３章　法人課税　**231**

❸ 実務のポイント

①　支配関係 5 年継続が見直されるため、連結納税を経ずにグループ通算制度を採用する予定の法人は、支配関係 5 年継続要件の充足の可否を改めて確認することが必要です。

②　一定の組織再編成等が行われていた場合には、支配関係 5 年継続要件を満たさず、欠損金の切捨て等の制限を受けることとなりますので、合併や残余財産の分配が行われている場合には注意が必要です。

③　適用除外から除外されることとなる「通算グループ内の法人間の組織再編成」の範囲について今後公表される法令等によりご確認ください。

⑤ 欠損金の損金算入の特例計算

Question

認定事業適応法人の欠損金の損金算入の特例（資本金が1億円超でも繰越欠損金の控除上限が最大100%とされる特例）の適用を受ける場合の非特定超過控除対象額の配付方法が見直されるそうですが、どのように見直されるのでしょうか。

A 通算法人で行った設備投資額をその通算法人で利用しきれなかった場合には、その利用しきれない設備投資額で一定の金額（非特定超過控除対象額）を各通算法人に配賦し、各通算法人で利用できるようになります。

ここが変わる

認定事業適応法人の欠損金の損金算入の特例(注)における欠損金の通算の特例について、各通算法人の控除上限に加算する非特定超過控除対象額の配賦は、非特定欠損控除前所得金額から本特例を適用しないものとした場合に損金算入されることとなるその特例十年内事業年度に係る非特定欠損金相当額を控除した金額（現行：非特定欠損控除前所得金額）の比によることとする等、見直されます。

(注) 認定事業適応法人の欠損金の損金算入の特例とは

青色申告書を提出する法人（資本金の額が1億円超の法人）が、一定の期間内に「事業適応計画」の認定を受けた場合において、その認定された計画に基づいて投資を行ったときは、原則として令和2年度及び令和3年度に生じた欠損金額を、翌期以後、最大で5年間、欠損金の繰越控除前の所得金額の範囲内（最大で100%）で損金算入することができる特例措置（繰越欠損金の控除上限が50%であるものが最大で100%まで引き上げられる）です。

したがって、設備投資額の範囲内で一定の金額を、損金算入するこ

第3章 法人課税 **233**

とができる繰越控除額に加算することができます。

適用時期

　大綱上は明記されていませんが、令和4年4月1日以後開始事業年度から連結納税制度がグループ通算制度に移行しますので同日より適用されるものと思われます。
　今後公表される法令等によりご確認ください。

解説

❶　現行制度の概要

　産業競争力強化法上の事業適応計画の認定を受けた企業について、コロナ禍により生じた欠損金がある場合、最長5事業年度の間、欠損金の繰越控除前の所得の金額（その所得の金額の50％を超える部分については、事業適応計画に従って行った累積の投資金額に達するまでの金額）の範囲内で損金算入される制度です。

［投資額と控除上限の関係のイメージ］

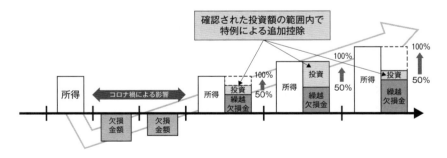

（経済産業省「「繰越欠損金の控除上限」の特例ガイドライン」）

(1)　欠損対象事業年度
　・令和2年4月1日から令和3年4月1日までの期間内の日を含む事業

年度（一定の場合には、令和２年２月１日から同年３月31日までの間に終了する事業年度及びその翌事業年度）

(2)　欠損金の控除限度額

・翌期以後最大５年間、100％控除可能

(3)　非特定超過控除対象額の各通算法人への配賦計算

・非特定超過控除対象額×①／②

　　①　当該通算法人の非特定欠損控除前所得金額

　　②　通算グループの非特定欠損控除前所得金額の合計額

❷　改正の概要

　認定事業適応法人の欠損金の損金算入の特例（本特例）の適用を受ける場合の非特定超過控除対象額の配賦方法が見直されます。

　具体的には、通算法人で行った設備投資額をその通算法人で利用しきれなかった場合には、その利用しきれない設備投資額で一定の金額（非特定超過控除対象額）を各通算法人に配賦し、各通算法人で利用することができる配賦計算について見直されます。

●非特定超過控除対象額の各通算法人への配賦計算

・非特定超過控除対象額×①／②

　　①　当該通算法人の非特定欠損控除前所得金額−本特例を適用しないものとした場合に損金算入されることとなる非特定欠損金相当額

　　②　通算グループの非特定欠損控除前所得金額の合計額−本特例を適用しないものとした場合に損金算入されることとなる非特定欠損金相当額

❸　実務のポイント

①　実務に利用可能な金額の比で配賦されることとなりますので、欠損金の繰越控除による損金算入額が減少することはないと思われます。

②　通算グループへの非特定超過控除対象額の具体的な配賦計算は、今後公表される法令等によりご確認ください。

第３章　法人課税　**235**

17 完全子会社等の配当に係る源泉徴収の見直し

Question

当社は毎期、発行済株式の100%を保有する親会社に対して配当金を支払っています。今年度税制改正で、完全子会社等の配当に係る源泉徴収の見直しが行われるようですが、どのような見直しが行われるのでしょうか。

A 完全子法人株式等（持株比率100%）及び関連法人株式等（持株比率3分の1超）に係る配当等については、所得税が課税されず、その配当等に係る所得税の源泉徴収が廃止されます。

ここが変わる

完全子法人株式等及び関連法人株式等に係る配当等について、配当等の支払時における源泉所得税の徴収義務がなくなり、納税に係る事務負担が軽減されます。

適用時期

令和5年10月1日以後に支払を受けるべき配当等について適用されます。

解　説

❶ 改正の趣旨等

配当等の支払が行われる場合、支払側の法人で所得税及び復興特別所得税の源泉徴収（上場株式等の場合15.315%、非上場株式等の場合

236　第2編　令和4年度税制改正の具体的内容

20.42％）が行われます。配当等の受取側が法人の場合、確定申告においてその源泉所得税相当額の税額控除を行います（源泉所得税相当額が所得に対する法人税額を上回る場合には還付となる）。

受取配当等の益金不算入の規定における完全子法人株式等に係る配当等の額及び負債利子等を控除した関連法人株式等に係る配当等の額はその全額が益金不算入のため、法人税が課されないにもかかわらず、配当等の支払時に源泉徴収を行っていることから、控除すべき源泉所得税相当額が所得に対する法人税額を上回った場合には還付（還付加算金も上乗せ）となり、源泉徴収事務と還付事務の両方が生ずる状態となっていました。

また、会計検査院「令和元年度決算検査報告」では、法人税が課されない、上記株式等に係る配当等につき、源泉所得税の対象としていることについて、効率性・有効性等を高める検討を行うべきとの指摘があり、今年度改正でその見直しが行われました。

[所得税控除の適用による源泉所得税の精算手続]

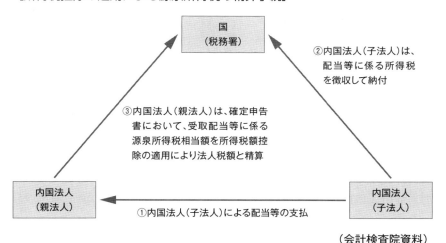

（会計検査院資料）

❷ 改正の内容

一定の内国法人が支払を受ける配当等で次に掲げるものについては、

所得税を課さないこととし、その配当等に係る所得税の源泉徴収を行わないこととするほか、これに伴う所要の措置を講じます。
① 完全子法人株式等（株式等保有割合100％）に該当する株式等に係る配当等
② 配当等の支払に係る基準日において、当該内国法人が直接に保有する他の内国法人の株式等（当該内国法人が名義人として保管するものに限る。以下同じ）の発行済株式等の総数等に占める割合が3分の1超である場合における当該他の内国法人の株式等に係る配当等
　（注）「一定の内国法人」とは、内国法人のうち、一般社団法人及び一般財団法人（公益社団法人及び公益財団法人を除く）、人格のない社団等並びに法人税法以外の法律によって公益法人とみなされている法人以外の法人をいいます。

［完全子法人から親法人への配当の支払に係る源泉徴収と清算の流れ］

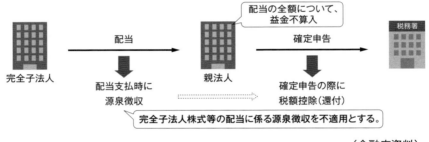

（金融庁資料）

❸ 実務のポイント

① 令和5年10月1日以後に支払を受けるべき配当等について適用されます。
② 本改正の対象となる子法人は、配当等に係る源泉徴収事務の負担がなくなり、親法人は、受取配当等に係る源泉所得税相当額の還付請求手続を行う事務負担がなくなります。
③ 配当等に係る源泉徴収に伴う、企業グループ内からの一時的な資金流出がなくなります。

④　対象となる株式等に係る配当等の範囲は、受取配当等の益金不算入における定義と異なり、完全子法人株式等については、配当等を受ける法人が自己の名義で保有するものに係る配当等に限り、それ以外の株式等については、配当等を受ける法人が直接単独で３分の１超を保有している場合に限り該当するものと考えられます。

　詳細は今後公表される法令等によりご確認ください。

第３章　法人課税　**239**

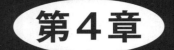

消費課税

1 適格請求書等保存方式に係る登録手続の見直し

Question

適格請求書発行事業者の登録について見直しが行われたそうですが、どのような点が見直されたのでしょうか。

A 適格請求書発行事業者の登録について、主に次の見直しがされました。
① インボイス制度導入以後6年間は、免税事業者が登録を受ける場合に、課税期間の途中から登録をすることが可能となりました。
② 国外事業者が、納税管理人を定めていない場合には、税務署長は登録を拒否することができます。

ここが変わる

(1) 免税事業者の適格請求書発行事業者の登録についての経過措置

　免税事業者が令和5年10月1日から令和11年9月30日までの日の属する課税期間中に適格請求書発行事業者の登録を受ける場合には、課税期間の途中でもその登録日から適格請求書発行事業者となることがで

きる経過措置が設けられます。

なお、上記の経過措置の適用を受けて課税事業者となった場合には、登録日から2年を経過する日の属する課税期間までは、事業者免税点制度の適用が制限されます（その登録日が令和5年10月1日の属する課税期間中である者を除く）。

(2)　納税管理人を定めていない場合の登録拒否

納税管理人を定めることとされている国外事業者が、納税管理人を定めていない場合には、税務署長は適格請求書発行事業者の登録を拒否することができます。

あわせて、虚偽の記載をして登録を受けた場合には、税務署長はその登録を取り消すことができます。

適用時期

適用時期は税制改正大綱に明記されていないため、今後の情報を確認する必要があります。

解　説

❶　改正の背景

(1)　免税事業者の適格請求書発行事業者の登録についての経過措置

令和5年10月1日から適格請求書等保存方式（いわゆるインボイス制度）が導入されます。適格請求書等保存方式の下では、税務署長に申請して登録を受けた課税事業者である「適格請求書発行事業者」が交付する「適格請求書」（いわゆるインボイス）等の保存が仕入税額控除の要件となります。したがって、「適格請求書発行事業者」の登録を受けることができるのは、課税事業者のみとなります。

現行では、免税事業者が、令和5年10月1日を含む課税期間中に登録を受ける場合にのみ、登録を受けた日から課税事業者となる経過措置が設けられています。

一方、経過措置後の令和5年10月1日を含む課税期間後については、

第4章　消費課税　**241**

免税事業者は、課税期間の途中での登録ができないこととなります。

　そのため、免税事業者が登録の必要性を見極めながら柔軟なタイミングで適格請求書発行事業者となれるように、経過措置の期間の延長が検討されました。

(2)　**納税管理人を定めていない場合の登録拒否**

　国内に事業所等を有し、国内に住所等を有しない国外事業者については、適正な納税を確保する観点から納税管理人を定めることとされています（通則法117）。ただし、消費税法における適格請求書発行事業者の登録では、納税管理人を定めていない場合であっても、登録を拒否することができません。

　そのため、ホテルの一室や友人宅等を事業所等とし、国内に住所等を有しない短期滞在者などが、納税管理人を定めずに適格請求書を発行したうえで、消費税の申告・納税を行わないまま姿をくらますことが懸念されていました。

❷　改正前の制度

●免税事業者の適格請求書発行事業者の登録についての経過措置

　免税事業者が、令和5年10月1日の属する課税期間中に適格請求書発行事業者の登録を申請した場合、課税期間の途中でも登録ができるとされています。この場合、「消費税課税事業者選択届出書」の提出は必要ありません。

　一方、経過措置後の課税期間においては、免税事業者は、登録を受ける課税期間の初日の前日までに「消費税課税事業者選択届出書」を提出して、課税事業者を選択するとともに、その登録を受ける課税期間の初日の前日から起算して1月前までに「適格請求書発行事業者」の登録申請書を提出する手続が必要となります。すなわち、令和5年10月1日を含む課税期間後については、免税事業者は、課税期間の途中での登録はできないこととなります。

[改正前の登録申請手続]

(国税庁パンフレット「適格請求書等保存方式の概要―インボイス制度の理解のために―」)

❸ 改正の内容

(1) 免税事業者の適格請求書発行事業者の登録についての経過措置

　免税事業者が令和5年10月1日から令和11年9月30日までの日の属する課税期間中に適格請求書発行事業者の登録を受ける場合には、その登録日から適格請求書発行事業者となることができます。

　したがって、適格請求書等保存方式導入以後6年間は、課税期間の途中からの登録が可能となります。

　なお、上記の適用を受けて、登録日から課税事業者となる適格請求書発行事業者（その登録日が令和5年10月1日の属する課税期間中である者を除く）については、その登録日の属する課税期間の翌課税期間から、その登録日以後2年を経過する日の属する課税期間までの各課税期間において、事業者免税点制度を適用できません。すなわち、登録を受けた課税期間の翌課税期間以後の基準期間における課税売上高が1,000万円以下であったとしても、その登録日以後2年を経過する日の属する課税期間については、消費税の納税義務を免除する制度（事業者免税点制度）の適用を受けることができないこととなります。

［適格請求書発行事業者の登録の経過措置］

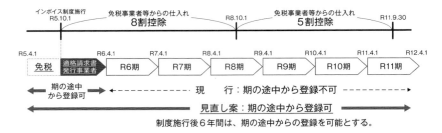

（自由民主党税制調査会資料）

(2) 納税管理人を定めていない場合の登録拒否

　ホテルの一室や友人宅等を事業所等とし、国内に住所等を有しない短期滞在者など、国内に事業所等を有しているが住所等を有していない国外事業者が、適格請求書発行事業者の登録申請を行う際に、納税管理人を定めていない場合、税務署長は、その登録を拒否することができます。
　また、虚偽の記載をして、適格請求書発行事業者の登録を受けた場合には、税務署長はその登録を取り消すことができるようになります。

［納税管理人を定めていない場合の登録拒否］

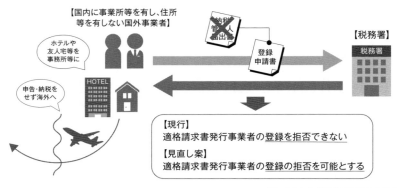

（自由民主党税制調査会資料）

244　第2編　令和4年度税制改正の具体的内容

❹ 実務のポイント

　適格請求書等保存方式導入以後 6 年間（令和 11 年 9 月 30 日の属する課税期間まで）は、免税事業者は、「課税事業者選択届出書」の提出がなくとも、「適格請求書発行事業者の登録申請書」を提出すれば、課税期間の途中からインボイスの発行をすることが可能となります。

　なお、その登録日が令和 5 年 10 月 1 日の属する課税期間中である場合には、登録日の属する課税期間の翌課税期間以後については、適格請求書発行事業者の登録を取り消して、事業者免税点制度の適用を受けて免税事業者に戻ることが可能です。

　ただし、登録日が令和 5 年 10 月 1 日の属する課税期間の翌課税期間から令和 11 年 9 月 30 日の属する課税期間中である場合には、適格請求書発行事業者の登録を取り消して、インボイスの発行事業者でなくなったとしても、登録開始日から 2 年を経過する日の属する課税期間までの間は課税事業者となり、免税事業者に戻ることはできませんのでご留意ください。

消費課税

第 4 章　消費課税　**245**

2 仕入明細書等による仕入税額控除の適用要件の見直し

Question

　適格請求書発行事業者から購入した資産について、インボイスの交付を受けなかった場合、現行どおり、買い手が仕入明細書等を作成して保存をすれば仕入税額控除が可能でしょうか。

　　A 　**売り手において課税資産の譲渡等に該当するもののみ、仕入明細書等の保存で仕入税額控除が可能となります。**

ここが変わる

　適格請求書等保存方式（いわゆるインボイス制度）導入後は、仕入明細書等による仕入税額控除は、その課税仕入れが、売り手において課税資産の譲渡等に該当する場合に限り、行うことができることとなります。

適用時期

　令和5年10月1日以後に国内において事業者が行う資産の譲渡等及び課税仕入れについて適用されます。

解　　説

❶　改正前の制度

　現行においては、買い手が一定の事項を記載した仕入明細書等を作成し、課税仕入れの相手方（売り手）の確認を受けた場合には、その仕入明細書等を保存することにより仕入税額控除の適用を受けることが可能とされています。

246　第2編　令和4年度税制改正の具体的内容

適格請求書等保存方式導入以後は、適格請求書発行事業者である個人が消費税の不課税売上げとなる家事用資産の売却等を行った場合、売り手は適格請求書（インボイス）を交付することはできません。ただし、買い手が事業として資産の譲渡等を受けた場合には、売り手側が事業用資産の売却（課税売上げ）か家事用資産の売却（不課税売上げ）かにかかわらず、買い手側は課税仕入れに該当することとなります。

　したがって、売り手が家事用資産の売却等を行った場合でも、買い手が仕入明細書等を作成し、保存することで仕入税額控除が可能とされていました。

❷　改正の内容

　適格請求書等保存方式導入以後においては、仕入明細書等の保存による仕入税額控除は、売り手において課税資産の譲渡等に該当する場合に限定されます。

　したがって、適格請求書発行事業者である個人が家事用資産の売却（不課税売上げ）を行った場合には、売り手において課税資産の譲渡等に該当しないため、買い手は、仕入明細書等の保存による仕入税額控除を受けることができないこととなります。

［仕入明細書による仕入税額控除の適用要件の見直し］

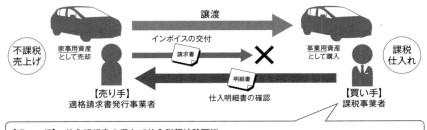

（自由民主党税制調査会資料）

❸ 実務のポイント

現行の区分記載請求書等保存方式においても、買い手が、課税仕入れについて仕入明細書等の保存による仕入税額控除の適用を受けようとする場合には、その仕入明細書等について、売り手の確認を受ける必要があります。

適格請求書等保存方式が開始される令和5年10月1日以後に、仕入明細書等の保存による仕入税額控除を受けようとする場合には、売り手が適格請求書発行事業者であるかの確認に加えて、この取引が、売り手において課税資産の譲渡等（課税売上げ）に該当するのかを確認してから、仕入明細書等を作成する必要が生じます。

3 電子区分記載請求書による仕入税額控除の経過措置適用

Question

　免税事業者などからの課税仕入れに係る経過措置の適用を受けるためには、売り手から区分記載請求書を書類（紙）で提供を受ける必要があるのでしょうか。

　A　電子的に区分記載請求書の提供を受けた場合も経過措置の適用が認められます。

ここが変わる

　適格請求書等保存方式（いわゆるインボイス制度）において、免税事業者などからの課税仕入れに係る経過措置の適用を受けるためには、書類（紙）により交付された区分記載請求書の保存が要件となっていましたが、電子データにより区分記載請求書の交付を受けた場合についても、経過措置の適用を受けることが可能となります。

適用時期

　令和5年10月1日以後に国内において事業者が行う資産の譲渡等及び課税仕入れについて適用されます。

解　説

❶　改正前の制度

　令和5年10月1日から、区分記載請求書等保存方式から適格請求書等保存方式（いわゆるインボイス制度）へと変わります。

　適格請求書等保存方式の導入後は、免税事業者や消費者又は登録を受

けていない課税事業者、すなわち適格請求書発行事業者以外の者から行った課税仕入れは、原則として仕入税額控除の適用を受けることができません。ただし、制度導入後6年間は、免税事業者などから行った課税仕入れであっても、仕入税額相当額の下記の割合を仕入税額とみなして控除できる経過措置が設けられています。
① 令和8年9月30日までは80％
② 令和11年9月30日までは50％

［免税事業者からの課税仕入れに係る経過措置］

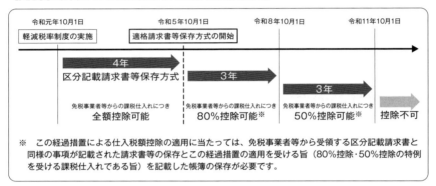

（国税庁パンフレット「適格請求書等保存方式の概要―インボイス制度の理解のために―」）

　この経過措置の適用を受けるためには、「80％控除対象」など、経過措置の適用を受ける旨について一定の事項を記載した帳簿の保存に加えて、現行の区分記載請求書等と同様の事項が記載された請求書等の保存が必要です。
　なお、この経過措置の適用については、売り手から書類（紙）により交付された区分記載請求書を保存することが要件とされています。

❷　改正の内容

　現行では、免税事業者など適格請求書発行事業者以外の者からの課税仕入れに係る経過措置の適用を受けるためには、経過措置の適用を受ける旨など一定の事項を記載した帳簿の保存に加えて、売り手から書類（紙）により交付された区分記載請求書の保存が要件とされていまし

た。したがって、電子データにより区分記載請求書の提供を受けた場合には、経過措置の適用は認められませんでした。

今回の改正により、電子データにより交付を受けた区分記載請求書を保存した場合であっても、書類（紙）で交付された場合と同様に、経過措置の適用が可能となります。

［免税事業者から区分記載請求書が交付された場合の消費税法上の取扱い］

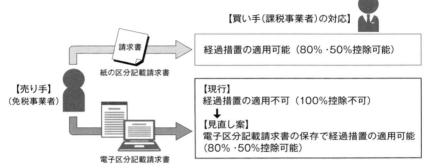

（自由民主党税制調査会資料）

❸ 実務のポイント

電子データにより区分記載請求書の提供を受けた場合の保存方法については、税制改正大綱に明記はされていません。

令和3年度の税制改正により、電子帳簿保存法において、所得税法及び法人税法の保存義務者については、令和4年1月1日以後に行う電子取引に係る電磁的記録を書面等に出力してその電磁的記録の保存に代えられる措置が廃止されました（宥恕措置あり）。

ただし、消費税法においては、適格請求書に係る電磁的記録による提供を受けた場合には、電磁的記録を整然とした形式及び明瞭な状態で出力した書面を保存することで、仕入税額控除の適用に係る請求書等の保存要件を満たすこととなります（令和5年10月1日から施行される新消規15の5②）。したがって、区分記載請求書の電子データもこちらの規定に基づいて保存することになると考えられます。

4 インボイス経過措置期間における棚卸資産に係る消費税額の調整規定の見直し

Question

インボイス経過措置期間における棚卸資産に係る消費税額の調整規定が見直されたとのことですが、どのような内容でしょうか。

A 適格請求書発行事業者以外の者から行った課税仕入れに係る税額控除に関する経過措置の適用対象となる棚卸資産については、その棚卸資産に係る消費税額の全部を納税義務の免除を受けないこととなった場合の棚卸資産に係る消費税額の調整措置の対象とされます。

ここが変わる

経過措置の適用対象となる棚卸資産について、納税義務の免除を受けないこととなった場合の棚卸資産に係る消費税額の調整規定の適用を受ける場合には、当該棚卸資産に係る消費税額の全額が仕入税額控除可能となりました。

適用時期

令和5年10月1日以後に国内において事業者が行う課税仕入れについて適用されます。

252 第2編 令和4年度税制改正の具体的内容

解　説

❶ 改正前の制度

　免税事業者が課税事業者になるタイミングで棚卸資産を有し、かつ棚卸資産の明細を保存している場合、当該棚卸資産に係る消費税額について仕入税額控除が可能とされており、インボイス制度への移行に伴う経過措置期間においては、適格請求書発行事業者以外の者からの仕入れに係る棚卸資産について、その消費税額の８割又は５割の額で控除することとされています。

❷ 改正の内容

　免税事業者である期間において行った課税仕入れについて、適格請求書発行事業者から行ったものであるか否かにかかわらず、当該棚卸資産に係る消費税額の全額が仕入税額控除可能となります。

［棚卸資産に係る調整規定の見直し］

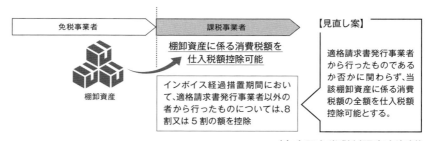

（自由民主党税制調査会資料）

❸ 実務のポイント

　インボイス経過措置期間における適格請求書発行事業者以外の者からの課税仕入れのうち、棚卸資産に係る消費税額の調整規定の適用を受ける消費税額についてのみ全額が仕入税額控除可能となるため、注意が必要です。

5 公売等において適格請求書を交付する場合の特例

Question

　公売等による財産の売却がされた場合の適格請求書等の交付について見直しがされるようですが、どのように変わるのでしょうか。

　A 　滞納者からの適格請求書発行事業者であることの通知を不要とし、執行機関が滞納者に代わって適格請求書等を交付することが可能となります。

ここが変わる

　公売等での財産の売却について、売り手である滞納者が適格請求書発行事業者である場合には、執行機関は滞納者からの通知を受けることなく、滞納者に代わって適格請求書等の交付が可能となります。

適用時期

　令和5年10月1日以後に国内において事業者が行う資産の譲渡等及び課税仕入れについて適用されます。

解　　説

❶ 改正の背景

　公売等による財産の売却については、以下のいずれかの場合に限り、買受人による仕入税額控除が可能とされています。
① 　公売等により課税資産の譲渡等を行う滞納者が適格請求書等を交付

254　第2編　令和4年度税制改正の具体的内容

し、買受人がその適格請求書等を保存すること。
② 媒介者交付特例（委託販売等における特例）を適用し、公売等の執行機関が滞納者に代わって適格請求書等を交付し、買受人が保存すること。

その一方で、買受人が滞納者から直接、適格請求書等の交付を受けることや、公売等の執行機関が媒介者交付特例の適用要件である「自己が適格請求書発行事業者の登録を受けている旨の通知」を売渡人である滞納者から受けることには困難が伴うなどの問題がありました。

［交付方法の特例：媒介者交付特例（委託販売等における特例）］

業務を委託する事業者（委託者）が**媒介又は取次ぎに係る業務を行う者（媒介者等）**を介して行う課税資産の譲渡等について、委託者及び媒介者等の**双方が適格請求書発行事業者である場合**には、一定の要件の下、媒介者等が、**自己の氏名又は名称及び登録番号**を記載した適格請求書を委託者に代わって交付することができます。

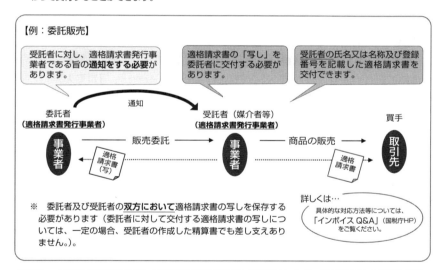

【参考】 売手とは異なる別の者（適格請求書発行事業者に限りません。）が、売手に代理して売手の氏名又は名称及び登録番号を記載した適格請求書を買手に対し交付する方法（代理交付）も認められます。

（国税庁パンフレット「適格請求書等保存方式の概要 ―インボイス制度の理解のために―」）

❷ 改正の内容

　公売等により課税資産の譲渡等を行う事業者（滞納者）が適格請求書発行事業者である場合には、公売等の執行機関は、滞納者からの通知を受けることなく、その滞納者に代わって適格請求書等を交付することができることが可能となります。

［公売特例の改正］

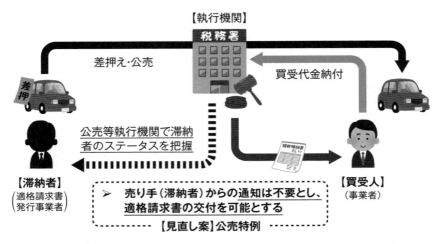

（自由民主党税制調査会資料）

❸ 実務のポイント

　令和5年10月1日以後に開始する適格請求書等保存方式の施行に伴い、同日以後における公売等による財産の売却について、滞納者が適格請求書発行事業者である場合には、執行機関は滞納者の通知を受けることなく適格請求書等の交付が可能となります。これにより、買受人は適格請求書等を滞りなく受領することができ、一定要件の下、仕入税額控除の適用が支障なく可能になるものと見込まれます。

6 特定収入を課税仕入れに充てた場合の仕入税額控除の調整規定の整備

Question

特定収入を受ける事業者が、その特定収入を免税事業者からの課税仕入れに充当した場合における仕入控除税額の調整について整備されたようですが、その内容について教えてください。

A 事業者が一定の要件を満たす場合には、その特定収入があった課税期間の課税売上割合等に応じその課税仕入れに係る支払対価の額を基礎として計算した金額を、その明らかにした課税期間の課税仕入れ等の税額に加算できるようになります。

ここが変わる

インボイス制度開始以後、免税事業者や消費者等、適格請求書発行事業者以外の者から行った課税仕入れについて、原則として仕入税額控除の対象とすることはできませんが、今回の改正により、一定割合以上の特定収入を免税事業者等からの課税仕入れに充当した場合には、一定の金額を仕入税額控除の対象とすることができるようになります。

適用時期

令和5年10月1日以後に国内において事業者が行う資産の譲渡等及び課税仕入れについて適用されます。

第4章 消費課税 **257**

解　説

❶　仕入控除税額の計算の特例とは

　消費税の納税額は、その課税期間中の課税売上げに係る消費税額から
その課税期間中の課税仕入れ等に係る消費税額（仕入控除税額）を控除
して計算します。

　しかしながら、国若しくは地方公共団体の特別会計、公共法人、公益
法人等又は人格のない社団等など（以下「国、地方公共団体、公共・公
益法人等」という）は、租税、補助金、会費、寄附金等の対価性がない
収入を主な財源として運営しています。このような対価性のない収入か
ら充てられる課税仕入れ等は、我々一般市民が購入する場合と同様に、
最終消費的な性格を持つものと考えられるため、これらの課税仕入れ等
に係る消費税の額を課税売上げに係る消費税の額から控除することは、
合理性がありません。

　そこで、国、地方公共団体、公共・公益法人等については、通常の計
算方法による仕入控除税額について一定の調整を行うこととし、補助金
や寄附金等の対価性のない収入から充てられる課税仕入れ等の税額を、
仕入税額控除の対象から除外することとされています。

258　第2編　令和4年度税制改正の具体的内容

［仕入控除税額の計算の特例のイメージ］

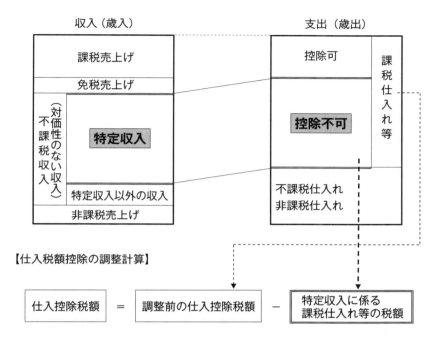

（国税庁資料）

　この補助金や寄附金等の対価性のない収入のことを、「特定収入」といい、具体的には、資産の譲渡等の対価以外の収入で、一定のものをいいます。

[特定収入の概要]

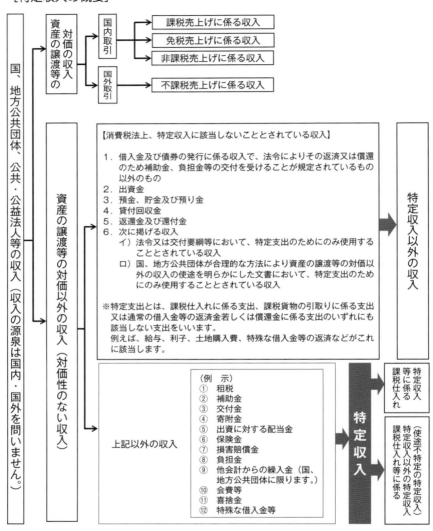

（国税庁資料に一部加筆）

この仕入控除税額の計算の特例の対象となる事業者は、「国の特別会計」「地方公共団体の特別会計」「消費税法別表第三に掲げる法人」「人格のない社団等」と定められていますが、これらの事業者であっても、その課税期間の仕入控除税額を簡易課税制度を適用して計算している場合、及び、その課税期間における特定収入割合が5％以下である場合は、仕入控除税額の調整計算を行う必要はありません。

（特定収入割合の計算方法）

$$特定収入割合 = \frac{特定収入の合計額}{資産の譲渡等の対価の額の合計額^{（注）} + 特定収入の合計額}$$

（注） 資産の譲渡等の対価の額の合計額＝課税売上高（税抜）＋免税売上高＋非課税売上高＋国外売上高

❷　特定収入がある場合の仕入控除税額の調整計算

　前述したとおり、簡易課税制度を適用しないで仕入控除税額の計算を行う場合で、特定収入割合が5％を超える事業者は、原則として特定収入に係る課税仕入れ等の税額は仕入税額控除の対象から除外されます。
　仕入控除税額の調整がある場合は、次の計算式により納付税額を計算します。

$$納付税額 = その課税期間中の課税標準額に対する消費税額 - \left[調整前の仕入控除税額^{（注）} - その課税期間中の特定収入に係る課税仕入れ等の税額 \right]$$

（注） 調整前の仕入控除税額とは、通常の計算方法により計算した仕入控除税額をいいます。

❸　今回の改正点

　前述したように、特定収入のうち、課税仕入れ等に係る特定収入については、その充当した課税仕入れ等の税額を、仕入税額控除の計算において除外する必要がありますが、インボイス制度開始後は、免税事業者

等との取引による課税仕入れ等は仕入税額控除の対象に該当しないにもかかわらず、特定収入に係る調整の対象となってしまいます。

　そこで、今回の改正により、交付要綱等により使途が特定されている特定収入については、免税事業者等からの課税仕入れに充当したことが国等への報告書類等で確認できる場合には、制限された仕入税額分を加算することができるようになります。

［特定収入を課税仕入れに充てた場合の仕入控除税額の調整規定の整備］

【現行】
○　別表第３法人等が特定収入（補助金等）を課税仕入れに用いる場合、当該特定収入に係る課税仕入れについては仕入税額控除が制限される。
○　上記仕入税額控除の制限の計算にあたっては、インボイス制度移行後において仕入税額控除の対象外となる免税事業者からの仕入れについても、仕入税額控除の制限の対象となる。
○　したがって、別表第３法人等が免税事業者等から仕入れを行った場合、仕入税額控除ができない部分も含めて仕入税額控除の制限を行うこととなり、過度な納税負担を招きかねない。

【見直し案】
○交付要綱等により使途が特定されている特定収入について、免税事業者等からの課税仕入れに充てたことが、国等へ報告することとされている文書等により事後的に確認できる課税期間において、制限された仕入税額分を加算できることとする。
　※　特定収入により支出された課税仕入れのうち、免税事業者等からの課税仕入れが５％を超える場合に限る。

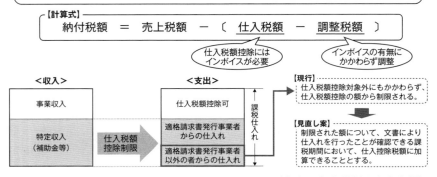

（自由民主党税制調査会資料）

❹　実務のポイント

　令和５年10月１日以後に開始するインボイス制度の施行に伴い、特定収入を用いて仕入れを行う取引相手が免税事業者等であった場合において要件を満たす時は、一定の金額を仕入控除税額に加算することができるようになります。

7 輸出物品販売場制度の見直し

Question

外国人旅行者向け消費税免税制度（輸出物品販売場制度）が見直されたとのことですが、どのような内容でしょうか。

A 輸出物品販売場において免税で購入することができる非居住者の範囲が明確化されました。

ここが変わる

輸出物品販売場において免税で購入することができる非居住者の範囲は、外為法に規定する非居住者のうち、以下の者に限ることとなります。
・在留資格をもって在留する非居住者で、短期滞在、外交又は公用の在留資格を有する者
・日本国籍を有する非居住者で、国内に2年以上住所及び居所を有しないことについて証明された者

適用時期

令和5年4月1日以後に行われる課税資産の譲渡等について適用されます。

解　説

❶ 改正の背景

現行の免税店制度においては、各免税店において免税対象者であるかどうかを確認していますが、在留資格によっては海外に在住していることの確認書類や、日本で就労していないことの確認書類なども求める必

第4章　消費課税　**263**

要があり、それらの書類が統一的に規定されていないこともあって、確認に多大な労力がかかり手続が煩雑になっていました。

❷ 改正の内容

外国人旅行者向け消費税免税制度（輸出物品販売場制度）について、次の見直しを行います。

① 輸出物品販売場において免税で購入することができる非居住者（免税購入対象者）の範囲について次の見直しを行います。

　(イ) 出入国管理及び難民認定法別表第一の在留資格をもって在留する非居住者については、短期滞在、外交又は公用の在留資格を有する者に限ることとします。

　(ロ) 日本国籍を有する非居住者については、国内に２年以上住所及び居所を有しないことについて、入国の日から起算して６月前の日以後に発行された在留証明又は戸籍の附票の写し（以下「証明書類」という）により証明された者に限ることとします。

② 上記①(ロ)の者に対して免税販売を行う事業者は、証明書類に記載された情報を購入記録情報として国税庁長官に提供し、又は証明書類の写し若しくは証明書類に係る電磁的記録を保存することとします。

③ 免税購入対象者が行う旅券情報の提供等は、デジタル庁が整備及び管理をする訪日観光客等手続支援システムを用いて行うことができることとします。

④ 免税で購入された物品を輸出しない場合に消費税の即時徴収等を行う場合の税関長の権限について、税関官署の長へ委任できることとします。

⑤ その他所要の措置を講じます。

[外国人旅行者向け免税制度に係る免税対象者の明確化]

<現行>
- ◆ 対象者:外為法に規定する非居住者
  - ・非居住者判定に起因する待ち行列が発生。
  - ・対象者や確認書類の明確化が必要。

<結果>
- ◆ 対象者:外為法に規定する非居住者のうち、
  外国人 → 在留資格「短期滞在」「外交」「公用」の者 等
  日本人 → 海外在住2年以上(※)の者
  ※「戸籍の附票の写し」または「在留証明」により証明。
- ◆ 更なる手続効率化のため、デジタル庁の訪日観光客等手続支援システムを免税販売手続に活用できるようにする。

(国土交通省資料)

❸ 実務のポイント

　免税対象者の明確化等により免税販売手続の効率化を図り、免税店で発生する待ち行列の解消や免税販売機会を拡大することで、インバウンド需要回復期に向けた環境整備が促進されています。

国際課税

1 過大支払利子税制における外国法人に係る適用の見直し

Question

令和4年度改正では、過大支払利子税制について、どのような見直しが行われるのでしょうか。

A 国内に恒久的施設（PE）を有しない外国法人ついての見直しが行われます。

ここが変わる

国内にPEを有しない外国法人に係る国内源泉所得についても、過大支払利子税制が適用されることになります（PEを有する外国法人に係るPEに帰属しない国内源泉所得についても同様）。

適用時期

令和4年4月1日以後に開始する事業年度について適用されます。

解　説

❶　改正の背景

　国内に PE を有しない外国法人については、過大支払利子税制は支払利子の損金算入の制限がないことから、所得に比して過大な利子を計上することにより適用を免れるケースが見受けられました。

❷　過大支払利子税制の概要

⑴　概　　要

　法人の関連者に対する純支払利子等の額が調整所得金額の 20％を超える場合には、その超える部分の金額は、当期の損金の額に算入されません（措法 66 の 5 の 2①）。

⑵　関　連　者

　その法人との間に直接・間接の持分割合 50％以上の関係にある者及び実質支配・被支配関係にある者並びにこれらの者による債務保証を受けた第三者等をいいます（措法 66 の 5 の 2②）。

⑶　関連者に対する純支払利子等の額

　関連者に対する支払利子等（関連者支払利子等）の額の合計額から、これに対応するものとして計算した受取利子等の額を控除した残額をいいます（措法 66 の 5 の 2②）。

⑷　調整所得金額

　当期の所得金額に、関連者純支払利子等、減価償却費等及び受取配当等の益金不算入額等を加算し、並びに貸倒損失等の特別の損益について加減算する等の調整を行った金額をいいます（措法 66 の 5 の 2①）。

⑸　適用除外基準

　その事業年度における関連者純支払利子等の額が 2,000 万円以下の場合や、関連者支払利子等の額の合計額が総支払利子等の額の 20％以下である場合には、本制度は適用されません（措法 66 の 5 の 2③）。

⑹　繰越損金不算入額

　当期の関連者純支払利子等の額が調整所得金額の 20％に満たない場

第 5 章　国際課税　**267**

合において、前7年以内に開始した事業年度に本制度の適用により損金不算入とされた金額（繰越損金不算入額）があるときは、その関連者純支払利子等の額と調整所得金額の20％に相当する金額との差額を限度として、当期の損金の額に算入するものとします（措法66の5の3）。

［過大支払利子税制の概要］

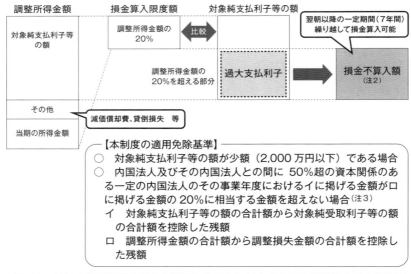

（財務省資料）

❸ 改正の内容

過大支払利子税制について、外国法人の法人税の課税対象とされる、次に掲げる国内源泉所得の金額も適用することとされます。
・PEを有する外国法人に係るPE帰属所得以外の国内源泉所得
・PEを有しない外国法人に係る国内源泉所得

❹ 実務のポイント

これまで、国内にPEのない外国法人がその法人の役員等より資金を借り入れ、所得に比して過大な支払利息を損金として計上することにより、過大支払利子税制の適用を免れる租税回避行為とも見受けられるケースが把握されていたようです。

今回の改正により、このようなスキームは成り立たなくなり、適正な課税が行われます。

［イメージ（国内にPEを有しない外国法人の場合）］

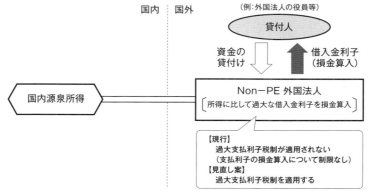

（自由民主党税制調査会資料）

2 外国子会社合算税制の見直し

> **Question**
>
> 令和4年度改正では、外国子会社合算税制（タックス・ヘイブン対策税制）について、どのような見直しが行われるのでしょうか。

A 特定外国関係会社等（ペーパー・カンパニー）の判定における、保険委託者特例に関する改正が行われます。

ここが変わる

特定外国関係会社等の判定における、保険委託者特例に関する「一の保険会社等」及び「その一の保険会社等との間に特定資本関係のある保険会社等」によってその発行済株式等の全部を直接又は間接に保有されている外国関係会社である旨の要件について見直しが行われます。

適用時期

上記の改正は、外国関係会社の令和4年4月1日以後に開始する事業年度から適用されます。

解　説

❶　改正の背景

保険引受子会社と管理運営子会社を別会社とした上で、これらを一体として実体ある保険業が営まれる場合があることを踏まえ、特定外国関係会社等の判定において、外国子会社合算税制の対象から除外される保

険委託者特例が設けられています。

令和元年度改正後、この趣旨をより適切に要件に反映させるための改正が今回行われます。

❷ 外国子会社合算税制の概要

外国子会社合算税制は、外国子会社等を利用した租税回避を抑制するため、一定の要件に該当する外国子会社等の所得に相当する金額について、日本の親会社の所得とみなして合算し、日本で課税する制度です。

具体的には、外国関係会社（内国法人が合計で50％超を直接及び間接に保有又は実質的に支配する外国法人）のうち一定の法人について、その外国関係会社の個々の所得の種類等に応じて算出した所得のうち、その内国法人の持株割合等及び実質支配関係の状況を勘案して計算した金額を、その内国法人の収益の額とみなして所得の金額の計算上益金の額に算入するものです（措法66の6）。

国際課税

第5章 国際課税 **271**

[外国子会社合算税制の仕組み]

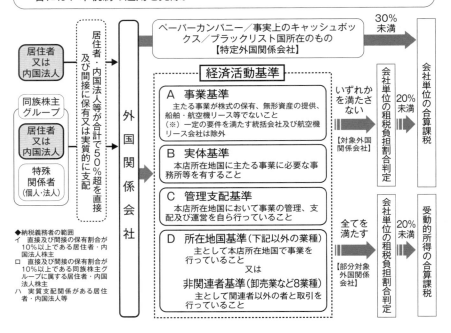

(国税庁「平成29年12月21日付課法2-22ほか2課共同「租税特別措置法関係通達(法人税編)等の一部改正について」(法令解釈通達)の趣旨説明」)

❸ 令和元年度改正の概要

　特定保険外国子会社等及び特定保険協議者並びに特定保険委託者及び特定保険受託者に係る一の内国法人による100％保有要件について、「一の保険会社等(保険業を主たる事業とするもの又は保険持株会社に限る)」及び「その一の保険会社等との間に特定資本関係のある保険会社等(保険業を主たる事業とするもの又は保険持株会社に限る)」によってその発行済株式等の全部を直接又は外国法人を通じて間接に保有されている外国関係会社であるという旨の要件に見直す改正が行われました。

[複数の保険会社又は保険持株会社に保有されている外国保険子会社に係るロイズ特例及び保険委託者特例の改正]

ペーパー・カンパニーの判定におけるロイズ特例及び保険委託者特例の対象となる外国関係会社に関して、

【改正前】

「一の内国法人(保険業を主たる事業とするものに限る。)によってその発行済株式等の全部を直接又は外国法人を通じて間接に保有されている外国関係会社である」旨の要件について、

【改正後】

① 「一の内国法人(保険業を主たる事業とするもの又は保険持株会社に限る。)及び当該一の内国法人との間に100%の資本関係(注)のある内国法人(保険業を主たる事業とするもの又は保険持株会社に限る。)によってその発行済株式等の全部を直接又は外国法人を通じて間接に保有されている外国関係会社である」旨の要件に改正。

(注) 二の法人のいずれか一方の法人が他方の法人の発行済株式等の全部を直接又は間接に保有する関係又は二の法人が同一の者によってそれぞれその発行済株式等の全部を直接又は間接に保有される場合における当該二の法人の関係(特定資本関係)。

② また、特定保険受託者(特定保険協議者)の要件に、その役員又は使用人がその本店所在地国において保険業を的確に遂行するために通常必要と認められる業務の全てに従事している旨の要件(通常必要業務従事要件)を追加。

※上記の改正は対象外国関係会社の判定及び部分対象外国関係会社である外国金融機関の判定についても同様。

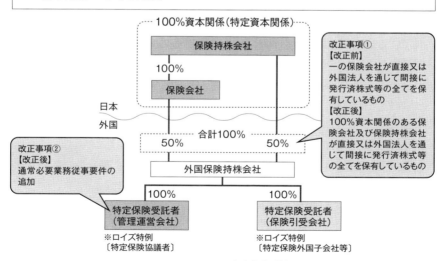

(財務省「令和元年度税制改正の解説」)

❹ 改正の内容

特定外国関係会社等の判定における、保険委託者特例に関する「一の保険会社等」及び「その一の保険会社等との間に特定資本関係のある保険会社等」によってその発行済株式等の全部を直接又は間接に保有されている外国関係会社である旨の要件について、次の見直しが行われます。

① 「一の保険会社等」について、その範囲に保険会社等に発行済株式等の全部を直接又は間接に保有されている内国法人（保険会社等を除く。以下「判定対象内国法人」という）で、次に掲げる要件の全てを満たすものが加えられます。

　㈠　判定対象内国法人が、専ら100％内国法人グループ（判定対象内国法人及びその判定対象内国法人との間に特定資本関係のある内国法人をいう）によってその発行済株式等の50％超を直接又は間接に保有されている保険業又はこれに関連する事業を主たる事業とする外国関係会社（その判定対象内国法人によってその発行済株式等の全部又は一部を直接又は間接に保有されているものに限る）の経営管理及びその附帯業務を行っていること。

　㈡　上記㈠の100％内国法人グループに係る他の内国法人（上記㈠の外国関係会社の発行済株式等の全部又は一部を直接又は間接に保有するものに限るものとし、保険会社等を除く。②において同じ）が、専らその外国関係会社の経営管理及びその附帯業務を行っていること。

② 「その一の保険会社等との間に特定資本関係のある保険会社等」について、その範囲に上記①㈠の100％内国法人グループに係る他の内国法人で、専ら上記①㈠の外国関係会社の経営管理及びその附帯業務を行っているものが加えられます。

　（注1）　上記の「保険会社等」とは、内国法人で保険業を主たる事業とするもの又は保険持株会社に該当するものをいいます。

　（注2）　上記の「特定資本関係」とは、二の法人のいずれか一方の法人が他方の法人の発行済株式等の全部を直接又は間接に保有する関係等をいいます。

　（注3）　特定外国関係会社等の判定におけるロイズ特例について、上記と

同様の見直しが行われます。

❺ 実務のポイント

外国子会社合算税制については、今までも以下のような改正が行われてきました。

[外国子会社合算税制の経緯]

平成22年度	トリガー税率引下げ（25% → 20%）、統括会社特例の導入
平成25年度	無税国所在外国子会社の外国税額控除の見直し
平成27年度	被統括会社の範囲、税務申告時の別表添付要件の見直し
平成28年度	外国税額控除の適正化
平成29年度	外国関係会社の判定方法における少数株主排除基準の導入、航空機の貸付けの取扱いの見直し
平成30年度	日本企業による外国企業買収後の組織再編における株式譲渡益に対する合算課税、その他外国子会社合算税制について日本企業の経済実態を踏まえた見直し
令和元年度	ペーパーカンパニーの範囲等の見直し
令和2年度	部分合算課税制度の対象となる受取利子等の額の範囲の見直し、投資法人等が適用を受ける場合の見直し

今回の改正により、保険委託者特例における実態のある保険業の範囲が、より適切なものとなると考えられます。

第5章　国際課税　**275**

3 子会社株式簿価減額特例の見直し

Question

　令和4年度改正では子会社株式簿価減額特例の見直しが行われるそうですが、どのような内容でしょうか。

　A　適用除外要件の判定及び適用回避防止規定の見直しが行われます。

ここが変わる

① 　適用除外要件（特定支配日利益剰余金額要件）の判定の見直しが行われます。
② 　子法人が孫法人を買収して親法人に配当等を行った場合等に対応した適用回避防止規定について見直しが行われます。

適用時期

　令和2年4月1日以後に開始する事業年度において受ける対象配当等の額について適用されます。

解　説

❶ 改正の背景

　令和2年度改正により、外国子会社の配当と株式譲渡を組み合わせた租税回避防止策として、法人が一定の支配関係にある子会社から、一定の配当を受ける場合、株式の帳簿価額から、その配当等のうち益金不算入相当額等を減額することとされました。

276　第2編　令和4年度税制改正の具体的内容

現行制度では、租税回避の意図がないにもかかわらず、形式的に同規制の適用対象となる場合や、利益の溜まった子会社を買収するという、同規制が主に想定しているケースではない場合にもかかわらず適用対象となることから、今回の見直しが行われます。

❷　改正の内容

　子会社からの配当と子会社株式の譲渡を組み合わせた租税回避を防止するための措置（子会社株式簿価減額特例）について、次の見直しが行われます。

(1)　適用除外要件（特定支配日利益剰余金額要件）の判定

①　子法人の対象配当等の額に係る決議日等前に最後に終了した事業年度（以下、「直前事業年度」という）終了の日の翌日からその対象配当等の額を受けるまでの期間（①において「対象期間」という）内にその子法人の利益剰余金の額が増加した場合において、対象期間内にその子法人の株主等がその子法人から受ける配当等の額に係る基準時のいずれかがその翌日以後であるときは、直前事業年度の貸借対照表に計上されている利益剰余金の額に期中増加利益剰余金額（その対象期間内に増加したその子法人の利益剰余金の額とその対象期間内にその子法人の株主等がその子法人から受ける配当等の額に対応して減少したその子法人の利益剰余金の額の合計額をいう。以下同じ）を加算することができることとします。ただし、次に掲げる金額を証する書類を保存している場合に限ります。

　㈠　期中増加利益剰余金額

　㈡　特定支配前の期中増加利益剰余金額（特定支配日の属する事業年度開始の日から特定支配日の前日までの期間（㈡において「特定支配前対象期間」という）内にその子法人の利益剰余金の額が増加した場合において、その子法人の株主等がその子法人から受ける配当等の額（その基準時が特定支配前対象期間内にあるものに限る）があるときにおけるその特定支配前対象期間内に増加したその子法人の利益剰余金の額とその特定支配前対象期間内にその子法人の株主等がその子法人から受ける配当等の額に対応して減少したその子法人の利益剰余金の額の合計額をいう。以下同じ）

第5章　国際課税　**277**

② 　上記①の適用を受ける場合には、特定支配日前に最後に終了した事業年度の貸借対照表に計上されている利益剰余金の額に特定支配前の期中増加利益剰余金額を加算します。

(2) 　**適用回避防止規定の不適用**

　適用除外基準を満たす子会社を経由した配当等を用いた本制度の回避を防止するための措置（適用回避防止規定）について、次のいずれかに該当する場合には適用しないこととします。

① 　対象配当等の額に係る基準時以前10年以内に子法人との間にその子法人による特定支配関係があった法人（以下「孫法人等」という）の全てがその設立の時からその基準時（その基準時前に特定支配関係を有しなくなった時の直前）まで継続してその子法人との間にその子法人による特定支配関係がある法人（①において「継続関係法人」という）である場合（その子法人又はその孫法人等を合併法人とする合併で、継続関係法人でない法人を被合併法人とするものが行われていた場合等を除く）

② 　次のいずれにも該当する場合

　(イ) 　その親法人と孫法人との間に、その孫法人の設立の時からその孫法人から子法人に支払う配当等の額に係る基準時まで継続して親法人による特定支配関係がある場合

　(ロ) 　その基準時以前10年以内にその孫法人との間にその孫法人による特定支配関係があった法人（以下「ひ孫法人等」という）の全てがその設立の時からその基準時（その基準時前に特定支配関係を有しなくなったひ孫法人等にあっては、最後に特定支配関係を有しなくなった時の直前）まで継続してその孫法人との間にその孫法人による特定支配関係がある法人（(ロ)において「継続関係法人」という）である場合（その孫法人又はそのひ孫法人等を合併法人とする合併で、継続関係法人でない法人を被合併法人とするものが行われていた場合等を除く）

(3) 　**所要の措置**

　その他所要の措置を講じます。

❸ 実務のポイント

　子会社株式簿価減額特例は、子会社株式を取得後、子会社から配当（受取配当等の益金不算入の適用により全部又は一部が益金不算入）を受けるとともに、配当により時価が下落した子法人の株式を譲渡することにより、親法人において子会社株式譲渡損が計上されるという節税スキームを防止する目的で創設された制度です。

　今回の改正は、令和2年度改正で導入された子会社株式簿価減額特例導入時の令和2年4月1日に遡って適用される異例の対応であり、過年度の申告においても更正の請求が可能となります。

4 グループ通算制度における外国税額
控除の見直し

Question

令和4年度改正ではグループ通算制度における外国税額控除
の見直しが行われるそうですが、どのような内容でしょうか。

A 税務当局は、納税者の進行事業年度調整措置に適用すべき、金
額等の説明や更正処分を行うことが可能となります。

ここが変わる

① 納税者が適切な進行事業年度調整措置を適用できるように、税務当
局が調査において進行事業年度調整措置を適用すべきと認めた場合に
おいて、その適用すべき金額等を説明することとされています。
② 上記①の説明内容と異なる申告が行われた場合には、修正申告等が
可能となります。

適用時期

大綱上は明記されていませんが、令和4年4月1日以後開始事業年度
から連結納税制度がグループ通算制度に移行しますので同日より適用さ
れるものと思われます。

今後公表される法令等によりご確認ください。

解　説

❶ 改正の背景

現行制度の下では、調査において進行事業年度調整措置を適用すべき

と認める金額を把握した場合であっても、その把握した内容を納税者に対して知らせる法令上の根拠がなく、また、納税者が過年分の調査結果に納得していないことなどを理由に進行事業年度調整措置を適用しない場合には、更正処分を行うことができないため、今回の改正が行われます。

❷　現行制度の概要

　グループ通算制度における外国税額控除に関する非違については、基本的にはその事業年度の申告を修正申告・更正するのではなく、その事業年度の外国税額控除額は当初申告額で固定した上で（固定措置）、その外国税額控除額の過不足につき納税者が進行事業年度の申告において法人税の額に控除又は加算すること（進行事業年度調整措置）によりその調整を図ることとされています。

❸　改正の内容

　グループ通算制度の施行に伴い、同制度における外国税額控除について、次の見直しが行われます。

⑴　税務調査の調査結果の説明

　税務当局が調査を行った結果、進行事業年度調整措置を適用すべきと認める場合には、通算法人に対し、その調査結果の内容（進行事業年度調整措置を適用すべきと認めた金額及びその理由を含む）を説明するものとします。

⑵　固定措置の不適用

　上記⑴の説明が行われた日の属する事業年度の期限内申告書に添付された書類に進行事業年度調整措置を適用した金額（税額控除不足額相当額又は税額控除超過額相当額）として記載された金額等がその説明の内容と異なる場合には、その事業年度に係る税額控除不足額相当額又は税額控除超過額相当額に係る固定措置を不適用とします。

⑶　固定措置の再適用

　税額控除額等（税額控除額、税額控除不足額相当額又は税額控除超過額相当額をいう。以下同じ）に係る固定措置が不適用とされた事業年度について、その不適用とされたことに伴い修正申告書の提出又は更正が行われた場合には、原則として、その修正申告書又はその更正に係る更

第5章　国際課税　**281**

正通知書に税額控除額等として記載された金額をもって本固定措置を再度適用することとします。

[グループ通算制度における外国税額控除の見直し]

【現行制度の概要】
▶ グループ通算制度における外国税額控除に関する非違については、基本的にはその事業年度の申告を修更正するのではなく、その事業年度の外国税額控除額は当初申告額で固定した上で（固定措置）、その外国税額控除額の過不足額につき納税者が進行事業年度の申告において法人税の額に控除又は加算すること（進行事業年度調整措置）によりその調整を図ることとされている（その調整額も同様に固定される。）。
▶ しかし、現行制度の下では、調査において進行事業年度調整措置を適用すべきと認める金額を把握した場合であっても、その把握した内容を納税者に対して知らせる法令上の根拠を有しない。また、納税者が過年分の調査結果に納得していないことなどを理由に進行事業年度調整措置を適用しない場合には、一定の場合を除き、進行事業年度調整措置に係る固定を解除することは認められておらず、更正を行うことはできない。

【見直し案】
▶ 納税者が適切な進行事業年度調整措置を適用できるよう、当局が調査において進行事業年度調整措置を適用すべきと認めた場合において、その適用すべき金額等を納税者に対して説明することとする。
▶ また、上記の説明の内容と異なる申告が行われた場合には、その事業年度に係る進行事業年度調整措置の固定を解除することとし、当局による更正処分を行うことを可能とする。
▶ その他所要の措置を講ずる。
（注）　上記の見直しは、令和4年4月1日以後に開始する事業年度について適用する。

【進行事業年度調整措置のイメージ】

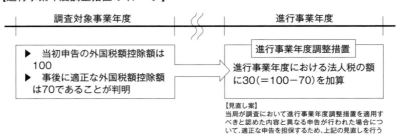

（自由民主党税制調査会資料）

⑷　所要の措置

　　その他所要の措置が講じられます。

❹　実務のポイント

　令和２年度改正において、連結納税制度を見直してグループ通算制度へ移行することとされ、令和４年４月１日以後に開始する事業年度から適用されます。

　今回の改正により、税務調査の調査結果の説明が行われることとなりますが、調査を受けた通算法人にのみ過不足額等が説明されるのか、又は全ての通算法人に過不足額等が説明されるかについては、現時点では不明であるため、今後発表される法令等の確認が必要と思われます。

5 外国税務当局との情報交換における情報の受領に関する規定の整備

Question

　令和4年度改正では、外国税務当局との情報交換における情報の受領に関する規定の整備がされるそうですが、どのような内容でしょうか。

　A 情報の受領に関する手続が、法令上明確化されます。

ここが変わる

　収集された個人番号を受領することができること及びその手続が法令上明確化されます。

適用時期

　令和4年4月1日から施行されます。

解　説

❶　改正の背景

　これまで我が国は、BEPS（税源浸食と利益移転）プロジェクトの合意事項等を踏まえ、国際的な租税回避や脱税の防止に向けて累次の制度整備を行ってきたところです。

　しかし、国際課税を取り巻く環境の変化や重要性の高まりを踏まえ、健全な経済活動を支援しつつ、国際的な租税回避や脱税に対しより効果的に対応する観点から、引き続き、必要な見直しを迅速に講じていく必要があります。

284　第2編　令和4年度税制改正の具体的内容

こうした基本的な考え方に基づき、令和4年度税制改正においては、主として以下のような見直しを行っています。

❷ 改正の内容

　租税条約等の相手国等の税務当局との情報交換において、その租税条約等に定めるところにより、その相手国等の法令の規定により収集された個人番号を受領することができること及びその手続を法令上明確にします。

［外国税務当局との情報交換における情報の受領に関する規定の整備］

【現行】
○　日本は、2018年から、国際的な脱税及び租税回避の防止を目的として、各国税務当局が、自国の金融機関が保有する非居住者の金融口座情報を自動的に交換するための「共通報告基準（CRS）」に基づき情報交換を開始。CRSに基づく情報交換においては、租税条約等に基づき、外国税務当局から情報（個人番号を含む）を受領。

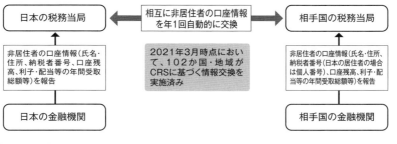

【見直し案】
○　外国税務当局との情報交換において、租税条約等に定めるところにより、外国法令の規定により収集された個人番号を受領することができること及びその手続を明確化する規定を整備する。

（注）令和4年4月1日施行　　　　　　　　　（自由民主党税制調査会資料）

❸ 実務のポイント

　税務当局は、受領したCRS情報（非居住者金融口座情報）を活用することにより、個人等の海外預金口座を把握し、所得税申告書等に関連

する所得及び財産の記載がないことを確認し、所得税の申告漏れが想定されるケースを抽出します。

　このようなケースに該当する場合は税務調査が行われ、海外での金融商品への投資や不動産の購入、貸付け及び売却を行っていることなどが判明し、所得税の申告漏れを指摘されることがあります。

　国境を越えた資産の保有・運用は、今後も増加することが予想される中、一定の非居住者については、国外の税務当局に外国法令の規定により収集された個人番号も提供されることになるため、今まで以上に確実な租税の徴収が行われるものと思われます。

第6章 納税環境整備

1 税理士制度の見直し

Question

令和4年度税制改正では、税理士制度について見直しがあると聞きましたが、その内容を教えてください。

A 税理士業務の電子化が推進されるとともに、税理士に対する信頼と納税者の利便性向上を図るなどの見直しが行われます。

ここが変わる

税理士制度において、税理士業務の電子化推進が行われるとともに、税理士事務所の設置判定につき、設備又は使用人の有無等の物理的な事実により行わないこととする等の見直しが行われます。

また、税理士の多様な人材確保のため、税理士試験の受験資格の緩和が行われるとともに、税理士に対する信頼回復を図る観点から、登録抹消により懲戒逃れを図る税理士等への対応その他の見直しが行われます。

適用時期

第6章 納税環境整備　287

適用時期は、改正項目ごとに異なり、令和4年4月1日以後・令和5年4月1日以後・令和6年4月1日以後のいずれかの時期から適用されます。

　各改正項目の適用時期は、次のとおりです。

税理士制度の見直しの改正項目	適用時期
(1)　税理士業務における電子化の推進 　①　税理士業務の電子化による業務改善等（努力義務規定）	令和4年4月1日以後
②　税理士業務の電子化に関する規定の追加（絶対的記載事項）	令和5年4月1日以後
(2)　税理士事務所の該当性の判定基準の見直し	令和5年4月1日以後
(3)　税務代理の範囲の明確化 　①　通知等の受領行為は税務代理に該当することの明確化	令和4年4月1日以後
②　税務代理権限証書に関する様式の整備	令和6年4月1日以後
(4)　その他 　①　税理士会の総会等の招集通知及び議決権行使の委任の電子化	令和4年4月1日以後
②　税理士名簿等の作成方法の明確化	令和4年4月1日以後
(5)　税理士試験の受験資格要件の緩和	令和5年4月1日以後
(6)　税理士法人の業務範囲の拡充	令和4年4月1日以後
(7)　懲戒逃れを図る税理士等への対応 　①　元税理士に対する「懲戒処分相当であったことの決定」制度の創設等	令和5年4月1日以後
②　懲戒処分等の除斥期間の創設	令和5年4月1日以後
③　税理士法違反行為等に対する調査の見直し	令和5年4月1日以後
④　懲戒処分を受けた税理士法人社員の取扱い	令和4年4月1日以後
(8)　税理士が申告書に添付する書面の様式整備	令和6年4月1日以後
(9)　税理士試験受験願書等に関する様式整備	令和4年4月1日以後

　下記「解説」の各改正項目に、上記のいずれの時期から適用されるか記載していますので、ご確認ください。

解　説

❶　改正の背景

　ウィズコロナ・ポストコロナの新しい社会を見据え、税理士の業務環境や納税環境の電子化といった、税理士を取り巻く状況の変化に的確に対応するとともに、多様な人材の確保や、国民・納税者の税理士に対する信頼と納税者利便の向上を図る観点から、税理士制度について必要な見直しを行うこととなりました。

❷　改正の内容

⑴　税理士業務における電子化の推進

①　税理士及び税理士法人に対して「税理士業務の電子化等を通じて、納税義務者の利便の向上及び税理士業務の改善進歩を図るよう努めるものとする」旨の努力義務規定が設けられることとなります（令和4年4月1日以後適用）。

②　税理士会及び日本税理士会連合会会則の絶対的記載事項に、税理士業務の電子化に関する規定が追加されるとともに、この規定を変更するときは、財務大臣の認可が必要になります（令和5年4月1日以後適用）。

⑵　税理士事務所の該当性の判定基準の見直し（令和5年4月1日以後適用）

　税理士事務所に該当するかどうかの判定について、設備又は使用人の有無等の物理的な事実により行わないこととされます。

　併せて、税理士から離れた場所における使用人等の業務の適切性確保を図るための運用上の措置が講じられます。

第6章　納税環境整備　**289**

[税理士事務所の該当性の判断基準]

	現行制度	見直し（案）
法律上の規定	税理士は、税理士業務を行うための事務所を設けなければならない。また、複数設けてはならない。 ※ なお、税理士法人は事務所の複数設置が可能（ただし、税理士法人の社員税理士は個人事務所を設置できない）。	
「事務所」の捉え方	定義：「継続的に税理士業務を執行する場所」 ←判定基準：外部に対する表示の有無、設備の状況、使用人の有無　等 【課題】 物理的事実に着目した規制（応接設備や使用人を複数地点に設置できない）	定義：「税理士業務の本拠」 ←判定基準：外部に対する表示の有無 【見直し案】 設備や使用人の有無といった物理的事実による判定を行わないこととする。 → 業務の場所・形態にとらわれない働き方を促進。
規制の目的	「継続的な業務の執行場所」を1ヶ所に限定し、 ① 法律関係の明確化と （活動の本拠を1ヶ所に限定し、監督当局・税理士会による指導監督を円滑に実施） ② 使用人等による非税理士行為の抑止を図る。 （個人の監督能力を超えるような業務拡大を、事務所の面から規制）	「業務の本拠」を1ヶ所に限定し、 ・法律関係の明確化（左記と同じ）を図る。 使用人等の非税理士行為は、本来、使用者税理士の監督によって抑止するべきもの。 → 特に、税理士から離れた場所で行われる業務に対する監督の実効性確保のため、日税連と連携し、法令解釈や指針を定める等の取組みを進める。

（自由民主党税制調査会資料）

(3) 税務代理の範囲の明確化

① 税務代理を行うに当たって前提となるような通知等の受領行為は、税務代理権限証書に記載された税理士又は税理士法人の代理行為に該当することが明確化されます（令和4年4月1日以後適用）。

② 税務代理権限証書について、税務代理に該当しない代理についての記載欄を設ける等の見直しが行われます（令和6年4月1日以後適用）。

［税務代理の範囲の明確化］

税理士が行う主な代理行為	税務代理への該当性	代理関係を示すために必要な書類
・申告書の作成・提出 ・申告に関する税務官公署の質問への回答 ・調査での指摘に対する主張・陳述 ・調査の事前通知の受領※1 ・調査の結果通知の受領※1 ・処分の通知の受領	税務代理に該当する	法定の税務代理権限証書
・マイナポータルに格納されている納税義務者等の情報の取得 ・税務官公署に提出されている申告書等の閲覧 ・交付請求した納税証明書の受領※2	税務代理に該当しない（一般的な代理）	任意の委任状

【見直し①】税務代理に該当する旨を明確化する

税務代理（処分に対する主張・陳述等）をするに当たって前提となるような通知等の代理受領については、税務代理に含まれると考えることが適当。

【見直し②】代理関係の記載欄を税務代理権限証書の中に設ける等、様式の整備を行う

※1 国税通則法等において、税務代理人のみが代理受領できることが明示されている（ただし税務代理該当性への言及なし）。
※2 納税証明書の交付請求自体は、国税通則法に基づく請求行為であるため、税務代理に該当する。

（自由民主党税制調査会資料）

(4) その他（令和4年4月1日以後適用）

① 税理士会及び日本税理士会連合会の総会等の招集通知及び議決権行使の委任について、電磁的方法により行うことができることとなります。

② 税理士名簿及び税理士法人の名簿、税理士業務処理簿等の電子的記録媒体は、磁気ディスク等とされていますが、媒体の制約なく電磁的記録を作成できることが明確化されます。

(5) 税理士試験の受験資格要件の緩和（令和5年4月1日以後適用）

多様な人材の確保と受験者数の減少に対処するため、税理士試験の受験資格について、次の見直しが行われます。

① 会計学（簿記論・財務諸表論）については受験資格を不要とし、早期の受験開始が容易になります。

第6章　納税環境整備　291

②　大学等において一定の科目を修めた者が得ることができる受験資格について、その履修科目要件が「法律学又は経済学に属する科目」から「社会科学に属する科目」に拡充されます。

(6)　税理士法人の業務範囲の拡充（令和4年4月1日以後適用）

　改正前の税理士法人の業務範囲は、以下に掲げるものに限定されてきました。

・税理士業務（税務代理、税務書類の作成、税務相談）

・定款で定める財務に関する業務（財務書類の作成、会計帳簿の記帳代行等）

　税理士個人は他の法律に抵触しない限り、上記以外の業務が可能であるのに対し、税理士法人はその専門的な知見を活かして、成年後見業務や租税教育・普及の業務を行うことができませんでした。

　改正後は、税理士法人の業務の範囲に、次の業務が追加されます。

①　租税に関する教育その他知識の普及及び啓発の業務

②　後見人等の地位に就き、他人の法律行為について代理を行う業務　等

(7)　懲戒逃れを図る税理士等への対応

　改正前は、国税当局は次の手段により、税理士等による税理士法違反（脱税相談等）に対処してきました。

・税理士・税理士法人に対する調査（質問検査権の行使）

・調査の結果、国税審議会に諮った上で、その議決に基づく懲戒処分（2年以内の業務停止、業務禁止等）

　しかし、上記手段の対象が税理士現職者に限られているため、次のような課題がありました。

・懲戒手続開始前に税理士が自ら登録を抹消した場合、それ以上の調査や懲戒処分ができない（懲戒逃れ）

・無登録の者や、関係人（使用人・取引先銀行等）、官公署に対しては、行政指導による証拠収集しかできない

　また、業務禁止処分を受けた者は、税理士登録が抹消され、以後3年間は再登録できませんが、懲戒逃れの場合、証拠隠滅後の再登録が可能であり、官報公告も回避することができました。

　それらの課題へ対応するため、次の①～④の見直しが行われることになりました。

[調査・懲戒手続の流れ]

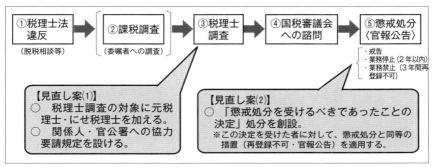

（自由民主党税制調査会資料）

① 元税理士に対する「懲戒処分相当であったことの決定」制度の創設等（令和５年４月１日以後適用）
　㈚　懲戒処分相当であったことの決定
　　　財務大臣は、元税理士について、税理士であった期間内に懲戒処分の対象となる行為又は事実があると認めたときは、懲戒処分を受けるべきであったことについて決定できることとなります。
　　　その場合、財務大臣は以下の事項を明らかにしなければなりません。
　　　ⓐ　受けるべきであった懲戒処分の種類
　　　ⓑ　その懲戒処分が税理士業務の停止処分である場合には、懲戒処分の種類及び税理士業務を停止をすべき期間
　㈹　官報公告
　　　上記㈚の決定があったときは、遅滞なく官報に公告されます。
　㈦　税理士欠格条項の追加
　　　税理士欠格条項（税理士法４）に、上記㈚の決定を受け、決定から３年を経過しない者が追加されます。
　㈡　税理士登録拒否事由の追加
　　　税理士登録拒否事由（税理士法24）に、上記㈚の決定を受け、上記㈚ⓑの税理士業務を停止をすべき期間を経過しない者が追加されます。

第６章　納税環境整備　293

② 懲戒処分等の除斥期間の創設（令和5年4月1日以後適用）

　　税理士等に係る懲戒処分について、懲戒の事由があったときから
10年を経過したときは、懲戒の手続を開始することができない除斥
期間が創設されます。

　　この除斥期間の取扱いは、税理士法人の税理士法違反行為等に対す
る処分及び上記①(イ)の決定について同様の措置が講じられます。

③ 税理士法違反行為等に対する調査の見直し（令和5年4月1日以後
適用）

　(イ)　税理士法に違反する行為又は事実に関する調査に係る質問検査等
　　の対象に、元税理士及びにせ税理士行為を行っている者が追加され
　　ます。

　(ロ)　国税庁長官は、税理士法に違反する行為又は事実があると思料す
　　るときは、関係人又は官公署に対し、必要な帳簿書類等の閲覧等の
　　協力を要請することができることとされます。

④ 懲戒処分を受けた社員税理士の取扱い（令和4年4月1日以後適用）

　　税理士法人の社員の法定脱退事由に「業務停止」が規定されていな
かったことから、業務停止となった社員税理士の社員資格の扱いが不
明確との指摘がありました。そこで、法定脱退理由に懲戒処分等によ
り税理士業務が停止されたことが追加されることとなりました。

(8)　**税理士が申告書に添付する書面の様式整備（令和6年4月1日以後
適用）**

　　税理士が申告書に添付することができる計算事項、審査事項等を記載
した書面について、税理士の実務を踏まえ様式の簡素化等の見直しが行
われます。

(9)　**税理士試験受験願書等に関する様式整備（令和4年4月1日以後）**

　　税理士試験受験願書に関する様式について、その税理士試験受験願書
に添付すべき写真の大きさ以外の制限を不要とする等の見直しが行われ
ます。

❸　実務のポイント

　　日本税理士会連合会から、次のような「税理士法の見直し」が要望さ
れていました。

●税理士法に関する改正要望（令和3年6月23日）

> ウィズコロナ・アフターコロナの社会・経済状況を見据え、ＩＣＴを前提とした税理士制度への変革が求められている。また、税理士には税理士業務のみならず、公益性の高い業務を担うことも求められている。
> これら税理士を取り巻く状況の変化に的確に対応すべく、多様な人材の確保を図るとともに税理士の資質の一層の向上など国民・納税者の税理士に対する信頼と納税者利便の向上を図る観点から税理士法の改正を要望する。

　令和4年度与党税制改正大綱では、「税理士法制度の見直し」が明記され、次期通常国会に改正法案が提出される見込みになったことから、日本税理士会連合会の会長から歓迎するコメントが報じられています。
　実務では、今後公表される法令等及び下記の説明資料などを参考にして、税理士制度の見直し内容を確認する必要があります。
・税理士法等の改正について（令和3年12月日本税理士会連合会）
　https://www.nichizeiren.or.jp/wp-content/uploads/member/doc/
　houkaisei.pdf（日本税理士会連合会会員専用ページ）

2 帳簿の提出がない場合等の過少申告加算税等の加重措置

Question

令和4年度税制改正では、帳簿の不保存や記載不備に対し加算税が加重される制度ができると聞きましたが、その内容を教えてください。

A 記帳水準の向上に資するため、過少申告加算税・無申告加算税の加重措置などが整備されます。

ここが変わる

修正申告等に際して帳簿等の提出要求があった場合に、その帳簿の記帳が不十分であったり、提出をしなかった場合には過少申告加算税・無申告加算税が加重されることとなりました。

適用時期

上記の改正は、令和6年1月1日以後に法定申告期限等が到来する国税について適用されます。

解説

❶ 改正の背景

適正な記帳や帳簿保存を行わない納税者については、真実の所得把握に係る税務当局の執行コストが多大となり、行政制裁等を適用する際の立証に困難を伴う場合もあります。

また、記帳義務の不履行や税務調査時の簿外経費の主張等に対する不

296 第2編 令和4年度税制改正の具体的内容

利益がないと、悪質な納税者を利するような事例も生じ、記帳義務・申告義務を適正に履行する納税者との公平性が保てないこととなります。

そのため、帳簿の不保存や不提示、記帳の不備に対して、その記帳義務不履行の程度に応じて過少申告加算税・無申告加算税を加重する仕組みが設けられることとなりました。

❷ 改正の内容

(1) 帳簿不提示等に対する加算税加重制度の創設

過少申告加算税制度及び無申告加算税制度について、納税者が、一定の帳簿に記載すべき事項に関し、次の①～③の税目に係る修正申告書の提出等があった時前に、帳簿の提出又は提出を求められ、かつ、次の(3)①又は②のいずれかに該当するときは、その修正申告等に基づき納付すべき税額に係る過少申告加算税又は無申告加算税について、本税の10%又は5％が加重される制度が創設されます。

① 所得税

② 法人税

③ 消費税（輸入消費税を除く）

(2) 対象となる修正申告等

① 修正申告書の提出

② 期限後申告書の提出

③ 更正

④ 決定

(3) 加重される場合とその加重割合

帳簿に記載すべき事項に関し生じた申告漏れ等に課される過少申告加算税の額又は無申告加算税の額は、通常課される過少申告加算税の額又は無申告加算税の額に、その申告漏れ等に係る所得税、法人税又は消費税の10%又は5％に相当する金額を加算した金額とされます。

① 10%加算される場合

・帳簿を提示又は提出しなかった場合

・提示又は提出した帳簿に記載すべき事項のうち、売上金額又は業務に係る収入金額の記載が著しく不十分である場合[注]

第6章 納税環境整備 **297**

（注）　記載が著しく不十分である場合

その帳簿に記載すべき売上金額又は業務に係る収入金額のうち2分の1以上が記載されていない場合をいいます。

②　5％加算される場合

・提示又は提出した帳簿に、売上金額又は業務に係る収入金額の記載が不十分である場合（上記①に該当する場合を除く）

（注）　記載が不十分である場合

その帳簿に記載すべき売上金額又は業務に係る収入金額のうち3分の1以上が記載されていない場合をいいます。

帳簿の提示又は提出	あ り			な し
収入金額の不記載割合	1/3 未満	1/3 以上	1/2 以上	－
加算税の加重割合	－	② 5％	① 10％	① 10％

(4)　対象となる帳簿

帳簿には、次に掲げる帳簿のうち、売上金額又は業務に係る収入金額の記載についての調査のために必要があると認められるものをいい、その電磁的記録を含みます。

①　所得税又は法人税の青色申告者が保存すべき仕訳帳及び総勘定元帳

②　所得税又は法人税において上記①の青色申告者以外の者が保存しなければならないこととされる帳簿

③　消費税の事業者が保存しなければならないこととされる帳簿

❸　実務のポイント

(1)　納税者の責めに帰すべき事由がない場合

納税者の責めに帰すべき事由がないと認められる場合（災害等の場合）には、加重措置が適用されないよう、運用上適切に配慮される措置がとられます。

(2)　証拠書類のない簿外経費への対応

税務調査の現場において、帳簿等に記載がなく所得金額の計算の基礎とされなかった簿外経費を納税者が主張する場合があります。

事実の仮装・隠蔽がある年分、又は無申告の年分の確定申告等の簿外経費については、次の①・②の場合を除き、必要経費（損金）不算入とする措置が講じられます。

①　その簿外経費が生じたことを明らかにする帳簿書類等を保存する場合（災害その他やむを得ない事情により帳簿書類の保存をすることができなかったことを納税者が証明した場合を含む）

②　その保存する帳簿書類等により簿外経費の額に係る取引の相手先が明らかである場合その他その取引が行われたことが推測され、かつ、反面調査等により税務署長がその取引が行われたと認める場合

3　修正申告書等の記載事項の整備

> **Question**
>
> 令和4年度税制改正では、修正申告書等の記載事項が見直されるそうですが、その内容を教えてください。

A ワンスオンリーの原則を徹底する観点から、当初申告等により税務当局が既に保有している情報について、再度記載することは不要とされます。

ここが変わる

修正申告書及び更正の請求書の記載事項から、その申告前又はその請求に係る更正前の課税標準等、納付すべき税額の計算上控除する金額及び還付金の額の計算の基礎となる税額が除外されます。

適用時期

上記の改正は、令和4年12月31日以後に課税期間が終了する修正申告書及び更正の請求書について適用されます。

また、課税期間のない国税については、同日後にその納税義務が成立する国税について適用されます。

解　説

❶　改正の背景

⑴　デジタル・ガバメント実行計画

デジタル庁の設置（令和3年9月1日）を見据え、「デジタル社会の

実現に向けた改革の基本方針」が令和2年12月25日閣議決定されました。

その中で、社会全体のデジタル化推進のため、まず国・地方の行政サービスにおいて、デジタル技術やデータを活用し「あらゆる手続が役所に行かずにできる」、「必要な給付が迅速に行われる」など、社会全体にデジタル化によるメリットを広く浸透させることが示されました。

また、行政が保有するさまざまなデータを、国民・企業が活用できるような形で連携できるデータ連携基盤を提供し、社会全体のデジタル化のための基盤を構築していくことが明記されました。

(2) デジタル3原則

社会全体のデジタル化推進に重要な役割を担うデジタル・ガバメント推進の取組として、令和元年12月に施行されたデジタル手続法においては、行政サービスをデジタルで完結させるために不可欠な以下①～③のデジタル3原則を基本原則として明確化するとともに、国の行政手続のオンライン化実施が原則とされました。

① デジタルファースト

個々の手続・サービスが一貫してデジタルで完結すること

② ワンスオンリー

一度提出した情報は、二度提出することを不要とすること

③ コネクテッド・ワンストップ

民間サービスを含め、複数の手続・サービスをワンストップで実現すること

❷ 改正前の制度

改正前の制度では、修正申告書及び更正の請求書には、以下の①及び②のいずれをも記載することとされています。

① 修正申告前及び更正の請求前の課税標準・税額

② 修正申告後及び更正の請求後の課税標準・税額

❸ 改正の内容

(1) 国税の修正申告書及び更正の請求書

ワンスオンリーの原則を徹底する観点から、当初申告等により税務当

局が既に保有している修正申告前及び更正の請求前の①課税標準等、②納付すべき税額の計算上控除する金額及び③還付金の額の計算の基礎となる税額については、修正申告書又は更正の請求書に記載不要とされます。

(2) **地方税の更正の請求書等の記載事項の整備**

地方税についても、国税同様、更正前の①課税標準等、②納付すべき税額の計算上控除する金額及び③還付金の額の計算の基礎となる税額は更正の請求書に記載不要とされます。

❹ 実務のポイント

最終的な納付税額又は還付税額を算出する過程において必要な情報として、修正申告前及び更正の請求前の税額については、引き続き記載することが求められます。

具体的には、修正申告前及び更正の請求前の①課税標準、②課税標準から控除する金額、③純損失等の金額及び④源泉徴収税額等の記載が不要とされます。

例えば、所得税の修正申告書の例によれば、修正前の所得金額及び所得から控除される金額、税金の計算については記載不要となることから、第五表は廃止され、修正前の税額及び修正申告により増加する税額等については、第一表へ統合されることが見込まれます。

302　第2編　令和4年度税制改正の具体的内容

[申告書改訂のイメージ（所得税の修正申告書の例）]

現行の取扱い：別表（第5表）に修正申告前・更正の請求前の課税標準・税額を記載
改訂のイメージ：修正申告前・更正の請求前の課税標準 ⇒ 記載不要
　　　　　　　　修正申告前・更正の請求前の税額 ⇒ 申告書（第1表）に記載

（自由民主党税制調査会資料）

第6章　納税環境整備　303

4　個人番号カードを利用した e-Tax の利便性の向上

Question

　令和4年度改正では、個人番号カード（マイナンバーカード）を利用した e-Tax の利便性が向上するようですが、その内容について教えてください。

　　A　事前登録として個人番号カードの「利用者証明用電子証明書」及び「署名用電子証明書」を用いて電子署名等の送信をした者が、個人番号カードを利用して e-Tax により申請等を行う場合には、電子署名等の送信を要しないことになります。

ここが変わる

　改正前の制度では、個人番号カードを利用して e-Tax により申請等を行う場合には、e-Tax のログイン時に「利用者証明用電子証明書」のパスワードを入力して、その申請等のデータに電子署名等を付して送信しなければなりませんでしたが、改正により、電子署名等を事前登録すれば、申請等を行う際に、電子署名等の送信が不要となります。

適用時期

　令和5年1月1日以後に行う申請等について適用されます。

解　　説

❶　用語の解説

(1)　個人番号カード

304　第2編　令和4年度税制改正の具体的内容

個人番号カードは、プラスチック製の IC チップ付きカードで券面に氏名・住所・生年月日・性別・個人番号（マイナンバー）と本人の顔写真等が表示されます。

　本人確認のための身分証明書として利用できるほか、自治体サービス、e-Tax 等の電子証明書を利用した電子申請等、さまざまなサービスにも利用できます。

(2)　パスワード

　「利用者証明用電子証明書」のパスワードは、4 桁の数字のパスワードで、e-Tax やマイナポータルなどのログインに利用します。

　「署名用電子証明書」のパスワードは、6 〜 16 桁の英数字混在のパスワードで、e-Tax やマイナポータルなどの電子申請に利用します。

　なお、これらのパスワードは変更することができます。

(3)　G ビズ ID（法人共通認証基盤）

　G ビズ ID は、法人・個人事業主向け共通認証システムで、G ビズ ID を取得すると、1 つの ID・パスワードで、補助金申請システムや社会保険手続の電子申請など、各担当省庁のさまざまな行政サービスにログインできます。

❷　改正の背景

　e-Tax の申告利便等の向上の観点から、手続が簡素化されます。

❸　改正前の制度

　改正前の制度では、個人番号カードを利用して e-Tax により申請等を行う場合には、e-Tax のログイン時に「利用者証明用電子証明書」のパスワードを入力して、その申請等のデータに電子署名等（「署名用電子証明書」のパスワードの入力）を付して送信しなければなりませんでした。

❹　改正の内容

　あらかじめ行政手続における特定の個人を識別するための番号の利用等に関する法律の規定により電子情報処理組織を使用して個人番号の提供を受ける場合の本人確認の措置（国税庁長官が定めるものに限る）が

第 6 章　納税環境整備　**305**

行われた場合には、個人番号カードを用いて電子情報処理組織を使用する方法 (e-Tax) により申請等を行う際に、識別符号及び暗証符号の入力並びに電子署名及び電子証明書の送信を要しないことになります。

また、e-Taxによる手続の簡素化・合理化、GビズID（法人共通認証基盤）を活用した申請等、スマートフォンを使用して上記の本人確認の措置を行うことを可能とする等、申告利便等を向上させる取組みが行われます。

［マイナンバーカードを利用した e-Tax の利便性の向上］

【現行】
　マイナンバーカードを利用して e-Tax により申請等を行う場合には、e-Taxのログイン時に「利用者証明用電子証明書のＰＷ」を入力して、その申請等のデータに電子署名等（「署名用電子証明書のＰＷ」の入力）を付して送信しなければならないこととされている。

【見直し案】
　事前登録としてマイナンバーカードの「利用者証明用電子証明書」及び「署名用電子証明書」を用いて電子署名等の送信（番号法上の本人確認）をした者が、マイナンバーカードを利用して e-Tax により申請等を行う場合には、電子署名等の送信（「署名用電子証明書のＰＷ」の入力）を要しないこととする（令和５年１月１日以後に行う申請等について適用）

	利用者証明用 電子証明書のＰＷ	e-TaxのＩＤ・ＰＷ	電子署名等（署名用 電子証明書のＰＷ）
マイナンバーカード 方式	○	×	（電子署名等の事前 登録をした場合） ○ ⇒ ×
ＩＤ・ＰＷ方式	―	○	×

【電子署名等を登録済みの者がマイナンバーカードを利用して e-Tax で行う申請等のイメージ】

①利用者証明用電子証明書のPW（4桁）
申請等のデータ
電子署名等
②署名用電子証明書のPW（6桁〜16桁）

【見直し案】
電子署名等の送信（署名用電子証明書のPWの入力）は不要

(注1) 国税庁のサーバ署名により、申請等における改ざん防止措置を運用上講ずる。
(注2) e-Tax の手続を簡素化する等の観点から、①マイページ経由の申請等、②ＧビズＩＤ（法人・個人事業主向け共通認証システム）を用いた申請等、③スマートフォンによる事前登録としての電子署名等の送信を可能とするなど、申告利便等の更なる向上に取り組む。

（自由民主党税制調査会資料）

❺　実務のポイント

　申請等を行う前に、事前登録として個人番号カードの「利用者証明用電子証明書」及び「署名用電子証明書」を用いて電子署名等の送信（番号法上の本人確認）をする必要があります。

　なお、「利用者証明用電子証明書」については3回連続で、「署名用電子証明書」については5回連続で、パスワードを間違えて入力した場合、パスワードにロックがかかり、これらの電子証明書は利用できなくなります。

　この場合、電子証明書の発行を受けた市区町村窓口にてパスワードのロックを解除するとともに、パスワードの初期化申請をし、パスワードの再設定を行う必要があります。

5 添付書面等記載事項の提出方法の見直し

Question

令和4年度改正では、添付書面等記載事項の提出方法の見直しが行われるようですが、その内容について教えてください。

A e-Tax による相続税の申告の添付書類について、光ディスク等による提出が可能になります。

また、e-Tax による法人税及び地方法人税の申告等の添付書類について、磁気テープによる提出ができなくなります。

ここが変わる

改正前の制度では、e-Tax による相続税の申告の添付書類について、「イメージデータ（PDF）」の送信により行うこととされていましたが、改正により、光ディスク等による提出が可能になります。また、e-Tax による法人税及び地方法人税の申告等の添付書類について、磁気テープによる提出ができなくなります。

適用時期

令和4年4月1日以後に行う申請等について適用されます。

解　説

❶　用語の解説

(1)　光ディスク等

光ディスク等とは、コンパクトディスク（CD）、デジタルバーサタイ

308　第2編　令和4年度税制改正の具体的内容

ルディスク（DVD）、フロッピーディスク（FD）、光磁気ディスク（MO）で一定のものをいいます。提出が認められる光ディスク等は、規格等が定められています。

⑵　イメージデータ（PDF）

　イメージデータ（PDF）とは、添付書類をデータ化したもので、提出が認められるデータ形式は PDF 形式です。PDF ファイルを作成する方法は、添付書類（書面）をスキャナで読み取り、PDF 形式に変換する方法や、パソコンで作成した添付書類（文書データ等）をソフトウェアで PDF 形式に変換する方法があります。

⑶　磁気テープ

　磁気テープとは、カートリッジ型磁気テープで一定のものをいいます。提出が認められる磁気テープは、型式・記録密度・トラック数・寸法等が定められています。

　なお、現在は、ほとんど利用されていません。

❷　改正の背景

　e-Tax による相続税の申告において、添付書類の提出は、「イメージデータ（PDF）」の送信により行うこととされていましたが、相続税の申告の添付書類は、大部となる場合も多く、「イメージデータ（PDF）」を分割して、複数回送信する必要がありました。

　そのため、納税者利便の向上を図る観点から改正されることになりました。

　また、e-Tax による法人税及び地方法人税の申告等の添付書類の提出は、磁気テープによる提出が認められていましたが、近年提出がなく、今後の提出もないと想定されていました。

❸　改正前の制度

　改正前の制度では、e-Tax による相続税の申告の添付書類について、「イメージデータ（PDF）」の送信により行うこととされていました。

　また、e-Tax による法人税及び地方法人税の申告等の添付書類について、磁気テープによる提出が認められていました。

第6章　納税環境整備　**309**

❹ 改正の内容

添付書面等記載事項の提供方法について、次の見直しが行われます。

(1) 相続税の添付書面等

電子情報処理組織を使用する方法(e-Tax)による相続税の申告書の添付書面等記載事項（添付書面等に記載されている事項又は記載すべき事項をいう。以下同じ）の提供方法に、光ディスク又は磁気ディスクを提出する方法が加わります。

(2) 法人税等の添付書面等

電子情報処理組織を使用する方法(e-Tax)による法人税及び地方法人税の確定申告書等の添付書面等記載事項の提供方法から、磁気テープを提出する方法が除外されます。

［e-Taxによる相続税の申告に係る添付書類の提出方法の拡充］

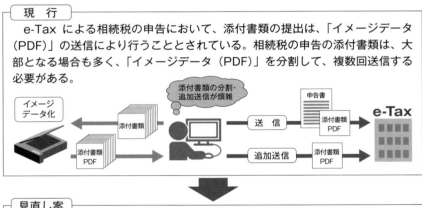

（自由民主党税制調査会資料）

❺ 実務のポイント

e-Tax による相続税の申告において、添付書類を光ディスク等で提出する場合には、「イメージデータ（PDF）」を保存した光ディスク等を別途、送付等により所轄税務署に提出することになります。

e-Tax による相続税の申告において、添付書類を「イメージデータ（PDF）」の送信で提出する場合には、1 回の送信当たりの PDF ファイル数は 136 ファイル、データ容量は PDF ファイル合計で 8 メガバイトが上限となっており、追加で 10 回まで送信できますが、それでもデータ容量を超過した場合には、送信できなかった添付書類を別途、送付等により所轄税務署に提出する必要があります。

また、PDF ファイルの作成に当たっては、次の点に留意する必要があります。

・解像度は 200dpi 相当以上であること
・赤色、緑色及び青色が 256 階調（24 ビットカラー）以上であること
・目視により内容の確認が可能であること
・パスワードを設定しないこと
・可能な限り、項目ごとに複数の添付書類をまとめて作成すること

第6章　納税環境整備　**311**

6 特定納付手続専用 ID の e-Tax 用 ID・パスワードへの統合

Question

　令和4年度改正では、特定納付手続専用 ID が e-Tax 用 ID・パスワードへ統合されるようですが、その内容について教えてください。

　A 特定納付手続専用 ID の発行手続を廃止し、特定納付手続にも利用可能な e-Tax 用 ID・パスワードの発行手続に統一されます。

ここが変わる

　改正前の制度では、特定納付手続専用 ID を有する者が、e-Tax による申請等を行うためには、e-Tax 用パスワードの発行を受ける必要がありましたが、改正により、特定納付手続専用 ID の発行手続を廃止し、特定納付手続にも利用可能な e-Tax 用 ID・パスワードの発行手続に統一されます。

適用時期

　令和5年1月1日から施行されます。

解　説

❶　用語の解説

⑴　特定納付手続専用 ID

　特定納付手続専用 ID は、特定納付手続をするために必要な16桁の番号で、電子申告等開始届出書を所轄税務署に提出することで通知され

312　第2編　令和4年度税制改正の具体的内容

ます。

　なお、特定納付手続専用 ID は、特定納付手続にのみ利用するため、e-Tax には利用できませんが、電子証明書やインターネットを利用できる環境がなくても、ATM 等を利用して納付手続を行うことができるようになります。

　また、特定納付手続専用 ID は、変更することができません。

⑵　e-Tax 用 ID

　e-Tax 用 ID は、e-Tax をするために必要な 16 桁の番号で、電子申告等開始届出書を所轄税務署に提出することで通知されます。

　なお、e-Tax 用 ID は、特定納付手続にも利用できます。

　また、e-Tax 用 ID は、変更することができません。

⑶　e-Tax 用パスワード

　e-Tax 用パスワードは、e-Tax 用 ID とともに所轄税務署から通知されます。初めて e-Tax の受付システムにログインする際、パスワードの変更画面が表示されますので、8 桁以上 50 桁以内の英小文字と数字の 2 種類を組み合わせたパスワードを設定する必要があります。

　なお、一度変更した e-Tax 用パスワードは e-Tax の受付システムが稼動中であればいつでも変更することができます。

❷　改正の背景

　e-Tax 用 ID は、e-Tax による申告のほか、特定納付手続にも利用することができることから、特定納付手続専用 ID の発行手続を廃止し、e-Tax 用 ID・パスワードの発行手続に統一することになりました。

❸　改正前の制度

　改正前の制度では、書面による申告を行い、ATM 等で納付（特定納付手続）をする場合には、所轄税務署から特定納付手続専用 ID の発行を受ける必要があり、その後、書面による申告に代えて、e-Tax により申告を行う場合には、e-Tax 用パスワードの発行を受ける必要がありました。

第 6 章　納税環境整備　**313**

❹ 改正の内容

　国税の納付手続に利用できるものとして、金融機関が提供するプログラムのみを使用して行う国税の納付手続（以下「特定納付手続」という）

［特定納付手続専用IDのe-Tax用ID・パスワードへの統合］

【現行】
　書面による申告を行い、ATM等で納付（特定納付手続）をする場合には、税務署から特定納付手続専用IDの発行を受ける必要があるが、その後、書面による申告に代えて、e-Taxにより申告を行う場合には、e-Tax用パスワード（PW）の発行を受ける必要がある。

【見直し案】
　e-Tax用IDは、e-Taxによる申告のほか、特定納付手続にも利用することができることから、特定納付手続専用IDの発行手続を廃止し、e-Tax用ID・PWの発行手続に統一することとする（令和5年1月1日施行）。
　（注）　上記の特定納付手続専用IDの発行手続の廃止に伴い、令和5年1月1日において特定納付手続専用IDを有する納税者に対し、追加の手続を要しないでe-Tax用PWを発行する措置を講ずる。

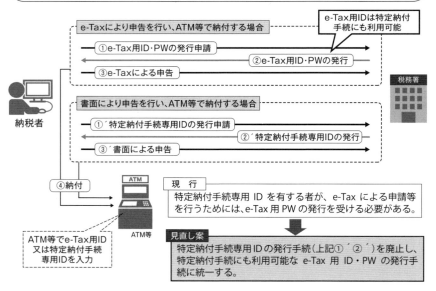

（自由民主党税制調査会資料）

について、特定納付手続に使用する識別符号を通知する手続等が廃止されます。

　また、令和5年1月1日において、既に特定納付手続に使用する識別符号が通知されている者（同日において電子情報処理組織を使用する方法（e-Tax）に係る暗証符号が通知されている者を除く）に対し、電子情報処理組織を使用する方法に係る暗証符号が通知されることになります。

❺　実務のポイント

　特定納付手続専用IDの発行手続の廃止に伴い、令和5年1月1日において特定納付手続専用IDを有する者(同日においてe-Tax用パスワードを有する者を除く）に対し、税務署からe-Tax用パスワードが通知されますので、追加の手続は必要ありません。

　なお、施行日前に、特定納付手続専用IDを有する者が、e-Taxによる申請等を行うためには、電子申告等変更等届出書を所轄税務署に提出し、e-Tax用パスワードの発行を受ける必要があります。

　ただし、個人であればマイナンバーカード方式又はID・パスワード方式を利用することで、e-Taxによる申請等をすることもできます。

第6章　納税環境整備　**315**

7 公売における入札手続の電子化

Question

　令和4年度改正では、公売における入札手続の電子化が行われるようですが、その内容について教えてください。

A 公売における入札書を書面により提出する方法に加え、電子的な提出が可能になります。

ここが変わる

　改正前の制度では、入札をしようとする者は入札書（書面）に封をして、徴収職員に提出することとされていましたが、改正により、書面により提出する方法に加え、開札時まで誰も入札情報を閲覧できない措置（暗号化等）を講じた上で、電子的な提出が可能になります。

適用時期

　令和5年4月1日以後に行う公告に係る公売について適用されます。

解　　説

❶ 公売とは

　公売とは、国税局又は税務署が差し押さえた財産を滞納国税に充てるため、広く不特定多数の買受希望者を募り、入札又は競り売りの方法によって売却することをいいます。

　公売では、買受後の返品が認められないほか、品質・機能について保証がないため、一般的に市場価格より低い見積価額（公売財産の売却価

316　第2編　令和4年度税制改正の具体的内容

額の最低額を示すものをいう）が設定されています。

売却される財産は、土地・建物といった不動産のほか、宝飾品・美術品・家電製品・自動車など、さまざまな種類のものがあります。

公売は、全国の国税局や税務署の公売会場で行われるほか、インターネット公売や、郵送で入札を受け付ける期間入札が行われる場合もあり、国税庁・国税局・税務署の職員などを除き、原則として誰でも参加できます。

❷ 改正の背景

公売における入札手続は、入札書を書面により提出する方法に限られていました。

❸ 改正前の制度

改正前の制度では、入札による公売において、入札をしようとする者は入札書（書面）に封をして、徴収職員に提出することとされていました。

なお、徴収職員は入札書を開札まで封をしたまま保管し、開札時に開封していました。

❹ 改正の内容

電子情報処理組織を使用する方法により行う入札について、次の措置が講じられます。

⑴ 入札者の電子的な提出の承認

入札の情報を、電子情報処理組織を使用して送信がされた時から開札の時までの間、何人も閲覧することができないこととする措置をもって、入札書に封をすることに代えることができることになります。

⑵ 入札情報の代理送信

入札者から委任を受けた者の電子署名及び電子証明書を送信する場合には、当該入札者の電子署名及び電子証明書の送信を要しないことになります。

❺ 実務のポイント

代理人が入札手続を行う場合における入札者及び共同入札を行う場合

納税環境整備

第6章　納税環境整備　**317**

［公売における入札手続の電子化］

【現行】
○ 入札による公売において、入札をしようとする者は入札書（書面）に封をして、徴収職員に提出することとされている。

【見直し案】
○ 上記に加えて、入札書の電子的な提出を可能とするため、開札時まで誰も入札内容を知り得ないようにするための手続（入札書に封をすることに相当する措置）を整備する（令和5年4月1日施行）。

※①代理人が入札手続を行う場合における入札者及び②共同入札を行う場合における代表入札者以外の入札者については、その委任関係の確認（委任状を添付して入札書の電子的な提出を行う場合）を前提に、入札書の電子的な提出を行う際の電子署名等の送信を要しないこととする。

（自由民主党税制調査会資料）

における代表入札者以外の入札者については、その委任関係の確認（委任状を添付して入札書の電子的な提出を行う場合）を前提に、入札書の電子的な提出を行う際の電子署名等の送信を要しません。

公売では、財産が現況のまま売却されるので、不動産については、登記簿謄本による権利関係の確認と、実際に現地に行って財産を確認すべきです。

動産については、下見会が開催される場合もありますので、国税庁ホームページで日程等を確認の上、実際に財産を確認することも検討すべきです。

8 タイムスタンプの国による認定制度の創設に伴うスキャナ保存制度等の整備

Question

国税又は地方税関係書類に係るスキャナ保存制度等のタイムスタンプ要件が整備されるそうですが、どのような内容でしょうか。

> **A** 国税又は地方税関係書類に係る電磁的記録又は電子取引の取引情報に係る電磁的記録の記録事項に総務大臣が認定する業務に係るタイムスタンプを付すこととなります。

ここが変わる

国税又は地方税関係書類に係るスキャナ保存制度及び電子取引（取引情報の授受を電磁的方式により行う取引をいう。以下同じ）の取引情報に係る電磁的記録（以下「電子取引データ」という）の保存制度のタイムスタンプ要件について、一般財団法人日本データ通信協会が認定する業務に係るタイムスタンプに代わり、総務大臣が認定する時刻認証業務に係るタイムスタンプを付すこととなります。

適用時期

原則として令和4年4月1日以後に保存が行われる国税又は地方税関係書類又は電子取引データについて適用されます。

解　説

❶ 改正の背景

スキャナ保存による国税又は地方税関係書類の電子化等を推進し、新

型コロナウイルス感染防止に資するテレワーク等の推進を可能とする社会全体のデジタル化を進め、実空間とサイバー空間が高度に融合するSociety5.0の実現に寄与するため、令和3年6月に閣議決定された「成長戦略フォローアップ」及び「デジタル社会の実現に向けた重点計画」にも記載された内容のとおり、タイムスタンプについては、民間の認定制度に係るタイムスタンプに代わり、国による信頼性の裏付けを持った総務大臣認定の業務に係るタイムスタンプを電子帳簿等保存制度の要件に位置づけることとなりました。

❷　改正の内容

国税又は地方税関係書類に係るスキャナ保存制度及び電子取引データの保存制度のタイムスタンプ要件について、その付与期間内に国税又は地方税関係書類に係る電磁的記録又は電子取引データの記録事項に「時刻認証業務の認定に関する規程」に基づき総務大臣が認定する時刻認証業務に係るタイムスタンプ（現行：一般財団法人日本データ通信協会が認定する業務に係るタイムスタンプ）を付すこととなります。

なお、この制度は、令和4年4月1日以後に保存が行われる国税又は地方税関係書類又は電子取引データについて適用されますが、経過措置として、令和4年4月1日から令和5年7月29日までの間に保存が行われる国税又は地方税関係書類又は電子取引データのタイムスタンプ要件については、従前どおり上記の記録事項に一般財団法人日本データ通信協会が認定する業務に係るタイムスタンプを付すことができます。

[タイムスタンプの国による認定制度]

- 2020年3月より、「タイムスタンプ認定制度に関する検討会(座長:立教大学法学部教授東條吉純)」を開催し、国際動向も踏まえつつ、国としての認定の仕組みを検討。
- 2020年12月、「タイムスタンプ認定制度に関する検討会取りまとめ(案)」と、本案を踏まえた告示として「時刻認証業務の認定に関する規程(案)」を公表し、意見募集を実施。2021年4月1日に公布・施行(指定調査機関の関係のみ)。
- 2021年6月24日に指定調査機関として一般財団法人日本データ通信協会を指定、同年7月30日に当該規程の認定部分について施行、認定の受付を開始。

タイムスタンプの国による認定制度(総務省告示)の概要

・電子データがある時点に存在していたこと及び当該電子データがその時点から改ざんされていないことを証明する情報である「タイムスタンプ」を、電子データに係る情報に付与する役務を提供する業務を「時刻認証業務」とする。
・時刻認証業務の中で、確実かつ安定的にタイムスタンプを発行するための要件を満たすものを、「認定時刻認証業務」とする。

> 認定要件のポイント(抜粋)
> ○ デジタル署名方式を用いること。
> ○ 時刻源は国立研究開発法人情報通信研究機構のUTC(NICT)とすること。
> ○ 発行する(した)タイムスタンプと当該時刻源との時刻差が1秒以内となるよう、時刻の品質を管理及び証明する措置を講じること。
> ○ タイムスタンプは十分な安全性を有する暗号技術や装置等を用いて生成・管理すること。

認定制度の仕組み

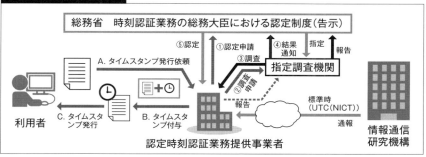

(総務省資料)

❸ 実務のポイント

本制度は、スキャナ保存制度及び電子取引データの保存制度に係る国税又は地方税関係書類の電磁的記録又は電子取引データの記録事項に付与するタイムスタンプの認定制度の変更に伴って整備された制度です。

スキャナ保存制度及び電子取引データの保存制度のタイムスタンプ要件について、制度の適用を受ける事業者は、原則として、総務大臣の認定を受けた認定時刻認証業務提供事業者（タイムスタンプ業者）が付与するタイムスタンプの発行を受ける必要があります。

[現行の日本データ通信協会の認定制度と国による新たな認定制度の比較]

□ 変更なし　■ 変更あり

	各論点	日本データ通信協会の制度	国による新たな認定制度
■	認定の単位	事業者単位	業務（サービス）単位
■	タイムスタンプの信頼性確保の方式（時刻配信・監査業務事業者（TAA）の扱い）	TAA方式に限定	TAA方式以外も認める ※トレーサビリティの起点となる時刻源はUTC（NICT）
■	時刻認証業務の技術方式	デジタル署名方式、アーカイビング方式、リンキング方式	デジタル署名方式
■	申請できる者の条件	日本国内に拠点を有する者	国内に限定しない（外国の事業者の申請も認める）
■	設備面の基準	FIPS140-2レベル3認証相当以上	FIPS140-2レベル3認証相当以上に限定せず、コモンクライテリア等の認証制度も活用する
■	審査プロセスの効率化	－	ISMS等の認証や電子署名法の制度（申請時の提出書類、調査結果等）を活用し、効率化を図る
□	認定の有効期間	2年	
■	調査を実施する機関	認定主体：日本データ通信協会 調査主体：日本データ通信協会	認定主体：総務省 調査主体：総務省（第三者機関に委託可）
■	調査の内容	技術面、運用面、ファシリティ面、システムの安全性、情報開示	事業体の要件、技術面、運用面、ファシリティ面、システムの安全性、情報開示
□	監査の内容	調査で実施する全項目を対象	
□	監査のあり方	年に1回自主監査（部署外による内部監査も可）	
■	トラステッドリスト（仮称）への記載事項等	・氏名又は名称、法人はその代表者 ・認定に係る業務の種類 ・住所 ・認定日及び更新日並びに有効期間を日本データ通信協会のHPに公開	・認定業務を特定可能な情報（業務の名称、TSA公開鍵証明書等） ・認定業務を実施する者が特定可能な情報（法人番号等）等について、国による認定タイムスタンプの履歴情報含め、総務省HPに公開 ※機械可読形式での公表は今後の検討課題
■	事業体として求められる要件	－	財務状況等を審査項目で規定
■	廃止の場合の取扱い	・日本データ通信協会への事後的な届出 ・利用者に対する事前通知	・総務省への事前の届出 ・利用者に対する通知（終了計画を含む） ※終了計画は、届出とあわせて提出
■	TSA公開鍵証明書を発行する認証事業者の基準	・電子署名法の認定認証事業者と同等の認証局 ・信頼ある監査機関の監査に適合した認証局（WebTrust認証）	・電子署名法の認定認証事業者 ・WebTrust認証に適合した認証局

（総務省サイバーセキュリティ統括官室資料）

9 電子取引の取引情報に係る電磁的記録の保存への円滑な移行のための宥恕措置の整備

Question

電子取引の取引情報に係る電磁的記録の保存の義務化について、どのような宥恕措置が講じられるのでしょうか。

A やむを得ない事情があり、かつ、税務調査等で書面での提示等をすることができる場合には、電子取引の取引情報に係る電磁的記録の保存義務が宥恕されます。

ここが変わる

電子取引の取引情報に係る電磁的記録（以下「電子取引データ」という）の保存について、申告所得税及び法人税に係る保存義務者が行う電子取引につき、納税地等の所轄税務署長がその電子取引データを保存要件に従って保存をすることができなかったことについてやむを得ない事情があると認め、かつ、その保存義務者が税務調査等でその電磁的記録（以下「電子データ」という）を出力書面により提示又は提出することができる場合には、その電子取引データの保存をすることができることとする経過措置が講じられます。

適用時期

上記の措置は、令和4年1月1日以後に行う電子取引の取引情報について、令和4年1月1日から令和5年12月31日までの間に行う電子取引に適用されます。

324 第2編 令和4年度税制改正の具体的内容

解　説

❶　改正の背景

　令和３年度改正において、経済社会のデジタル化を踏まえ、電子帳簿についてインセンティブを設けることで記帳水準の向上を図るとともに、クラウド会計など低コストのソフトの利便性を図り、正規の簿記の普及とペーパーレス化に資するため、電子帳簿等保存制度の見直しが行われました。その一環として、令和４年１月１日以後に行う電子取引データについて、その電子データの出力書面等の保存をもってその電子データの保存に代えることができる措置が廃止されました（電子取引データの保存の義務化）。

　しかし、事業者の電子取引データの保存要件に対応するためのシステム整備や、社内のワークフローの構築などについて、大企業であっても施行までの間に対応未完了（準備中）の事業者が多数いることや、中小企業においては制度の認知が十分に進んでいないため、申告・納税等の税務手続の一層の電子化の推進等の観点から、企業の事務負担軽減に資するよう、電子帳簿保存法の電子取引の保存に関する制度や税務調査のデジタル化等について、所要の整備を講じることとして、保存義務者が、令和４年１月１日から令和５年12月31日までの間（２年間）に行われた電子取引データは、保存要件に従って保存できなかったことについてやむを得ない事情がある場合には、引き続きその出力書面による保存を可能とする措置が講じられました。

❷　改正前の制度

⑴　電子帳簿保存法の概要

　電子計算機を使用して作成する国税関係帳簿書類の保存方法等の特例に関する法律（以下「電子帳簿保存法」という）は、高度情報化・ペーパーレス化が進展する中で、コンピュータ会計による帳簿書類作成の普及に伴い、帳簿書類の電子データ等による保存の容認という関係各界からの要望などを踏まえ、平成10年度改正において、適正公平な課税を

第６章　納税環境整備　**325**

確保しつつ納税者等の帳簿保存に係る負担軽減を図るなどの観点から創設された制度です。

電子帳簿保存法は、各税法で原則紙での保存が義務づけられている帳簿書類について、一定の要件を満たした上で、電子データによる保存を可能とすること及び電子的に授受した取引情報の保存義務等を定めた法律です。電子帳簿保存法上、電子データによる保存は大きく3種類に区分され、電子取引データ保存はその中の一つに該当します。

電子帳簿等保存とスキャナ保存は、一定の要件を満たした上で、書面による帳簿等の備付け及び保存に代えて電子データによる帳簿等の備付け及び保存ができることとされているのに対して、電子取引データ保存は、電子取引を行った場合は、原則としてその電子取引データを保存しなければならないこととされています。

[電子帳簿等保存・スキャナ保存と電子取引データ保存]

制度の種類	概　要	保存対象となる書類データ
電子帳簿等保存 （電帳法4①・②）	電子的に作成した帳簿書類をデータのまま保存することができる制度	・国税関係書類（仕訳帳、総勘定元帳、現預金出納帳、売上帳、仕入帳、固定資産台帳　等） ・決算関係書類（貸借対照表、損益計算書、棚卸表　等） ・自社又は取引先が発行する取引先関係書類（契約書、見積書、請求書、領収書　等）
スキャナ保存 （電帳法4③）	紙で受領作成した書類を画像等のデータで保存することができる制度	取引先が発行する取引先関係書類（契約書、見積書、請求書、領収書　等）
電子取引データ保存（電帳法7）	電子的に授受した取引情報(注)をデータで保存しなければならない制度	自社又は取引先が発行する取引先関係書類（契約書、見積書、請求書、領収書　等）

（注）　電子的に授受した取引情報の具体例
　　①　EDI取引（取引情報のやり取りを電子データの交換により行う取引）
　　②　インターネット等による取引

③　電子メールにより取引情報と授受する取引（添付ファイルによる場合を含む）
④　インターネット上にサイトを設け、当該サイトを通じて取引情報を授受する取引

(2)　電子取引データの保存要件について

　電子取引データの保存に当たっては、真実性や可視性を確保するための要件を満たす必要があります。

[真実性の確保と可視性の確保]

真実性の確保	右記のいずれかの措置 （電帳規4①）	①　タイムスタンプが付与された後、取引情報の授受を行う。 ②　取引情報の授受後、速やかに又はその業務の処理に係る通常の期間を経過した後、速やかに（最長約2か月とおおむね7営業日以内）タイムスタンプを付すとともに保存を行う者又は監督者に関する情報を確認できるようにしておく。 ③　記録事項の訂正・削除を行った場合に、これらの事実及び内容を確認できるシステム又は記録事項の訂正・削除を行うことができないシステムで取引情報の授受及び保存を行う。 ④　正当な理由がない電子取引データの訂正・削除の防止に関する事務処理規程^(注1)を定め、その規程に沿った運用を行う。
可視性の確保	見読可能装置の備付け等 （電帳規2②二、4①）	保存場所に、電子計算機（パソコン等）、プログラム、ディスプレイ、プリンタ及びこれらの操作マニュアルを備え付け、画面・書面に整然とした形式及び明瞭な状態で速やかに出力できるようにしておくこと。
	電子計算処理システムの概要を記載した書類の備付け （電帳規2②一イ・⑥七、4①）	自社開発プログラムを使用する場合に限る。

第6章　納税環境整備　327

	検索機能の確保(注2) (電帳規⑥六、4①)	① 取引等の「日付・金額・相手方」で検索ができる。 ② 「日付・金額」について範囲を指定して検索ができる。 ③ 「日付・金額・相手方」を組み合わせて検索ができる。 ・質問検査権に基づいて課税当局が行う「ダウンロードの求め」に全て応ずることができる場合には、②、③は不要。 ・判定期間(注3)の売上高が1,000万円以下で上記ダウンロードに応ずることができる場合には、全ての要件が不要。
可視性の確保		

（注１）「電子取引データの訂正・削除の防止に関する事務処理規程」について
　　　　国税庁のホームページにて、上記規程のサンプルの書式をWordファイルで公表
　　　　しており、ひな形として活用することができる。
（注２）「検索機能の確保」の例外的方法について
　　　・規則的なファイル名に付す方法
　　　　データのファイル名に規則性をもって所定の項目を入力し、特定のフォルダに集
　　　　約しておくことで、フォルダの検索機能が活用できる。

　　　　　〈規則性を有したファイル名の例〉

```
📄 20210131_110,000_（株）霞商事 .pdf
✉ 20210210_330,000_ 国税工務店（株）.msg
📄 20210228_330,000_ 国税工務店（株）.pdf
✉ 20211217_220,000_（株）霞商事 .msg
📄 20211227_550,000_ 国税工務店（株）.pdf
```
　　　　　　　　　　　　　　　　　　　　　　　　　　（国税庁資料）

　　　・表計算ソフト等で索引簿を作成する方法
　　　　表計算ソフト等で索引簿を作成しておくことで、表計算ソフト等の機能を使って
　　　　検索することができる。また、国税庁のホームページにて、上記索引簿のサンプ
　　　　ルの書式をExcelファイルで公表しており、ひな形として活用することができる。

　　　　　〈索引簿の例〉

連番	日付	金額	取引先	備考
1	20210131	110,000	(株)霞商店	請求書
2	20210210	330,000	国税工務店(株)	注文書
3	20210228	330,000	国務工務店(株)	領収書
⋮				
49	20211217	220,000	(株)霞商店	請求書
50	20211227	55,000	国税工務店(株)	領収書

　　　　　　　　　　　　　　　　　　　　　　　　　　（国税庁資料）

（注３）「判定期間」について
　　　・個人事業者は、電子取引が行われた日の属する年の前々年の１月１日から12月
　　　　31日までの期間をいう。
　　　・法人は、電子取引が行われた日の属する事業年度の前々事業年度をいう。

なお、市販のソフトウェア等を使用して電子取引データを保存する場合は、公益社団法人日本文書情報マネジメント協会（JIIMA）の認証を受けているソフトウェアを使用する必要があります。また、事業者において受託開発されるシステムや自社開発システムを構築する場合には、所轄の税務署又は国税局にてシステムの要件適合性に関する事前相談の窓口が設けられています。

　いずれも国税庁のホームページにて、認証ソフトウェア一覧の掲載又は事前相談の窓口が案内されています。

第6章　納税環境整備　329

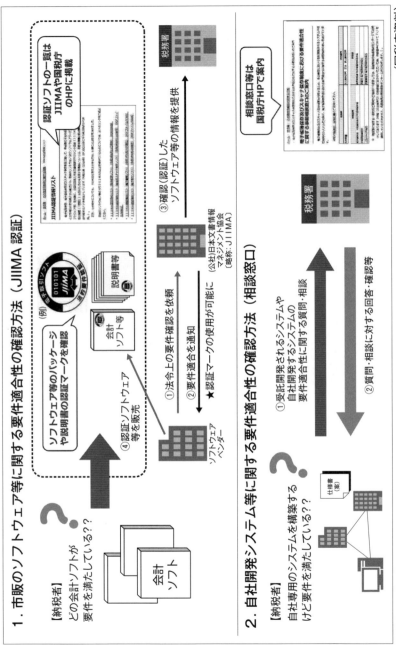

[電子帳簿等保存制度の概要]

● 電子帳簿等保存制度は、納税者の文書保存に係る負担軽減を図る観点から、帳簿や国税関係書類の電磁的記録等による保存を可能とする制度。

● ただし、改ざんなど課税上問題となる行為を防止する観点から、保存方法等について、真実性・可視性の確保に係る一定の要件を設けている。

① 電子帳簿等保存………帳簿（仕訳帳等）や国税関係書類（決算関係書類）のうち自己が最初の記録段階から一貫して電子計算機を使用して作成しているものについては、一定の要件の下、データのまま保存等ができる（平成10年度税制改正で創設）

② スキャナ保存…………決算関係書類を除く国税関係書類（例）取引先から受領した領収書・請求書等）について、その書類を保存する代わりとして、一定の要件の下でスマホやスキャナで読み取ったデータを保存することができる（平成17年度税制改正で創設）

③ 電子取引データ保存…所得税・法人税に関する帳簿書類の保存義務者は、取引情報のやりとりをデータで行った場合には、一定の要件の下、やりとりしたデータを保存することが必要（平成10年度税制改正で創設）

記帳・保存　スキャン　保存　（記載情報）　取引情報

電子帳簿等保存
スキャナ保存
電子取引データ保存

主な要件

○ 電子保存する場合の基本要件
・モニター・説明書等の備付け
・ダウンロードの求めへの対応
○ 優良な電子帳簿の要件
・訂正削除履歴の保存
・帳簿間での記録事項の相互関連性
・検索機能

○ 真実性の確保
・入力期間の制限（受け取りから最長約2か月）
・一定水準以上の解像度
・ヴァージョン管理（訂正削除履歴）
・タイムスタンプ等（電子取引については、訂正削除防止に関する事務処理規程等でも可）
○ 可視性の確保
・帳簿との相互関連性
・モニター・説明書等の備付け
・検索機能

（国税庁資料）

第6章　納税環境整備

⑶ 電子取引データの保存方法の適正化（令和３年度改正）
① 出力書面による代用措置の廃止
　令和４年１月１日以後に行う申告所得税・法人税における電子取引データについて、その電子データの出力画面等の保存をもって電子データに変えることができる措置は廃止されます。
② 重加算税の加重
　令和４年１月１日以後に法定申告期限が到来する年又は事業年度の申告所得税又は法人税及び消費税における電子取引データの保存義務者のその電子データに記録された事項に関し、隠蔽し、又は仮装された事実に基づき期限後申告もしくは修正申告又は更正もしくは決定等があった場合には、その記録された事項に関し生じた申告漏れ等に課される重加算税の額については、通常課される重加算税の額にその申告漏れ等に係る本税の10％に相当する金額を加算した金額とされます。
③ 青色申告の承認の取消しの可能性
　令和４年１月１日以後に行う電子取引データについては、その電子データを出力した書面等による保存をもって、その電子取引データの保存に代えることはできません。
　したがって、その電子データが保存要件に従って保存されていない場合は、青色申告の承認の取消対象となり得ます。
　なお、青色申告の承認の取消しについては、違反の程度等を総合勘案の上、「個人の青色申告の承認の取消しについて（事務運営指針）」「法人の青色申告の承認の取消しについて（事務運営指針）」に基づき、真に青色申告書を提出するにふさわしくないと認められるかどうか等を検討した上で行うこととされています。
　また、その電子データを要件に従って保存していない場合やその電子データを出力した書面等を保存している場合については、その電子データや書面等は、国税関係書類以外の書類とみなされません。ただし、その申告内容の適正性については、税務調査において、納税者からの追加的な説明や資料提出、取引先の情報等を総合勘案して確認することとなります。
　なお、消費税に係る保存義務者が行う電子取引データの保存については、その保存の有無が税額計算に影響を及ぼすことなどを勘案して、引

332　第２編　令和４年度税制改正の具体的内容

き続きその電子データを出力した書面による保存が可能とされています。

④　災害その他やむを得ない事情がある場合の保存

　電子取引データについて、災害その他やむを得ない事情により、その保存要件に従って保存することができなかったことを証明した場合には、その事情が生じた日以後について、①及び②ならびに③の要件も含めた電子データの保存要件は不要となります。

❸　改正の内容

　電子取引データの保存制度について、令和4年1月1日から令和5年12月31日までの間に申告所得税及び法人税に係る保存義務者が行う電子取引につき、納税地等の所轄税務署長がその電子取引データを保存要件に従って保存をすることができなかったことについてやむを得ない事情があると認め、かつ、その保存義務者が質問検査権に基づくその電子データの出力書面（整然とした形式及び明瞭な状態で出力されたものに限られる）の提示又は提出の求めに応じることができるようにしている場合には、その保存要件にかかわらず、その電子データの保存をすることができることとする経過措置が講じられることとなります。

　なお、上記の電子取引データの出力書面等を保存している場合におけるその電子データの保存に関する上記の措置の適用については、その電子データの保存要件への対応が困難な事業者の実情に配意し、引き続き保存義務者から納税地等の所轄税務署長への手続を要せずその出力書面等による保存を可能とするよう、運用上、適切に配慮されることとなります。

❹　実務のポイント

　本措置は、令和3年度改正における電子帳簿保存制度の見直しによる電子取引データ保存の義務化について、電子データの保存要件への対応が困難な事業者の実情に配慮し、税務調査などで電子データを出力書面で提示又は提出することができる場合には、電子取引データの保存義務が2年間宥恕されるという経過措置です。

　本措置の適用を受けるに当たっては、保存義務者は事前に所轄税務署

第6章　納税環境整備　**333**

長へ申請手続する必要はなく、①電子取引データを、従前と同様に書面に出力して保存しておくことや、②税務調査などの際に、税務職員に対して「社内のワークフロー整備が間に合わなかった」や「現時点では未整備だが、今後保存に係るシステムを整備する意向は有している」など、やむを得ない事情を口頭で回答するなどの対応により、本措置の適用を受けることができることとなります。

　電子取引データ保存の義務化に対応できていない事業者は、この宥恕された期間のうちに電子データの保存要件への対応に必要な準備を進め、令和6年1月1日以後は保存要件に従った電子取引データを保存していく必要がありますが、その対応に当たっては、❷(2)の電子取引データの保存要件について事業者ごとの状況を勘案し、個別具体的に検討しながら対応していく必要があります。

　例えば、事業規模やコスト面などの理由からタイムスタンプやソフトウェアなどのシステムを導入しない事業者は、真実性の確保におけるいずれかの措置として、❷(2)図表「真実性の確保」の④の改ざん防止のための事務処理規程を定めて、その規程に沿った運用を行う必要があるでしょう。

　電子取引データの保存義務違反に関しては、法令が厳格に適用され、❷(3)③のように青色申告の承認の取消しや、税務調査などにおいて経費が否認されることが懸念されますが、これらについては従来と同様に、例えば、その取引が正しく記帳されて申告にも反映されており、保存すべき取引情報の内容が書面を含む電子データ以外から確認できるような場合には、それ以外の特段の事由がないにもかかわらず、直ちに青色申告の承認が取り消されたり、金銭の支出がなかったものと判断されたりするものではありません。

　また、電子取引データの保存の義務化における対象税目は、申告所得税及び法人税であり、消費税については、その保存の有無が仕入税額控除などの税額計算に影響を及ぼすことなどを勘案して、引き続き出力書面による保存が可能となっている点にも留意する必要があります。

[電子帳簿等保存制度について]

① 自己が電子的に作成した帳簿や書類＊
＊決算関係書類や、取引先へ書面で交付した請求書・領収書の控え等

➡ **電子データのまま保存できます（電子帳簿等保存）**

・書面を前提とした各税法による保存義務について、見読可能装置の備付け等の最低限の要件を充足すれば、原本である電子データをもって保存義務を履行できます。この場合、帳簿等の印刷は不要です。

② 取引先から書面で受領した請求書・領収書
　　取引先へ　書面で交付した請求書・領収書の控え等

➡ **電子データ化して保存できます（スキャナ保存）**

・書面を前提とした各税法による保存義務について、一定の要件を充足すれば、スマホやスキャナ等で読み取った電子データをもって保存義務を履行できます。この場合、原本である書面を廃棄できます。

・なお、本制度を利用せず、書面のまま保存することも可能です。

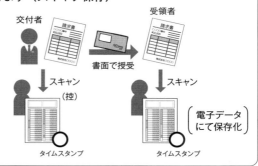

③ 取引先から電子データで受領した請求書・領収書
　　取引先へ　電子データで交付した請求書・領収書の控え等

➡ **電子取引に該当し、電子データのまま保存が必要です**

・電子帳簿保存法において、申告所得税・法人税に係る保存義務者は、電子取引（請求書・領収書等の授受を電子データで行う取引をいいます。）を行った場合の電子データ（原本）の保存義務が定められています。なお、電子データを印刷する行為自体を禁止するものではありません。

・令和３年までは、電子データを印刷した書面をもって保存義務を履行可能でしたが、令和４年以後に行う電子取引については電子データの保存が必要となります。ただし、令和５年末までの宥恕措置として、やむを得ない事情がある場合、引き続き印刷した書面による保存が可能となりました。

（財務省資料）

[電子取引データの出力書面等による保存措置の廃止（令和３年度税制改正）に関する宥恕措置について]

令和３年度税制改正の電子帳簿等保存制度の見直しの概要

申告所得税・法人税に係る保存義務者は、令和４年１月１日以後に行われた電子取引（請求書・領収書等の授受を電子データで行う取引）の取引情報（請求書・領収書等）を、電子データのまま保存しなければならないこととされた。

(注) 改正前は、電子取引データを出力することにより作成した書面等の保存をもって、その電子取引データの保存に代えることが可能。

【令和４年度税制改正の背景】
- ✓ 大企業であっても施行（令和４年１月１日）までの間に、対応未完了（準備中）の事業者が多数いる。
- ✓ 中小企業においては制度の認知が十分に進んでいない。

令和４年度税制改正の概要（改正省令は、令和３年12月27日公布、関係通達＆FAQは、同月28日発表）

▶ 令和４年１月１日から令和５年12月31日までの間に行われた電子取引データは、保存要件にしたがって保存できなかったことについてやむを得ない事情がある場合には、引き続きその出力書面による保存を可能とする（２年間の宥恕措置）。

▶ この宥恕措置の適用にあたって、納税者から税務署長への手続などは要しない。

宥恕措置期間中における納税者の具体的な対応イメージ

○ 電子取引の取引情報（請求書、領収書など）の電子データを、従前と同様に、書面に出力して保存しておく。

○ 税務調査があった場合には、税務職員に対して「社内のワークフロー整備が間に合わなかった。」や「今後、保存に係るシステムを整備する意向は有している（現時点で未整備）。」など、その事情を口頭で回答する。

※ 電子取引データの保存義務違反に関しては、法令が厳格に適用されることにより「青色申告の承認取消しや経費が否認されるのではないか」との声も出ていたところ、国税庁より令和３年11月に以下の取扱いを公表済み。

…その取引が正しく記帳されて申告にも反映されており、保存すべき取引情報の内容が書面を含む電子データ以外から確認できるような場合には、それ以外の特段の事由が無いにも関わらず、直ちに青色申告の承認が取り消されたり、金銭の支出がなかったものと判断されたりするものではありません。

（財務省資料）

10　地方税務手続のデジタル化

Question

　地方税務手続のデジタル化について、その内容を教えてください。

　　A　**eLTAX を通じた地方税務手続及び電子納付等が、下記のように拡大されます。**

ここが変わる

①　全ての地方税の申告・申請に係る手続がオンライン化の対象となります。
②　全ての地方税の税目が電子納付の対象となります。
③　電子納付に係る納付手段について、スマートフォン決済アプリ、クレジットカード等による納付手段が追加されます(現行：インターネットバンキング等のみ)。

適用時期

　上記改正の適用時期は、下記のとおりです。
①　令和4年4月1日から施行し、実務的な準備が整ったものから順次対応されます。
②　令和5年4月1日以後の納付について適用されます。
③　令和5年4月1日以後の地方税の納付を委託する場合について適用されます。

第6章　納税環境整備　**337**

解　説

❶　改正の背景

　複数団体にわたって経済活動を行う法人は、複数に申告・納税を行う必要から全国共通の電子インフラである eLTAX（地方税のオンライン手続のためのシステム）等を活用し全国統一的な対応・取扱いを充実させていくことがいっそう求められていました。

　eLTAX による電子申告は平成 16 年度の運用開始後、平成 25 年には全ての地方公共団体で利用が可能となりました。eLTAX を安定かつ安全に運営するための措置（地方税共同機構の設立等）を講じつつ、令和元年 10 月からは統一的なシステムとして、「地方税共通納税システム」が導入されました。

　「地方税共通納税システム」によって電子納税を可能とし、申告・納税の事務を一括してオンライン化することで、法人（納税義務者・特別徴収義務者）の税務事務負担を大幅に軽減・効率化を目指し、利用可能税目の拡大が順次実施されています。

❷　改正前の制度

(1)　地方税共通納税

　地方税共通納税とは、マルチペイメントネットワークの仕組みを利用して、自宅やオフィスから、地方税の納税手続を電子的に行うことです。共通納税は、全ての地方公共団体へ一括して電子納税[注]することができます。

> **(注)** 電子納税とは、納税者がインターネット等を利用して国や地方公共団体へ税金を電子的に納税する仕組みです。共通納税では、領収書が発行されず、画面上で納税済みの確認を行います。領収書が必要な場合は、従来どおり、窓口に納付書を持参して納税を行うことになります。

(2)　地方税共通納税の手数料

　利用者が eLTAX からダイレクト納付やインターネットバンキング

やATM等から納税を行うと、金融機関が利用者の預貯金を地方税に振り替えることになりますが、振替のための手数料は不要です。

ただし、インターネットバンキングやATM等の利用に当たり、手数料が必要となる場合もあるため、あらかじめ利用する金融機関に確認が必要です。ダイレクト納付の利用においては、これらの手数料も不要です。

(3) 納税の手続

① 電子データ・特別徴収税額通知と連動し納付する方法

地方税共通納税は、電子申告した申告データをもとに、納税手続を行う方法です。

提出済みの申告データを選択することで、その申告内容に応じた税金を納税することができます。

必要に応じて延滞金・加算金などを納付することもでき、電子申告データと連動し納税できる税目（延滞税なども含む）は、次のとおりです。

- ・法人都道府県民税
- ・法人事業税
- ・特別法人事業税（地方法人特別税）
- ・法人市町村民税
- ・事業所税
- ・個人住民税（退職所得に係る納入申告・給与特別徴収で税額通知が電子的に送付されている場合）
- ・都道府県民税（利子割・配当割・株式等譲渡所得割）

② 納付金額等を入力（又はデータ取込）し納付する方法

地方税共通納税は、納税先団体・税目・納税額などの情報を新規入力して納税手続を行う方法であり、対象税目は次のとおりです。

- ・個人住民税（給与特別徴収で税額通知が電子的に送付されていない場合）^(注)

（注）延滞金等を含みます。

- ・法人都道府県民税の見込納付及びみなし納付
- ・法人事業税の見込納付及びみなし納付
- ・特別法人事業税（地方法人特別税）の見込納付及びみなし納付

第6章 納税環境整備 **339**

・法人市民税の見込納付及びみなし納付
・更正・決定に関する納付

[地方税務手続のデジタル化の推進]

○　eLTAX は、インターネットを利用して地方税に係る手続を電子的に行うシステム。
○　令和元年 10 月から「地方税共通納税システム」が導入され、従来可能であった電子申告に加え、電子納税が可能。
○　複数団体に対する電子申告・電子納税を一括で行うことができるほか、地方団体と国税当局間の情報連携に活用。

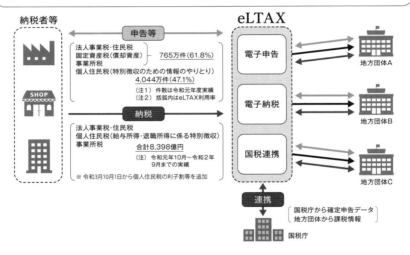

（自由民主党税制調査会資料）

❸　改正の内容

　デジタル技術を活用し、納税者がいつでも・どこでも簡単に手続を行うことができる環境の整備が重要であり、地方税務手続についても、電子申告・申請手続の拡大や電子納付の対象税目の拡大など、eLTAX を活用した全国統一的な対応をいっそう進めるため、下記の地方税務手続について拡大されることとなりました。

⑴　eLTAX を通じた申告・申請に係る対象手続の拡大
　納税者等が地方公共団体に対して行う全ての申告・申請等について、

eLTAXを通じて行うことができるよう所要の措置が講じられます。

[eLTAXを通じた申告・申請に係る対象手続の拡大]

○ eLTAX（地方税ポータルシステム）を通じた申告・申請は、これまで、オンライン化のニーズに応じて、法人を対象とする手続を中心として拡大し、地方税法令上、対象手続を個別に規定。
○ 今後は、納税者等が地方団体に対して行う全ての申告・申請手続について、実務的な準備が整ったものから順次、eLTAXを利用して行うことができるよう、所要の措置を講ずる。
※令和4年4月1日施行。

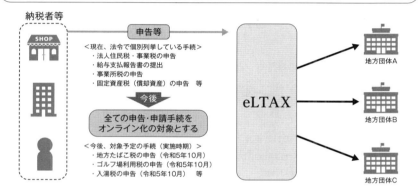

（自由民主党税制調査会資料）

(2) eLTAXを通じた電子納付の対象税目の拡大

　地方公共団体の収納事務を行う地方税共同機構が電子的に処理する特定徴収金の対象税目を拡大し、納税者が全ての税目について、eLTAXを通じて納付を行うことができるよう所要の措置が講じられます（次頁図表参照）。

(3) eLTAXを通じた電子納付に係る納付手段の拡大

① eLTAXを通じた電子納付について、スマートフォン決済アプリやクレジットカード等による納付を可能とするため、納税者が、地方税共同機構が指定する者（機構指定納付受託者）に納付の委託を行うことができることとされます。
② 機構指定納付受託者が指定日までに地方税共同機構に納付したとき

[eLTAXを通じた電子納付の対象税目の拡大]

○ eLTAXを通じた電子納付は、主として法人を対象とする税目から順次、対象税目を拡大。令和3年度税制改正において、個人の納税者にも納付機会が多い固定資産税等4税目についても対象に追加。
○今般、地方税統一QRコードを活用した納付に係る仕組みの構築に目途がついたことから、これを契機に、eLTAXを通じた電子納付の対象を全税目に拡大するため、所要の措置を講ずる。
※令和5年4月1日以後の納付について適用。

■ eLTAXを通じた電子納付（イメージ）

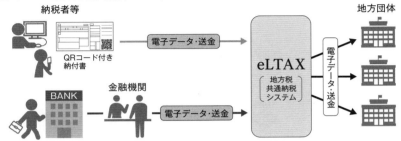

■ eLTAXを通じた電子納付の対象税目

（自由民主党税制調査会資料）

は、その機構指定納付受託者が委託を受けた日に遡って、納税者から納付があったものとみなされます。
③　納税者が機構指定納付受託者を通じた納付手続を行った場合であって、その機構指定納付受託者が指定日までに地方税共同機構に納付しなかったときには、地方公共団体は、保証人に関する徴収の例によりその機構指定納付受託者から徴収されます。
④　地方公共団体が、機構指定納付受託者の指定に関し、意見を述べることができる等の手続について、所要の措置が講じられます。
⑤　その他所要の措置が講じられます。

[eLTAXを通じた電子納付に係る納付手段の拡大]

○ 現在、eLTAXを通じた電子納付については、金融機関経由の納付（インターネットバンキング等）のみが可能。
○ 今後、固定資産税等全税目への電子納付対象拡大（令和5年度）と合わせ、納税者が、地方税共同機構が指定する者を経由してスマートフォン決済アプリ、クレジットカード等による納付を行うことができるよう、所要の措置を講ずる。
※令和5年4月1日以後に地方税の納付を委託する場合について適用。

■ eLTAXを通じた電子納付に係る新たな納付手段（イメージ）

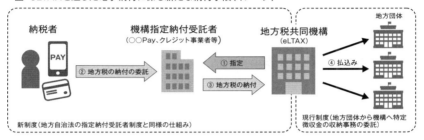

※1 機構指定納付受託者が指定日までに納付（③）した場合には、委託（②）の日に遡って、納税者から納付があったものとみなす。
※2 納税者が機構指定納付受託者を通じた納付手続を行った場合であって、当該機構指定納付受託者が指定日までに納付しなかったときには、地方団体が指定納付受託者を指定した場合と同様に、当該地方団体は、保証人に関する徴収の例により当該機構指定納付受託者から徴収する。
※3 地方団体が、機構指定納付受託者の指定に関し、意見を述べることができる等の所要の措置を講ずる。

（自由民主党税制調査会資料）

❹ 実務のポイント

　地方税務手続のデジタル化を図ることにより、申告・納税等の税務手続のいっそうの電子化の推進等の観点から、企業等の事務負担軽減やバックオフィス効率に資するようになり、地方税務手続の利便性向上等を図ることができるようになります。

11 固定資産税に係る登記所から市町村への通知事項の拡大等

> **Question**
>
> 令和４年度税制改正では、固定資産税について登記所から市町村への通知事項の拡大等が行われたのでしょうか。

A 不動産登記法の改正により、登記名義人の死亡の事実を符号によって表示する制度が新たに設けられること等に伴い、登記所から市長村への通知事項を追加するなど、所要の措置が講じられます。

ここが変わる

① 改正不動産登記法の施行後は、所有権移転等の不動産登記が行われると、登記所から市町村へ通知される登記情報に追加事項があります。
　　＜現在の通知事項＞
　　・登記名義人の氏名 ・住所
　　・所在地、地番、地目、地積
　　・構造、床面積等
　　＜今後追加する通知事項＞
　　・登記名義人の死亡の符号
　　・外国居住者の国内連絡先
　　・会社法人等番号
　　・DV被害者等の住所に代わる事項等
② 登記名義人がDV被害者等である場合、登記事項証明書等には「住所に代わる事項」を記載する措置が講じられます。これに伴い、市町村が固定資産税の証明書を発行する際にも、登記住所ではなく「住所に代わる事項」を記載することとするなど、所要の措置が講じられます。

適用時期

改正不動産登記法の施行に合わせて適用されます。

解　　説

❶　改正の背景

　所有者が不明な土地の発生を予防する等のため、不動産登記法が改正されたことに伴い、所要の措置が講じられます。

❷　改正の内容

(1)　登記所から市町村への通知事項の追加等

　民法等の一部を改正する法律により不動産登記法が改正され、登記簿に登記される事項が新たに追加されること等に伴い、次の措置が講じられます。

①　登記所から市町村への登記情報に係る通知事項に、所有権の登記名義人の死亡の符号等が追加されます。

②　登記所から市町村への登記情報に係る通知事項に、DV被害者等の住所に代わる事項が追加されます。

③　固定資産課税台帳に記載されている事項について、市町村が証明書の交付等をする際に、DV被害者等の登記簿上の住所が含まれている場合は、当該住所に代わる事項を記載しなければならないこととします。

　（注）　上記①の改正は民法等の一部を改正する法律附則１条３号に定める日から、上記②及び③の改正は同条第２号に定める日から、それぞれ適用されます。

(2)　市町村が交付する登記情報の証明書の見直し

　市町村は、固定資産課税台帳に記載されている事項について証明書の交付等をすることにより、人の生命又は身体に危害を及ぼすおそれがあると認められる場合等においては、一定の措置を講じた上で、証明書の

交付等をすることができることを明確化します。
(3) その他
　その他、所要の措置が講じられます。
　　(注)　上記(2)及び(3)の改正は、令和4年4月1日から施行します。

［固定資産税に係る登記所から市町村への通知事項の拡大］

○　所有権移転等の不動産登記が行われた場合、登記所から市町村に登記情報が通知される。
○　不動産登記法の改正により、登記名義人の死亡の事実を符号によって表示する制度が新たに設けられること等に伴い、登記所から市町村への通知事項を追加するなど、所要の措置を講ずる。
※同法の改正により、登記に記録されている者がDV被害者等である場合、登記事項証明書等には「住所に代わる事項」を記載する措置が講じられる。これに伴い、市町村が固定資産税の証明書を発行する際にも、登記住所ではなく「住所に代わる事項」を記載することとするなど、所要の措置を講ずる。
※原則、改正不動産登記法の施行に合わせて施行する。

■ 通知事項の拡大イメージ

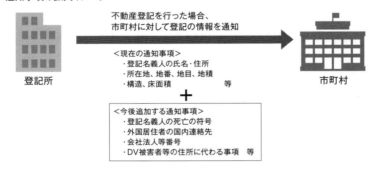

（自由民主党税制調査会資料）

❸　実務のポイント

　近年、所有者不明土地や空家等が全国的に増加しており、公共事業の推進や生活環境面において様々な課題が生じています。今後も所有者不明土地等の増加が見込まれ、所有者情報の円滑な把握、所有者不明土地等の発生の予防により、所有者情報の円滑な活用や適正管理が必要とな

ります。

　所有権移転等の不動産登記が行われた場合、登記所から市町村へ通知される登記情報が追加されることにより、所有者情報の円滑な把握ができます。

　また、所有者不明土地等に係る固定資産税の課税上の課題に対応するため、不動産登記法が改正されたことにより、所有者不明土地等に係る固定資産税の課税の公平性が確保されることが期待できます。

12　不動産取得税に係る登記所から都道府県への通知等

Question

　令和4年度税制改正では、不動産取得税に係る登記所から都道府県への通知等について、どのような見直しが行われるのでしょうか。

　A　都道府県がより効率的に登記情報を把握できるようにするため、登記所から都道府県に登記情報を直接通知します。

ここが変わる

　都道府県は、不動産取得税の課税のため、市町村から登記情報を入手していますが、その登記情報について、次の措置が講じられます。

①　登記所は、市町村に対して登記情報を通知した場合には、都道府県に対しても登記情報を通知することになります。

②　不動産の取得者が登記を行った場合には、都道府県への不動産取得の事実等の申告が不要になります。

③　上記②の場合においても、不動産取得税の賦課徴収に必要があると認めるときは、都道府県知事は不動産を取得した者に、不動産取得税の賦課徴収に関する事項を申告又は報告させることができます。

④　住宅及び住宅用地に係る特例措置については、申告があった場合に限り適用しますが、都道府県が特例措置の要件に適合することを確認したときは、申告がなくても特例措置の適用を受けることができます。

適用時期

　上記①から③は令和5年4月1日より、上記④は令和4年4月1日より、それぞれ適用されます。

348　第2編　令和4年度税制改正の具体的内容

解　説

❶　改正の背景

　市町村については、登記所より登記情報が通知されますが、都道府県は市町村へ登記情報を要求し入手しています。

　都道府県は、市町村のように効率的に登記情報を把握できていないため、都道府県についても、市町村と同様の措置を講じることが要望されていました。

❷　改正の内容

⑴　登記所から都道府県への登記情報の直接通知

　登記所は、市町村に対して登記情報を通知した場合は、都道府県に対しても当該登記情報を通知しなければならないこととします。

⑵　不動産取得者による都道府県への申告の不要化

　不動産を取得した者が、その登記の申請をした場合は、都道府県に対する不動産取得税に係る申告又は報告を不要とするほか、所要の措置が講じられます。

⑶　必要に応じ都道府県は不動産取得者に申告の要請

　上記⑵の場合においても、不動産取得税の賦課徴収に必要があると認めるときは、都道府県知事は不動産を取得した者に、不動産取得税の賦課徴収に関する事項を申告又は報告させることができることとします。

⑷　不動産取得者が申告しなくても特例措置の適用

　都道府県が住宅及び住宅用地に係る特例措置の要件に該当すると認める場合は、不動産を取得した者から申告がなくとも当該特例措置を適用することができることとします。

第6章　納税環境整備　**349**

[不動産取得税に係る登記所から都道府県への通知]

- 〇 都道府県は、不動産取得税の課税のため、市町村から登記情報を入手している。
- 〇 都道府県がより効率的に登記情報を把握できるようにするため、登記所から都道府県に登記情報を直接通知することとする。

※これに合わせて、不動産の取得者が登記を行った場合は、都道府県への不動産の取得の事実等の申告を不要にする。
※この他、住宅及び住宅用地に係る特例措置については、申告があった場合に限り適用することとされているところ、都道府県が特例措置の要件に適合することを確認したときは、申告がなくとも特例措置の適用を可能とするなど、所要の措置を講じる。
※原則、令和5年4月1日施行。

■ 登記所から都道府県への通知のイメージ

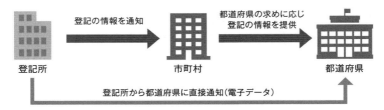

(自由民主党税制調査会資料)

❸ 実務のポイント

　登記所は、市町村に対して登記情報を通知した場合には、都道府県に対しても登記情報を通知することになります。このため、不動産を取得した者が、その登記の申請をした場合には、都道府県に対する不動産取得税に係る申告又は報告が不要になります。

　また、都道府県が住宅及び住宅用地に係る特例措置の要件に該当すると認める場合には、不動産を取得した者から申告がなくとも特例措置を適用することができることになります。

　ただし、不動産取得税の賦課徴収に必要があると認めるときは、都道府県知事は不動産を取得した者に、不動産取得税の賦課徴収に関する事項を申告又は報告させることができるため、不動産取得税の申告又は報告に係る書類は、いつでも提出できるよう保存しておく必要があります。

13　二輪車等に係る軽自動車税の申告手続の簡素化

Question

　令和４年度税制改正では、二輪車等に係る軽自動車税の申告手続について、簡素化が行われるのでしょうか。

　A　**二輪車の軽自動車税について、所有者が他の市町村に引っ越した場合等には、制度上、新旧の両市町村に対して申告が必要ですが、納税者の手続負担の軽減が図られます。**

ここが変わる

　二輪車の軽自動車税について、所有者が他の市町村に引っ越した場合等には、今後、新市町村への申告に基づき、新市町村から旧市町村にその旨を電子的に通知する仕組みが構築されます。

適用時期

　適用時期は税制改正大綱に明記されていないため、今後の情報を確認する必要があります。

解　説

❶　改正の背景

　二輪車の所有者が引っ越した場合、新市町村へ転入した旨の申告、旧の市長村へ転出した旨の申告が必要となり、税務申告手続の負担があります。

　新市町村への申告に基づき、新市町村から旧市町村にその旨を電子的

に通知することにより、納税者の手続負担の軽減を図る必要が求められていました。

❷ 改正の内容

　二輪の小型自動車・二輪の軽自動車・小型特殊自動車及び原動機付自転車について、主たる定置場又は二輪車等の所有者の変更に伴う市町村域を越える二輪車等の転出入に際し、当該二輪車等の新たな主たる定置場所在の市町村に対する軽自動車税種別割の申告又は報告に基づき、当該市町村から従前の主たる定置場所在の市町村にその旨を電子的に通知する仕組みを構築することとし、地方公共団体情報システムの標準化のための基準（税務システム標準仕様書）に盛り込むなど、所要の措置が講じられます。

［軽自動車税に係る二輪車の税申告の簡素化］

○　二輪車の軽自動車税について、所有者が他の市町村に引っ越した場合等には、制度上、新旧の両市町村に対して、申告が必要。
○　今後、新市町村への申告に基づき、新市町村から旧市町村にその旨を電子的に通知する仕組みを構築し、納税者の手続負担の軽減を図る。
　※市町村間における情報伝達のオンライン化を全国統一的に行えるよう、現在取組を進めている地方税務システムの標準仕様書に盛り込むことによって対応。

■　税申告手続の簡素化（引越しの場合）

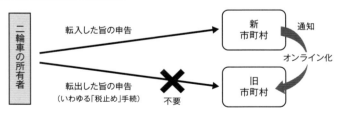

（自由民主党税制調査会資料）

❸ 実務のポイント

　二輪車に係る軽自動車税の税務申告手続については、簡素化を図るた

め、新市町村から旧市町村に電子的に通知する仕組みを構築する必要がありました。

　電子的に通知する仕組みについては、市町村間における情報伝達のオンライン化を全国統一的に行えるよう、現在取組を進めている地方税務システムの標準仕様書に盛り込むことによって対応されます。

　今後、電子的に通知する仕組みを構築できれば、二輪車に係る軽自動車税について、新市町村へ税務申告手続をすることにより、旧市町村への税務申告手続が不要となるため、納税者の手続が簡単になることが期待されます。

第3編

検討事項

検討事項

令和4年度税制改正大綱おいて、下記の検討事項が挙げられています。

❶ 年金課税

> 年金課税については、少子高齢化が進展し、年金受給者が増大する中で、世代間及び世代内の公平性の確保や、老後を保障する公的年金、公的年金を補完する企業年金を始めとした各種年金制度間のバランス、貯蓄・投資商品に対する課税との関連、給与課税等とのバランス等に留意するとともに、平成30年度税制改正の公的年金等控除の見直しの考え方や年金制度改革の方向性、諸外国の例も踏まえつつ、拠出・運用・給付を通じて課税のあり方を総合的に検討する。

　年金課税については、拠出・運用・給付の各段階を通じた適正かつ公平な税負担を確保することが求められており、諸外国においては、我が国のような年金収入に対する大幅な控除はなく、拠出段階、給付段階のいずれかで課税される仕組みとなっている例もあることから、これらを参考に、世代内・世代間の公平性を確保しつつ、人生100年時代といわれる現代社会において、働き方やライフコースが多様化する中、働き方の違いによって有利・不利が生じない公平な税制の構築という観点から、年金課税のあり方を総合的に検討することになります。

　なお、今般の税制改正大綱においては、各種私的年金に共通する非課税拠出枠や従業員それぞれに私的年金等を管理する個人退職年金勘定を

設けるといった議論も参考にした上で、老後に係る税制についてあるべき方向性や全体像の共有を深めながら、具体的な案の検討を進めていくという方針が示されています。

❷ デリバティブ取引に係る金融所得課税の一体化

> デリバティブ取引に係る金融所得課税の更なる一体化については、金融所得課税のあり方を総合的に検討していく中で、意図的な租税回避行為を防止するための方策等に関するこれまでの検討の成果を踏まえ、早期に検討する。

我が国における個人投資家による成長資金の供給は、株式や公募投資信託などの現物取引が主流となっていますが、ヘッジ手段や分散投資の目的となるデリバティブ取引について、これを損益通算の対象に追加する方向で投資環境の整備を進めることができれば、投資手段の幅が広がり、家計による成長資金の供給を通じた経済成長の促進と、成長の果実の分配を通じた家計の資産形成という経済の好循環へのさらなる寄与が期待できることになります。

他方で、デリバティブ取引を損益通算の対象に追加する場合に想定される租税回避として、ストラドル取引（デリバティブ取引の「売建取引」と「買建取引」を両建てした上で、損失があるポジションのみを実現損として損益通算する取引）があり、この防止策となり得る時価評価課税の導入検討及びその有効性の検証、また、個人投資家の利便性、税務当局や金融機関の実務といった執行面についても考慮しつつ、デリバティブ取引に係る金融所得課税の一体化（損益通算の拡大）について、総合的な検討をすることになります。

第3編　検討事項　**357**

［デリバティブ取引に係る金融所得課税の一体化］

◆金融所得課税の一体化（金融商品に係る損益通算範囲の拡大）

【現状及び問題点】
○金融商品間の損益通算の範囲については、2016年1月より、上場株式等に加え、特定公社債等にまで拡大されたところ。
○しかしながら、デリバティブ取引・預貯金等について、未だ損益通算が認められておらず、投資家が多様な金融商品に投資しやすい環境の整備は、道半ば。
○特に、デリバティブ取引については、ヘッジや分散投資として活用されることで、家計による成長資金の供給の拡大と家計の資産形成に資することが期待されるが、現状、個人投資家による活用が限定的。

【要望事項】
　証券・金融、商品を一括して取り扱う総合取引所が2020年7月に実現したことを踏まえ、投資家が多様な金融商品に投資しやすい環境の整備を図り、家計による成長資金の供給拡大等を促進する観点から、金融商品に係る損益通算範囲をデリバティブ取引・預貯金等にまで拡大すること。

【金融商品に係る課税方式】

	インカムゲイン	キャピタルゲイン／ロス	
上場株式・公募株式投信	申告分離	申告分離	← 現在、損益通算が認められている範囲
特定公社債・公募公社債投信	2016年1月〜 源泉分離→申告分離	2016年1月〜 非課税→申告分離	
デリバティブ取引	申告分離		
預貯金等	源泉分離	−	

【令和3（2021）年度税制改正大綱（抜粋）】
　「デリバティブを含む金融所得課税の更なる一体化については、総合取引所における個人投資家の取引状況等も踏まえつつ、投資家が多様な金融商品に投資しやすい環境を整備する観点から、時価評価課税の有効性や課題を始めとして多様なスキームによる意図的な租税回避行為を防止するための実効性ある具体的方策を含め、関係者の理解を得つつ、早期に検討する。」

358　第3編　検討事項

◆デリバティブ取引に係る損益通算範囲の拡大について

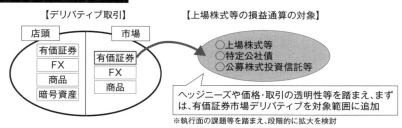

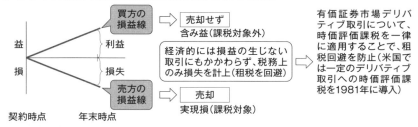

幅広い個人投資家の利便性向上の観点から、
特定口座で有価証券市場デリバティブ取引との損益通算を可能とすること。

（金融庁資料）

❸ 小規模企業等に係る税制

> 小規模企業等に係る税制のあり方については、働き方の多様化を踏まえ、個人事業主、同族会社、給与所得者の課税のバランスや勤労性所得に対する課税のあり方等にも配慮しつつ、個人と法人成り企業に対する課税のバランスを図るための外国の制度も参考に、正規の簿記による青色申告の普及を含め、記帳水準の向上を図りながら、引き続き、給与所得控除などの「所得の種類に応じた控除」と「人的控除」のあり方を全体として見直すことを含め、所得税・法人税を通じて総合的に検討する。

小規模企業等に係る税制のあり方については、例えば、個人事業主と実質的１人会社の課税上の不公平が長らく問題視されています。実質的１人会社において、事業主報酬の損金算入が認められ、かつ、一定の給与所得控除が受けられるという制度と、個人事業主課税とのバランスを図るため、外国の制度も参考に、今後の個人所得課税改革において給与所得控除などの「所得の種類に応じた控除」と「人的控除」のあり方を全体として見直すことを含め、所得税・法人税を通じた幅広い観点から総合的に検討することになります。

❹　カーボンニュートラルの実現

　　カーボンニュートラル実現に向けたポリシーミックスについては、政府の議論も踏まえつつ、産業競争力の強化、イノベーションや投資の促進につながり、成長に資するものとなるかどうかという観点から、専門的・技術的な検討を進める。その際、現下の経済情勢や代替手段の有無、国際的な動向やわが国の事情、産業の国際競争力への影響等を踏まえ、国益の観点から、主体的かつ戦略的に検討するものとする。

　我が国は、2050年までにカーボンニュートラル（温室効果ガスの排出量と吸収量の均衡）の実現を目指すとともに、2030年度に2013年度比で温室効果ガスを46％削減することを目標に掲げており、これを実現するためには、さまざまな分野で可能な限りこれに合致する取組みを進める必要があり、企業・個人を含めたあらゆる主体の行動変容の促進、既存の先端技術の早期かつ最大限の導入、イノベーションの実現及びその社会実装をこれまで想定していた以上の規模感・スピード感で実現していく必要があるとされています。

　また、環境省においては、これまでポリシーミックスの中でのカーボンプライシング（二酸化炭素排出量に応じた金銭的負担）のあり方が議論されてきており、規制的手法や情報的手法、自主的取組みの推進などさまざまな手法を通じた施策において脱炭素をより進める方向で見直すことが示されています。

360　第３編　検討事項

今般の税制改正大綱においては、カーボンニュートラルの実現に向け、税制のあり方を含めたさまざまな観点から専門的・技術的な検討をし、併せて、現下の経済情勢や代替手段の有無、国際的な動向や我が国の事情、産業の国際競争力への影響等を踏まえ、国益の観点から、主体的かつ戦略的に検討をすることとされています。

❺　自動車関係諸税のあり方

　自動車関係諸税については、「2050年カーボンニュートラル」目標の実現に積極的に貢献するものとするとともに、自動運転をはじめとする技術革新の必要性や保有から利用への変化、モビリティーの多様化を受けた利用者の広がり等の自動車を取り巻く環境変化の動向、地域公共交通へのニーズの高まりや上記の環境変化にも対応するためのインフラの維持管理や機能強化の必要性等を踏まえつつ、国・地方を通じた財源を安定的に確保していくことを前提に、受益と負担の関係も含め、その課税のあり方について、中長期的な視点に立って検討を行う。

　自動車産業は日本経済や雇用創出に大きく貢献する基幹産業ですが、熾烈なグローバル競争下にあるとともに、電動化・IoT化、自動運転等の技術革新、ライドシェア等の使用形態の変化等、100年に一度の大きな変革期を迎えています。

　税制面においても、自動車を取り巻く環境変化の動向、環境負荷の低減に対する要請の高まり等を踏まえつつ、国・地方を通じた財源を安定的に確保していくことを前提に、その課税のあり方について、中長期的な視点から検討を行うことになります。

❻　原料用石油製品等に係る免税・還付措置の本則化

　原料用石油製品等に係る免税・還付措置の本則化については、引き続き検討する。

第３編　検討事項　**361**

我が国の現行制度においては、揮発油税、地方揮発油税及び石油石炭税について、課税対象物が石油化学製品等の製造プロセスに不可欠な原料用途等として使用される場合に、租税特別措置として、これを免税又は還付とする措置が講じられています。

　他方、諸外国においては、原料用の揮発油、石油、石炭については、特別措置による免税・還付ではなく、非課税措置が講じられていることから、課税環境の国際的なイコールフッティングを確保することで、産業の空洞化の回避及び国際競争力の維持・強化等を図る必要があり、これらの免税・還付措置については、非課税化を含めた本則化へ向けた検討をすることになります。

❼　帳簿等の税務関係書類の電子化

　帳簿等の税務関係書類の電子化を推進しつつ、納税者自らによる記帳が適切に行われる環境を整備することが、申告納税制度の下における適正・公平な課税の実現のみならず、経営状態の可視化による経営力の強化、バックオフィスの生産性の向上のためにも重要であることに鑑み、記帳水準の向上、トレーサビリティの確保を含む帳簿の事後検証可能性の確立の観点から、納税者側での対応可能性や事務負担、必要なコストの低減状況も考慮しつつ、税務上の透明性確保と恩典適用とのバランスも含めて、複式簿記による記帳や優良な電子帳簿の普及・一般化のための措置、記帳義務の適正な履行を担保するためのデジタル社会にふさわしい諸制度のあり方やその工程等についてさらなる検討を早急に行い、結論を得る。

　記帳水準の向上は、適正な税務申告の確保のみならず、経営状態の可視化による経営力の強化やバックオフィスの生産性向上、金融機関との資金繰り相談や取引関係の構築などにおける信頼の確保・向上の観点からも重要であり、また、会計ソフトなどのICT技術の活用によって、簿記会計の専門知識を有さない納税者においても、大きな手間や費用をかけずに複式簿記による記帳や帳簿等の電子化を行うことが可能な環境が整ってきており、複式簿記による記帳をさらに普及・一般化させる方向

で、納税者側での対応可能性も十分踏まえつつ、所得税の青色申告制度の見直しを含めた記帳水準向上についての議論を進めていくことになります。

また、正確な記録及びトレーサビリティが確保された会計帳簿の保存は、会計監査や税務調査における事後検証可能性の観点に加え、内部統制や対外的な信頼性確保の観点からも重要であることから、既存のインセンティブ措置に加えて、融資審査等における帳簿の活用範囲の拡大や税務調査におけるさらなるデジタル技術の活用などを通じて、納税者における優良な電子帳簿の利用を促していくことが望ましく、あわせて、必要な機能を充足した会計ソフトの低価格化の見通しなどをはじめ、納税者において優良な電子帳簿の保存に対応するためのコストや事務負担の低減可能性について、関係者との意見交換等を通じた見極めを行いつつ、優良な電子帳簿の普及・一般化に向けた措置の検討を早急に行い、結論を得ることとされています。

❽　事業税における社会保険診療報酬に係る実質的非課税措置等

> 事業税における社会保険診療報酬に係る実質的非課税措置及び医療法人に対する軽減税率については、税負担の公平性を図る観点や、地域医療の確保を図る観点から、そのあり方について検討する。

「社会保険診療報酬に係る事業税の非課税措置」については、我が国の国民皆保険制度の下において、社会保険診療は国民に必要な医療を提供するという極めて高い公共性を有するものであることを前提に措置されており、また、「医療法人の自由診療に係る事業税の軽減措置」については、地域における医療提供体制の中核を担う医療法人について、経営基盤の強化に資することで、医療事業の安定性・継続性を高め、良質かつ適切な医療を提供する体制を確保すべく措置されたところ、医療事業を取り巻く環境の変化等を踏まえつつ、そのあり方について検討をすることになります。

❾　電気供給業及びガス供給業に係る外形標準課税のあり方

電気供給業及びガス供給業に係る収入金額による外形標準課税については、地方税体系全体における位置付けや個々の地方公共団体の税収に与える影響等を考慮しつつ、事業環境や競争状況の変化を踏まえて、その課税のあり方について、引き続き検討する。

　電気供給業及びガス供給業に係る収入金額による外形標準課税については、電気供給業及びガス供給業を取り巻く事業環境や他業種との競争力からの観点、これまでの改正点を踏まえ地方公共団体の税収に与える影響、地方税体系全体における位置づけや公平性の観点から、その課税のあり方について、引き続き検討をすることになります。

◆著者略歴

編著者

成田　一正（なりた　かずまさ）

　東京都生まれ。明治大学経営学部卒業。東京税理士会理事、東京税理士会日本橋支部研修部長などを歴任。現在、日本税務会計学会相談役。税理士法人おおたか特別顧問として、企業や個人に対するタックス・プランニングの指導などコンサルティング業務に従事。

　著書等：『事業承継・自社株対策の実践と手法』（日本法令・共著）、『企業組織再編税制の解説』（日本法令・共著）、『認定医療法人制度と医業承継対策』（法令出版・共著）、『危ない民事信託の見分け方』（日本法令・共著）、『民事信託ワークブック』（法令出版・共著）、『民事信託を活用するための基本と応用』（大蔵財務協会・共著）、『賃貸アパートマンションの民事信託実務』（日本法令・共著）ほか

■事務所：税理士法人おおたか

　〒103－0002　東京都中央区日本橋馬喰町1丁目1番地2号　ゼニットビル
ホームページ　http://www.ootaka.or.jp/

執筆者

中島　孝一（なかじま　こういち）

　東京都生まれ。現在、中島税理士事務所・所長、日本税務会計学会・相談役、東京税理士会・会員相談室運営委員、ミロク情報サービス税経システム研究所・客員研究員。

　著書等：『賃上げ税制　人材確保等促進税制・所得拡大促進税制のすべて』（日本法令・共著）、『新型コロナ・災害対応の税務申告マニュアル』（ぎょうせい）、『相続税実務の"鉄則"に従ってはいけないケースと留意点』（清文社・共著）、『「事業承継税制の特例」完全ガイド』（税務研究会・共著）、『改訂版 資産をめぐる複数税目の実務』（新日本法規・共著）、『租税基本判例80』（日本税務研究センター・共著）ほか

■事務所：中島税理士事務所

　〒120－0034　東京都足立区千住1丁目30番3号　カノン千住503

飯塚　美幸（いいづか　みゆき）

　静岡県生まれ。静岡大学人文学部卒業。平成7年エクスプレス・タックス㈱代表取締役・飯塚美幸税理士事務所設立、平成22年松木飯塚税理士事務所設立。平成25年松木飯塚税理士法人設立、代表社員就任。資産税関係のコンサルティングを中心業務とする。税理士・中小企業診断士。事業承継協議会会員、不動産コンサルティング登録技能士試験委員。（公社）日本証券アナリスト協会PB教育委員会委員。

　著書等：単著：『平成30年度税制改正対応版　目的別生前贈与のポイントと活用事例』（新日本法規）、『新版　小規模宅地特例—実務で迷いがちな複雑・

難解事例の適用判断』（清文社）、『令和3年度税制改正対応　税理士のための相続税Q&A─贈与税の特例』（中央経済社）、『財産を殖やす相続対策プログラム』（日本法令）、共著：『税制改正と資産税の実務Q&A』（清文社）、『最新相続税の物納実務取扱い事例Q&A』（日本法令）、『新版「資本の部」の実務』（新日本法規出版）、監修：『不動産税制の手引き』、『宅地建物取引士法定研修テキスト』各年度版（公財）不動産流通推進センター）ほか

■事務所：松木飯塚税理士法人
　〒107-0051　東京都港区元赤坂1丁目3番10-1910号
　ホームページ　http：//www.mi-cpta.com/
　ブログ　資産税の税理士ノート　http：//expresstax.exblog.jp

市川　康明（いちかわ　やすあき）

東京都生まれ。東海大学工学部卒業。税理士法人おおたか副代表・社員税理士。
著書等：『事業承継税制ハンドブック』（東京商工会議所・共著）、『土地建物の譲渡所得Q&A』（税務経理協会・共著）、『贈与税の基本と特例Q&A』（税務経理協会・共著）、『事業承継を成功させる自社株承継の実務』（税務経理協会・共著）
■事務所：税理士法人おおたか

西野　道之助（にしの　みちのすけ）

東京都生まれ。中央大学経済学部卒業。日本税務会計学会常任委員、東京税理士会・会員相談室電話相談委員。
著書等：『賃上げ税制　人材確保等促進税制・所得拡大促進税制のすべて』（日本法令・共著）、『相続税実務の"鉄則"に従ってはいけないケースと留意点』（清文社・共著）、『「事業承継税制の特例」完全ガイド』（税務研究会・共著）、『改訂版資産をめぐる複数税目の実務』（新日本法規・共著）ほか
■事務所：税理士　西野会計事務所
　〒110-0016　東京都台東区台東1-12-10　小守ビル3F

松木　愼一郎（まつき　しんいちろう）

兵庫県生まれ。中央大学卒業。松木飯塚税理士法人代表社員。
税理士・宅地建物取引士。
■事務所：松木飯塚税理士法人

岡本　博美（おかもと　ひろみ）

東京都生まれ。税理士法人平川会計パートナーズ・社員税理士。
著書等：『家事関連費を中心とした必要経費の実務』（税務研究会・共著）、『業種別税務・会計実務処理マニュアル』（新日本法規・共著）ほか
■事務所：税理士法人　平川会計パートナーズ
　〒101-0021　東京都千代田区外神田6丁目9番6号
　ホームページ　http：//www.hirakawa-tax.co.jp/

佐々木　京子（ささき　きょうこ）

東京都生まれ。学習院大学経済学部卒業。税理士法人平川会計パートナーズ・税理士。

著書等：『消費税　複数税率の申告実務－区分経理からインボイスまで－』（ぎょうせい）、『法人税　税務証拠フォーム作成マニュアル』（日本法令・共著）、『改訂版　資産をめぐる複数税目の実務』（新日本法規・共著）、『業種別税務・会計実務処理マニュアル』（新日本法規・共著）、『中小企業会計指針の入門P＆A』（税務経理協会・共著）、『地方税Q＆A』（大蔵財務協会・共著）

■事務所：税理士法人平川会計パートナーズ

天野　智充（あまの　ともみつ）

東京都生まれ。明治大学商学部卒業。税理士法人平川会計パートナーズ退職後、平成28年10月に天野智充税理士事務所を開設。東京税理士会会員相談室電話相談員

著書等：『相続税実務の"鉄則"に従ってはいけないケースと留意点』（清文社・共著）、『法人税　税務証拠フォーム作成マニュアル』（日本法令・共著）、『株式会社の減資の税務と登記手続』（日本法令・共著）、『資産をめぐる複数税目の実務』（新日本法規出版・共著）ほか

■事務所：天野智充税理士事務所

〒171－0022　東京都豊島区南池袋2丁目18番9号
　　　　　　マシャンブル南池袋302号

若山　寿裕（わかやま　としひろ）

東京都生まれ。明治大学商学部卒業。税理士法人TOC英和・社員税理士。

著書等：『賃上げ税制　人材確保等促進税制・所得拡大促進税制のすべて』（日本法令・共著）、『目的別　相続対策選択ガイドブック』（新日本法規出版・共著）、『相続税実務の"鉄則"に従ってはいけないケースと留意点』（清文社・共著）、『民事信託実務ハンドブック』（日本法令・共著）、『「事業承継税制の特例」完全ガイド』（税務研究会・共著）、『取引相場のない株式の評価　完全入門（改訂版）』（税務経理協会・共著）、『よくわかる民事信託―基礎知識と実務のポイント』（ビジネス教育出版社・共著）ほか

■事務所：税理士法人TOC英和

〒320－0847　栃木県宇都宮市滝谷町10番1号

佐久間　美亜（さくま　みあ）

東京都生まれ。大妻女子大学社会情報学部卒業。現在、ゆずりは税理士事務所・所長。日本税務会計学会・会計部門特別委員、日本税務研究センター・相談事例小委員会委員。

著書等：『令和4年3月　確定申告Q＆A』（ビジネス教育出版社・共著）、『目的別相続対策選択ガイドブック』（新日本法規・共著）、『相続税の"鉄則"に従ってはいけないケースと留意点』（清文社・共著）、『事業承継税制ナビ』（税務経理協会・共著）、『法人税　税務証拠フォーム作成マニュアル』（日本法令・共著）、『業種別税務・会計実務処理マニュアル』（新

日本法規出版・共著）
■事務所：ゆずりは税理士事務所
　〒135-0048　東京都江東区門前仲町1丁目5番12号　船山ビル2階
　ホームページ　https://office-yuzuriha.com/

篠原　寛顕（しのはら　ともあき）

神奈川県生まれ。関東学院大学卒業。現在、篠原寛顕税理士事務所・所長。
著書等：『令和4年3月　確定申告Q&A』（ビジネス教育出版社・共著）、『目的別
　　　　相続対策選択ガイドブック』（新日本法規・共著）ほか
■事務所：篠原寛顕税理士事務所
　〒231-0007　神奈川県横浜市中区弁天通6丁目74番地
　　　　　　　東急ドエル・アルス桜木町博物館通り205

深津　栄一（ふかつ　えいいち）

東京都生まれ。東洋大学経営学部卒業。税理士法人おおたか・代表社員。
著書等：『事業承継を成功させる自社株承継の実務』（税務経理協会・共著）
■事務所：税理士法人おおたか

望月　麻衣子（もちづき　まいこ）

神奈川県生まれ。税理士法人おおたか・社員税理士。
著書等：『土地建物の譲渡所得Q&A』（税務経理協会・共著）、『贈与税の基本と
　　　　特例Q&A』（税務経理協会・共著）、『事業承継を成功させる自社株承継
　　　　の実務』（税務経理協会・共著）
■事務所：税理士法人おおたか

阿部　雅樹（あべ　まさき）

北海道生まれ。税理士法人おおたか・社員税理士。日本税務会計学会常任委員
（会計部門）。
著書等：『事業承継を成功させる自社株承継の実務』（税務経理協会・共著）
■事務所：税理士法人おおたか

高津　理英子（たかつ　りえこ）

神奈川県生まれ。早稲田大学政治経済学部卒業。税理士法人おおたか・税理士。
著書等：『土地建物の譲渡所得Q&A』（税務経理協会・共著）、『贈与税の基本と
　　　　特例Q&A』（税務経理協会・共著）
■事務所：税理士法人おおたか

荒川　大輔（あらかわ　だいすけ）

栃木県生まれ。駒澤大学経済学部卒業。税理士法人おおたか・税理士。
著書等：『事業承継を成功させる自社株承継の実務』（税務経理協会・共著）
■事務所：税理士法人おおたか

谷中　淳（やなか　あつし）

茨城県生まれ。学習院大学経済学部卒業。税理士法人おおたか・税理士。

著書等：『事業承継を成功させる自社株承継の実務』（税務経理協会・共著）
■事務所：税理士法人おおたか

横山　直人（よこやま　なおと）

福島県生まれ。帝京大学大学院博士前期課程修了。税理士法人おおたか・税理士。
著書等：『事業承継を成功させる自社株承継の実務』（税務経理協会・共著）
■事務所：税理士法人おおたか

櫻井　佳子（さくらい　よしこ）

埼玉県生まれ。文京学院大学大学院経営学研究科修了。税理士法人おおたか・税理士。
■事務所：税理士法人おおたか

今野　宏樹（こんの　ひろき）

埼玉県生まれ。立教大学経済学部卒業。税理士法人おおたか・税理士。
■事務所：税理士法人おおたか

執筆協力

鈴木　俊介（すずき　しゅんすけ）

埼玉県生まれ。西野会計事務所所属。

髙田　京輔（たかた　きょうすけ）

埼玉県生まれ。西野会計事務所所属。

| 令和4年度　よくわかる
税制改正と実務の徹底対策 | 1998年2月10日　初版発行
2022年2月20日　4年版発行 |

〒101-0032
東京都千代田区岩本町1丁目2番19号
https://www.horei.co.jp/

編　著　者	成田　一幸 中島　孝明 飯塚　美康 市川　道之 西野　健	
発　行　者	青木　健次	
編　集　者	岩倉　春光	
印　刷　所	神谷印刷	
製　本　所	国　宝　社	

検印省略

（営　業）　TEL　03-6858-6967　　Eメール　syuppan@horei.co.jp
（通　販）　TEL　03-6858-6966　　Eメール　book.order@horei.co.jp
（編　集）　FAX　03-6858-6957　　Eメール　tankoubon@horei.co.jp

（オンラインショップ）　https://www.horei.co.jp/iec/
（お詫びと訂正）　https://www.horei.co.jp/book/owabi.shtml
（書籍の追加情報）　https://www.horei.co.jp/book/osirasebook.shtml

※万一、本書の内容に誤記等が判明した場合には、上記「お詫びと訂正」に最新情報を掲載しております。ホームページに掲載されていない内容につきましては、FAXまたはEメールで編集までお問合せください。

・乱丁、落丁本は直接弊社出版部へお送りくださればお取替えいたします。
・JCOPY　〈出版者著作権管理機構　委託出版物〉
本書の無断複製は著作権法上での例外を除き禁じられています。複製される場合は、そのつど事前に、出版者著作権管理機構（電話 03-5244-5088、FAX 03-5244-5089、e-mail: info@jcopy.or.jp）の許諾を得てください。また、本書を代行業者等の第三者に依頼してスキャンやデジタル化することは、たとえ個人や家庭内での利用であっても一切認められておりません。

Ⓒ K. Narita, K. Nakajima, M. Iizuka, Y. Ichikawa, M. Nishino
2022. Printed in JAPAN
ISBN 978-4-539-74676-9

書籍のご案内

遺贈寄附の法務・税務と財産別相続対策

税理士法人タクトコンサルティング／金森民事信託法律事務所【編著】

A5判　252頁　定価2,750円（税込）

寄附する側のニーズに専門家として適切に対応するために必要となる遺贈寄附に関する法務、税務上のポイントと、金銭・有価証券・不動産・美術品等、財産別の相続対策について解説！

第1章　遺贈寄附の基本
第2章　遺贈寄附の法務
第3章　遺贈寄附と財産別相続対策
　第1節　金銭の遺贈寄附
　　Q1　金銭の生前寄附があった場合の課税関係
　　Q2　金銭の法人寄附があった場合の課税関係　ほか
　第2節　有価証券の遺贈寄附
　　Q1　有価証券の範囲と相続税法上の評価
　　Q2　有価証券等を寄附する場合の留意点　ほか
　第3節　不動産の遺贈寄附
　　Q1　不動産の範囲と相続税法上の評価
　　Q2　不動産を寄附する場合の留意点　ほか
　第4節　美術品等の遺贈寄附
　　Q1　有形文化財の範囲
　　Q2　文化財保護に関する税制優遇措置　ほか

書籍のご注文は大型書店、Web書店または株式会社日本法令　特販課通信販売係まで
Tel：03－6858－6966　Fax：03－3862－5045

書籍のご案内

事業承継の相談事例と実務の最適解

OAG税理士法人・株式会社OAGコンサルティング・OAG行政書士法人【著】

A5判　392頁　定価3,520円（税込）

顧問先から税理士に寄せられた事業承継に関する相談に多面的なアプローチでベストアンサーを探る！

いまや事業承継は我が国中小企業の存亡にかかわる問題！　後継者不在企業が6割を超える中、どのような対策が有効か、また、どのような対策にリスクがあるのかを明らかにする。

- 序　章　事業承継における親族内及び親族外承継の概要
- 第1章　事業承継税制の活用
- 第2章　組織再編等の活用
- 第3章　グループ法人税制の活用
- 第4章　資産管理会社・持株会社の活用
- 第5章　社団・財団の活用
- 第6章　民事信託の活用
- 第7章　従業員持株会・ストックオプションの活用
- 第8章　遺言の活用
- 第9章　M&Aの活用
- 第10章　その他

書籍のご注文は大型書店、Web書店または株式会社日本法令　特販課通信販売係まで
Tel：03-6858-6966　Fax：03-3862-5045